JN201273

はじめての
北の家庭菜園

大宮 あゆみ

監修／山口猛彦
（八紘学園 北海道農業専門学校 農場部野菜科主任）

北海道新聞社

も く じ

育て方編　　57

果菜類

本書の使い方

本書は、はじめて家庭菜園に挑戦する読者でも基本をわかりやすく学べる「基礎知識編」、実際に畑を耕し苗を植えて育てるノウハウを知ることができる「育て方編」、そして、コンテナを使った野菜づくりの方法などで構成しています。

まずは基礎知識編で作業のイメージをふくらませ、畑では育て方編を見ながら作業を進めてみてください。また、病害虫に関することやQ&Aコーナー、コンテナでのベランダ菜園や簡単な水耕栽培の楽しみ方などを紹介しています。

基礎知識編の見方

基礎知識編では、積雪のある北海道で家庭菜園を楽しむための基本的な考え方から始まり、土づくりの必要性や方法、病害虫対策、健康な野菜をつくるための菜園レイアウト、そして農作業に関する基本的なことなどについて紹介しています。

また、菜園カレンダーでは、それぞれの品目のタネまきの時期、苗の植えつけ時期、収穫時期を、各野菜がひと目でわかるように時系列でまとめています。同じスペースでシーズン中に2回栽培することも可能な場合もあるので、年間の栽培スケジュールをたてるときの参考にしましょう。

土づくりについて

完熟堆肥や苦土石灰をまいた土づくり(土壌改良)の方法を紹介していますが、この作業は秋野菜の収穫がほぼ終了した段階(10月後半)で行うのが理想です。堆肥などを施してから冬をむかえ、春になったら作物を植える直前に野菜用の肥料を与えます。ただし、貸農園などで翌年用の堆肥をまいたりするのが困難な場合は、春に土が乾いてから(4月下旬ごろまでに)完熟堆肥と苦土石灰を施して土づくり(土壌改良)をし、苗を植えつける約2週間前までに野菜用の肥料をまきます。

育て方編の見方

育て方編では、それぞれの野菜について、タネをまいたり苗を選んで植えつけ、整枝をしながら収穫にいたるまでの作業をわかりやすく解説しています。

栽培基本データの見方

植えつける前の畑の準備の際に必要なデータをまとめています。

●生育特性など

[土壌酸度]…育つのに適正なpH値
[生育適温]…発芽してからの適温
[発芽適温]…タネが発芽する温度
[病 害 虫]…被害にあいやすい病名や害虫名

●アイコン

 水が大好き

 半日陰でも育つ

 日あたりを好む

 水はけのよい土壌を好む

 植えた直後は風よけで苗を守る

 マルチシートを張る

育てやすさ

☆☆☆☆☆

キュウリ [ウリ科]

原産地…インド、ヒマラヤ山脈から
ネパール付近

栽培カレンダー

	1月	2月	3月	4月	5月	6月	7月	8月	9月	10月	11月	12月
道央												
道南												
道東・道北												

植えつけ　■ 収穫

どんどん収穫できるので2～3株で十分！

　整枝が少し複雑なキュウリですが、そこをクリアすればあとは勝手にぐんぐん伸びてくれます。水が大好きなので、天気のいい日にはたっぷり与えましょう。次々と花をつけ、毎日のように赤ちゃんキュウリに出会えます。収穫も食べるのに追いつかないほどの量になる場合があるので、植えすぎに注意を。

栽培のコツ　キュウリは水が大好き。水分と肥料をしっかり吸収できればまっすぐなキュウリに！先が丸まっている「ひげ」は常につかまるところを探しているので、ひもにひっかけてあげて

栽培基本データ

土壌酸度 … pH5.7～7.2
生育適温 … 18～25℃
発芽適温 … 20～30℃
病害虫 … ウドンコ病、黒星病、アブラムシ類、べと病

畑の準備
植えつけの2週間前までに化成肥料(8-8-8)250g/m²

ベッド(株間と条間)
高さ10cm、幅90cm
株間50cm、条間60cm
2条植え

条間60cm　幅90cm　株間50cm　高さ10cm

土づくり P58

追肥のポイント
収穫が始まったら化成肥料(8-8-8)60g/m²を株間にまき、以降、2～3週間おきに同量を与える

●育てやすさ
☆の数で表記しています。☆の数が多ければ多いほど難易度が低くなり育てやすくなります。

●科目
科目（分類）名については、クロンキスト分類法で表記。遺伝子分類法APGⅲ分類で科が異なる場合は両方を表記しています。

●栽培カレンダー
北海道を大きく3つのエリアに分け、露地栽培を前提に、それぞれの環境で適したタネまき、苗の植えつけの時期、収穫期を示しています。

●畑の準備
○完熟堆肥と苦土石灰で土づくり（土壌改良）をしていることを前提としたうえで、春に施す野菜用の肥料について記載しています。土づくり（土壌改良）についてはP58を参考にしてください。

○化成肥料の必要量は、それぞれの肥料により窒素（N）・リン酸（P）・カリウム（K）の含有量が異なるため、ここでは、それぞれが1kgにつき80gずつ含まれている（N−P−K=8−8−8）というタイプで計算しています。この3つの数字は肥料袋に記載されているので、成分を確認しながら量を調整してください。

●追肥のポイント
追肥を与えるタイミングと量を記載しています。量については窒素（N）・リン酸（P）・カリウム（K）の三要素が（8−8−8）の化成肥料で計算しています。

●ベッド（株間と条間）
育てやすい（管理しやすい）ベッドの形状と、株と株の間隔や列の間隔を記しています。右肩のイラストはベッドをイメージしたものです。ベッドは、一般的な90cm幅を基本にして、条間を考慮し条数を決めています。ベッドの幅によって条数を調整しましょう。

●土づくり
堆肥などの土壌改良に必要な資材の量が異なる、注意が必要な品目。

※本書で記載している肥料の施肥量（1㎡あたり）については、「北海道施肥ガイド2015」を基本に栽培事例を参考に作成しています。
※菜園カレンダー、ならびに栽培カレンダーは主に「北海道野菜地図その39」を参考にしています。

野菜づくりは好奇心を刺激する

　毎朝、日の出と同時に目覚め、昇る太陽の色や雲の動き、遠くの工場の煙突から流れる煙の方向を確認します。今日は南寄りの風が強そう、風はないけど雨になりそうだななど、根拠のとぼしい天気予報をしたりしています。野生動物もこんな風にどこかで朝の空気を感じているのかもしれないと思うと、私たち人間も動物たちと同じ自然の一部なのだと思えてきます。1日の始まりがこんなルーティーンになったのは、家庭菜園を始めてからのことです。1年目、見よう見まねで野菜を育て始め、世話をし切れずに途中で投げ出してしまったのに、いくつかのトマトが赤く実りました。そのトマトは皮がかたく驚くほどに濃厚な食味でした。トマトが見せてくれた力強い生命力に感動したのを昨日のことのように覚えています。

　それから、いろいろな本を読んだりプロの生産者にコツを聞いたりしながら、少しずつ経験を積みました。ここ数年、菜園のお手伝いをすることも多くなり、多くの方との交流も増えました。家庭菜園を始めた動機は人それぞれです。野菜を少しでも自給したい、定年退職後の時間を有意義に過ごしたい、子供の食育の場としたい、自分の育てた野菜で料理をしたいなどなど。老若男女、社会的な立場もさまざまな方たちですが、一つだけ共通していることがあります。それは、好奇心が旺盛なこと。失敗しても成功しても、その理由を考えて自分なりに納得しそれを翌シーズンにいかしています。アイデアも豊富で、私にとっても学びが多く感心するばかり。好奇心はつきることなく、人を輝かせ続けるものなのですね。

　家庭菜園には好奇心をくすぐることがあふれています。だからきっと、正解も一つではありません。一人でも多くの方がこの本を手にし、好奇心の赴くままに長靴を履いて出かけてくださることを楽しみにしています。

　いつかどこかで、お会いできますように。

大宮　あゆみ

基礎知識編

北の国の菜園暮らし

菜園愛好家の1年

　私たちが暮らす北海道は、季節によって風景が一変、四季の変化がとてもわかりやすい大地です。真夏と真冬の気温差が50℃以上あるところや、深い雪に半年以上覆われているというところもあるでしょう。積雪が少なく、1年を通して野菜を育てられる他府県の環境と違い、北海道での菜園生活は約半年の期間限定。この限られた期間に、いかに多くの実りを得て感動を味わえるか——。菜園愛好家にとっては、それが至極の楽しみです。

　野菜を育てられない冬は、翌シーズンの計画を練る時間。土に触れることはできませんが、それもまたわくわくする時間です。完全に畑から離れる期間があるからこそ、翌年へのモチベーションにつながっているのかもしれませんね。

北海道のクリーンさを実感

　毎年3月になると雪どけが待ちきれずお天気のいい日は畑に出て雪割り作業を、という愛好家も多いでしょう。春になって雪がとけ土が顔を出し始めるころの湿った土の香りは、たとえようもない喜びです。またそれは、シーズンの始まりを意味するスイッチにも。やる気スイッチをONにして、いよいよ新たなシーズンのスタートとなります。

　畑の土は冬の間しっかり休んで養分をため、とけて地中にしみこんでいった雪は前年に残ってしまった余計な成分も一緒に流してくれる効果も期待できます。この冬の期間があるからこそ、北海道の畑は必要以上の化学肥料や農薬に頼ることなく自然の力で回復し力をつけて、健康な野菜を生産できるのです。

酷暑にえぞ梅雨 !? 温暖化の影響？

　夏野菜の収穫が始まると各地の直売所では、南国をイメージさせるような野菜をたくさん見かけるようになりました。ゴーヤーやオクラ、ラッカセイなど、ひと昔前は北海道で育つとは思いもよりませんでしたが、今ではごく普通に朝どりの新鮮なものが売られています。夏の短い北海道でも収穫に至る品種の誕生や、研究者たちによる北海道での栽培方法の提案などのたまものです。

　ビニールハウスなどの設備がない菜園愛好家でも挑戦できるようになったのはうれしい限りですが、近年の夏の暑さはやはり少し異常に思え、地球温暖化の影響も多少はあるのかと危惧している人も多いのでは。あまりにも暑かったり雨の多い夏は、さわやかな気候を好むレタスやキャベツたちの悲鳴が聞こえてきそうですね。

季節限定のごちそう野菜がたくさん

　肌をなでる風の温度や、畑作業中の日差しの強弱でも四季の移ろいを感じられる北海道。収穫物を見ても季節をはっきりと知ることができます。

　では、雪が積もり野菜が育たなくなる長い冬は、野菜は完全にお休みかというと、それは違います。寒い冬だからこそのごちそうもあるのです。例えばジャガイモ。一定期間低温におくことで、デンプンが糖化して甘くなります。寒さに強いホウレンソウは無加温のビニールハウスの中で、葉を寝かせ、凍結をしないように葉の水分を糖に変えて蓄えます。夏のホウレンソウとは全く別の姿になった、肉厚の縮れた葉のホウレンソウはまさに冬のごちそうといえそうです。このように、食卓にあがる食材で季節を感じられるのも家庭菜園の醍醐味ですね。

土づくりの基本
〜野菜づくりは土づくりから①

はじめて野菜づくりに挑戦する人にとって最初のハードルとなるのが「土づくり」。

「土って自分でつくるものなの？」「何と何を混ぜればいいの？」「庭の土じゃだめなの？」などたくさんの「？」が飛び交います。つくるといっても、完璧なレシピや黄金比のようなものがあるわけではなく、常に状態を見て必要な手を打つというのが鉄則です。一度いい土になったからといって、それで終わりではありません。毎年毎年、取り組むのが土づくりです。

●土の役割とは？

では、どのような状態の土が「いい土」なのでしょうか。土の役割は、植物の根をすくすくと伸ばし、必要な水分や養分、酸素を吸収させること。根がしっかりと生長できる環境が整ってはじめて養分(肥料)のバランスを考えることができます。つまり、いくら養分(肥料)を完璧に与えても、それを吸収する根に活力がないと養分を吸収しづらくなり順調に生長することが難しくなるのです。

●野菜づくりに適した土とは

ここで、野菜づくりに適した土と、適さない不向きな土の違いを覚えておきましょう。

適した土	水はけがよくて保水性もあり、根が伸びやすい柔軟な土壌
適さない土	水はけが悪く、かたくしまりすぎていて、保水性に乏しい。有機質が不足している土壌

粘土のようにかたい土や、逆に砂のようにさらさらしすぎている土も適しません。ギュッと握って手を開いたときに一部がかたまりとなり、周囲はほろほろとくずれていくような土が理想です。また、ミミズなどの生き物がいて、有機質(腐葉土や動物のふんなど)に富んでいるなどの理想に近い土にするために、有効に使いたいのが「堆肥」です。

粘土のような
かたまり　×NG

砂のような
さらさら　×NG

ホロホロした土
GOOD!!

●堆肥とは

堆肥とは、草や木、家畜のふん尿などの有機質を分解し発酵させたものの総称です。堆肥を土に混ぜることで、土をふかふかにして微生物の活動を活発にします。その結果、理想の土に近づいてくるというわけです。堆肥はホームセンターなどで購入できます。選ぶときにはしっかりと完熟した匂いのない堆肥を選びましょう。家庭から出る生ごみなどで堆肥をつくることもできますが、未発酵だと根を傷めることになるので注意が必要です。

●いい土なのに育たない—酸度は大丈夫？

堆肥を入れてふかふかの土になったのに、野菜が思うように生長してくれない場合、もしかすると土壌酸度が問題なのかもしれません。日本の土壌の多くは酸性に傾いているといわれています。野菜の品目によっては、酸性が強すぎる(pH値が低い)とうまく育たないものもあります。気になる方は、pH試験紙さえあれば簡単に酸度を測れるので一度試してみてはいかがでしょう。

●土壌酸度の測り方

［用意するもの］

土 20g、水 50ml、フタつきの透明のボトル、pH 試験紙、カラーチャート

［測り方］

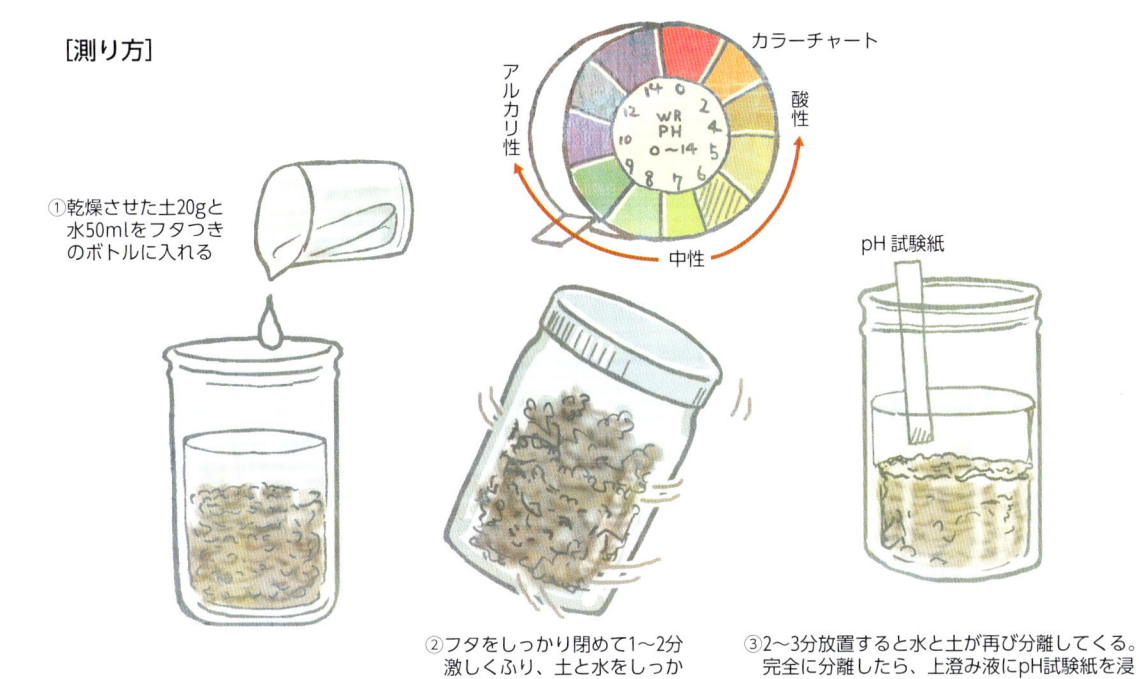

カラーチャート

アルカリ性

酸性

14 0 2
12 WR 4
10 PH 5
0~14
9 8 7 6

中性

pH 試験紙

①乾燥させた土20gと水50mlをフタつきのボトルに入れる

②フタをしっかり閉めて1〜2分激しくふり、土と水をしっかり混ぜ合わせる

③2〜3分放置すると水と土が再び分離してくる。完全に分離したら、上澄み液にpH試験紙を浸してカラーチャートの色と見比べる

これである程度の pH 値がわかります。pH 値が低いと酸性が強く、高いとアルカリ性が強い土壌です。矯正が必要であれば、石灰などを使用しましょう。一般的に酸度矯正に使われる石灰は、$1m^2$ あたり 200g の使用で、pH の数値が 0.5 度程度上昇します。例えば、pH 値 5.0 の土を pH6.5 にしたい場合、石灰なら $1m^2$ あたり 400〜600g 使用するのが適当です。

畑の土は、肥料や降雨、雪どけ水などの影響によって数値が変わるので、毎年春に雪どけ水が乾いたら土壌酸度を確認するとよいでしょう。

☞ 本書に掲載している品目の pH 適正値については、各野菜の「育て方編」栽培基本データ欄へ

肥料の役割
〜野菜づくりは土づくりから②

●堆肥と肥料の違い

ここまでは、腐食した草や木、家畜のふん尿などをしっかり分解し発酵させた堆肥が、野菜を育てる土台（土）をつくっていることを説明してきました。次は肥料について考えてみます。

人間の衣食住にあてはめて考えてみるとわかりやすいかもしれません。堆肥を入れて「住」の部分を補ったら、次は「食」。人間も水と空気だけでは元気いっぱいに過ごすことはできません。「食」があるからこそ、生長し考えることができますよね。植物も同じです。「食」を与えることで立派に生長していきます。その「食」にあたるのが肥料です。有機質に富んだ土ならば、土の中にある程度の養分は含まれているので、根はそれを吸収し生長します。しかし、土の中の養分は次々とつくり出されるものではないので、いずれ不足します。それを補うために与えるのが肥料です。

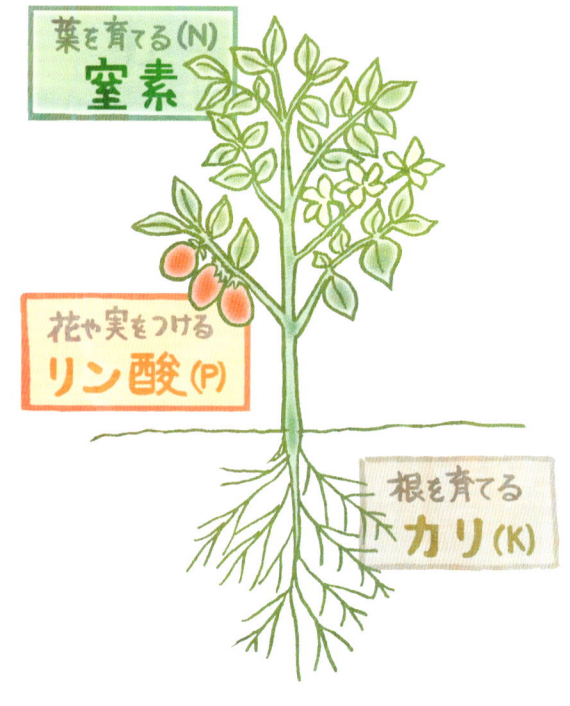

●主な肥料の成分とその役割

主な肥料の要素は窒素（N）・リン酸（P）・カリ（カリウム、K）。それぞれの果たす役割は、窒素は主に植物を生長（特に葉や茎）させる養分といわれています。窒素分が少ないと全体が大きくなりにくく、逆に茎ばかりが伸びたり葉が異常に大きくなる場合は窒素過多が考えられます。リン酸は主に花や実に関係しているといわれています。十分に育っているのに花が少なすぎるとか、実がならないなどの場合は、窒素の量に対してリン酸が不足しているなど肥料のバランスが悪いのかもしれません。カリは主に根の生長に関係しています。不足すると根の発育が悪くなり、養分を吸収できなくなるので、時には枯死してしまうこともあります。この三つの成分が植物の生長に特に必要な要素です。これを覚えておくと、ホームセンターなどで肥料を購入するときに役立つでしょう。

●肥料袋はここをチェック！

肥料袋には「8-10-8」や「10-10-10」という三つの数字が並んで表示されています。これは、一袋中に含まれているそれぞれの成分の割合です。

例えば、10kgの肥料袋に「N-P-K＝8-10-8」と記載されている場合、窒素（N）が8％の800g、リン酸（P）が10％の1kg、カリ（K）が8％の800g含まれているということになります。また、葉ばかりが茂り花が咲かないなど、生育のバランスが極端に悪い場合は、例えばリン酸のみなど「単肥」の使用を検討してもいいでしょう。

●有機質肥料と化学肥料はどう使い分けるか

生物（植物）や生物の排泄物などが原料となっているものを一般的に有機質肥料といいます。一方で、窒素・リン酸・カリなど無機の成分を化学的に合成したものを化学肥料といいます。化学肥料のなかで肥料の三要素(N・P・K)のうち2種類以上を混合したものを化成肥料といいます。有機質の資材は土に入れてから微生物などの力を借り、ゆっくりと時間をかけて植物の根が吸収できる形に分解されます。一方で化学的なものはすぐに根が吸収できる形になっているので速効性があります。

元肥として有機質の肥料を使う場合は、春先に1シーズンに必要な量をある程度計算してすきこむと、時間をかけて効果が現れるはずです。一方、追肥など植物の状態をみて、すぐに何か手を打ちたい場合は速効性のある化学的なものを使用するといいでしょう。

また、有機質の肥料は資材（原料)によって三要素の含有量やバランスが異なるので使用するときには注意しましょう。👉 下の表

有機質資材の特性

有機質肥料

種類	保証成分量（%）			養分供給特性※		
	窒素（N）	リン酸（P）	カリ（K）	窒素（N）	リン酸（P）	カリ（K）
魚かす	3.5 ～ 10.0	5.0 ～ 22.0	—	速い	ほぼ同等	—
蒸製骨粉	0.0 ～ 4.0	18.0 ～ 32.0	—	やや遅い	やや遅い	—
なたね油かす	4.8 ～ 6.0	2.0 ～ 2.8	1.0 ～ 1.2	やや速い	ほぼ同等	やや速い
大豆油かす	6.0 ～ 7.2	1.0 ～ 1.3	1.0 ～ 2.5	速い	やや速い	速い
米ぬか油かす	2.0 ～ 2.5	4.0 ～ 6.0	1.0 ～ 2.3	やや遅い	やや速い	やや遅い
乾燥菌体	4.0 ～ 13.0	0.0 ～ 5.0	1.0	やや速い	やや速い	遅い
加工家禽ふん（発酵鶏ふんなど）	2.5 ～ 6.0	1.5 ～ 5.0	1.0 ～ 3.5	やや遅い	ほぼ同等	やや速い

※窒素・カリは相対評価、リン酸は過リン酸石灰との比較

堆肥類

種類	含有成分（%）		
	窒素（N）	リン酸（P）	カリ（K）
稲わら堆肥	0.6	0.4	0.4
牛ふん堆肥	0.6	0.4	0.5
馬ふん堆肥	0.5	0.5	1.3
豚ふん堆肥	1.1	1.5	0.7
バーク堆肥	0.5	0.5	0.3
もみがら堆肥	0.4	0.2	1.4
生ごみ堆肥	1.9	1.4	1.1

出展／「北海道堆肥ガイド 2015」（道農政部）

肥料の役割

挑戦してみよう!
eco な土づくり

　有機質に富んだふかふかの土を目指して試行錯誤する「土づくり」。ホームセンターで購入した堆肥を畑にすきこんで土をつくるのが一般的な方法ですが、畑が広い場合は費用もかさみます。しかも一度だけではなく、状態を見て毎年行わなければいけないので、お財布の中身も気になります。慣れたら、自分でつくった堆肥を使いたいもの。生ごみや畑の収穫物などで堆肥をつくることも可能です。完成までに数カ月かかりますが、環境にもお財布にもやさしい循環型の野菜づくりを実践できます。翌年用の堆肥をつくるつもりで挑戦してみましょう。

⚠️ ココに注意しよう！

生ごみを堆肥にする場合

最近は自治体などで生ごみを堆肥化するためのコンポスターを配布したり、購入の際に補助を受けられるなどの取り組みが多くみられます。先着順の場合が多いので、お住まいの市町村の広報などをこまめにチェックしたり、役所に問い合わせましょう。家庭の台所から出た生ごみを堆肥にする場合、いくつか注意点があるので覚えておいてください。

❶ 生ごみはできるだけ細かく刻む

使用するコンポスターや基材（ぼかしや、もみがらくん炭などゴミを分解するために使う資材）によって、分解の過程が異なりますが、大きいままだと分解にかなりの時間を要します。あらかじめ細かくしておくと分解しやすくなります。

❷ 生ごみの水分をできるだけ切る

水分が多すぎると温度が上がりにくく分解の速度が遅くなるうえ、悪臭の原因にもなります。

❸ 温度は 15℃ 以上が理想

置かれた環境が 10℃ を下回ると中のゴミは分解されにくくなります。未熟なままでは理想的な堆肥にはならないのでしっかりと温度が上がる環境に置きましょう。

❹ 毎日かき混ぜる

生ごみを入れなかった日も、最低 1 日 1 回はかきまぜましょう。これは使用するコンポスター（ダンボール型や密閉容器、土にじかに設置するタイプなど）によって異なるので説明書をよく読みましょう。

畑の一部で堆肥をつくる場合

畑の一部で、刈った雑草や収穫しきれなかった野菜くずを堆肥にする方法です。

日あたりのいい場所に深さ 30cm ほどの穴を掘り、刈った草などを入れて畑の土を混ぜます。混ぜ終わったら畑の土をかぶせます。あれば、黒っぽいシートをかぶせて中が高温になるようにしましょう。1〜2 週間に一度全体をかき混ぜます。かき混ぜる際に米ぬかや牛ふんなどをばらまいて一緒にすきこむと分解も早まりいい堆肥になります。

注意点は、しっかりと発熱させて完熟させること。未熟だと土の中でガスが発生し野菜の根を傷めることになります。また、発酵の温度が足りないと、すきこんだ野菜や雑草のタネが生きたままとなり、堆肥として畑に戻したときに発芽してしまうこともあります。しっかり完熟させることが大切です。完熟の目安は、全体が黒くなりさらっとした感触でイヤな匂いがしないこと。初心者にはハードルが高いかもしれませんが、ぜひチャレンジしてみましょう。

病害虫 〜 予防と対策

病気？ 害虫？ どうしよう!!

　家庭菜園を楽しむうえで、誰もが悩み心が折れてしまいそうになる問題が病害虫です。

　手塩にかけて育てているのに、急に元気がなくなったり、ピンとはっていた葉が葉脈だけになっていたり…。病原菌や害虫は、条件が揃うと容赦なく侵入してきます。「農薬を使うのは倫理的にNG」とか、「敗北感を味わうので農薬は使いたくない」「そもそも虫をさわれない」なんていう声も時々耳にします。自分の意志で農薬を使用せずに育てられるのが家庭菜園のメリットでもあります。少々の虫食いや収量が落ちる程度なら想定内ですが、放っておくと畑全体に病気がひろがったり、虫に食べつくされてしまうこともあるので、できる限りの予防と発見した後の対処法を考えておきましょう。

対策 1
病原菌を持ち込まない

　「そんなことはわかっているよ！」という声が聞こえてきそうです。でも、実は知らないうちに、わざわざ自分の手で病原菌を持ち込んでしまっているケースも少なくありません。

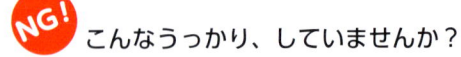 **こんなうっかり、していませんか？**

①病気がついているイモをタネイモにして植えつけていた
②前年に病気のような症状が出ていた野菜の根を畑にすきこんでいた
③病気におかされた畑を歩いた長靴を消毒せずに自分の畑でも使用していた

　どうでしょうか。心あたりはありませんか？
　ただ、いくら気をつけていても100％の予防策

はないと思います。タネイモやイチゴの苗はウイルスフリーのものを購入するなど、できる限りリスクをさけ細心の注意をはらって防ぐしかありません。

　また、栽培中に葉が茂りすぎて太陽光や風通しが悪くなっている場合は菌がまん延しやすいので、下の葉を処理するなど常に新鮮な空気の流れをつくってあげるとよいでしょう。

対策 2
ネットや不織布を利用する

　害虫に狙われやすい葉ものなどは、アーチタイプや細くてしなるトンネル資材を使い、全体をネットや不織布で覆うといいでしょう。防虫のためのネットは、網目の大きさは様々ですが、一般的に0.8mm以下のものを使用するとアオムシやヨトウガの幼虫、アブラムシなどを予防できるので安心です。

　また、草丈がそれほど大きくならず、茎が折れる心配のないキャベツなどは不織布をべたがけ（作物に直接不織布などの被覆資材をかけること）するなども有効です。

　ネットや不織布などの被覆資材を利用する場合は、裾から害虫が侵入してこないようにしっかりとUピンでとめたり、レンガや重たい石で裾をおさえることが必要です。ただ、不織布などは水分が透過しづらいので、水やりがしにくくなるというデメリットもあります。

　不織布のべたがけは害虫予防だけではなく、春先の凍害防止にも役立ちます。

対策 3

薬で回復させる

人間が病気になったら薬で治療するように、野菜たちも元気になるなら薬で、と思うのは自然なことです。症状に合わせて適正な薬を選び、必要な量だけしっかりと与えて治療をし、元気な姿に戻ってくれるのを見届けたいものですね。

一般的に「農薬」と位置づけられている薬剤は、大きく3つの種類に分けられます。①殺菌剤②殺虫剤　③除草剤です。それぞれの薬剤の使い方をおさえておきましょう。

①殺菌剤

病気の原因となる病原体を始末してくれるのが殺菌剤です。いろいろな種類が販売されています。大切なことは、おかされている病気を特定すること。病気の種類はたくさんあるので、症状をよく観察し自分ではわからない場合は専門家の意見も参考にして病気を特定したうえで殺菌剤を選びましょう。作物と病害の種類によって使用できる薬剤も異なるので注意しましょう。

②殺虫剤

アオムシなどチョウやガの幼虫ならば、比較的大きいので一匹ずつつかまえて処分することも可能ですが、アブラムシやダニなど小さなものや葉にもぐってしまって姿が見えないものなどは、人の手ですべてを捕殺するのは難しいでしょう。しかも、この手の虫はあっという間に増えて被害がひろがるので、何か手を打たなくてはなりません。殺虫剤は殺菌剤同様に、虫と作物の種類によって薬剤が異なるので、虫の種類を特定することが重要です。使用回数や量なども細かく規制されています。少なくても多くてもNGです。取扱説明書をよく読んで正しく使いましょう。

③除草剤

雨のあと、晴天が続いたときは特に、雑草の元気のよさに驚かされます。「まずは草取りから作業開始」という日の方が多いかもしれません。

植物は根を抜かない限り新芽が次々と出てくるので、雑草取りのコツは葉を切るのではなく根を抜くこと。除草剤を使うこともできますが、家庭菜園の広さならば薬は使わずに手で抜いてみませんか。草取り作業中に野菜の株の土寄せなどもできるし、野菜についた病気や虫などを発見しやすくなります。雑草は放っておくと根を張り巡らせて簡単には抜けなくなります。小さいうちに抜くのが賢明です。

どうしても、手で取り切れない場合は、植物（雑草）の種類を限定して退治してくれる薬剤（除草剤）を使いましょう。特に貸農園などでは、隣人に迷惑をかけないためにもこまめな除草が大事です。

家庭菜園でよくみられる病気

　毎日のように手間をかけて育てた野菜たちが元気がなくなり、ついには枯れてしまったら…。とても残念で悲しいことです。そんなことにならないように、早期発見・早期治療を心がけましょう。ここでは、家庭菜園でよくみられる病気をいくつかピックアップします。対策と予防法も考えてみましょう。また、特定の病気に対して抵抗性を持った品種も誕生しているので、タネを購入するときに耐病性についてもチェックするようにしましょう。

キュウリのウドンコ病

　キュウリの葉に、うどん粉のような白い粉をちりばめたカビが生える病気です。前年に発病した株の残さと一緒に土の中に潜伏していて、それが翌年の発生源となります。発生すると胞子が飛び伝染します。放っておくと葉全体が白く覆われ、やがて枯れてしまいます。感染した葉を見つけたら切除して焼却するか、畑の外に持ち出して処分しましょう。

キュウリのべと病

　キュウリの葉に黄褐色に変色した多角形の病斑ができます。病原菌が気孔から入って感染します。水はけをよくして密植をさけると発病のリスクが低下します。また、混んだ葉を切り落として風通しをよくし日光にあてるのも有効です。追肥をして株に力を与えることも重要。発病したらすぐに葉を切除しましょう。

トマトの葉カビ病

　葉の表面が黄変して裏側に灰色の病斑ができます。やがてビロード状のカビが密生します。一般的には下の葉から発生し、上に向かって徐々に感染していきます。この病気も前年の被害作物の残さに生存し、その上で形成される胞子が飛んで感染します。ビニールハウスなど風通しが悪く湿度が高いような環境で発生しやすい病気です。放っておくとやがて落葉します。被害がひろがってからでは手遅れになることが多く、対策は抵抗性品種を選ぶか、もしくは薬剤散布しかありません。

軟腐病

キャベツやブロッコリーなどアブラナ科の野菜に多くみられる病気です。高温期に発生することが多いようです。茎葉や花蕾に発生し、独特の悪臭を放ちながら、比較的短期間で腐敗します。栽培中、茎葉などについた傷口から雨や強風などで土壌中の菌が入り発病にいたります。被害株は根ごと抜き取り畑の外に持ち出して処分しましょう。また、窒素分の多い肥料を与えすぎても被害が助長されるので、肥料の配分や量には注意を。マルチシートを張り水による跳ね返りを防ぐことも発病をおさえるのに有効です。草取りなどの作業時に野菜を傷つけないようにしましょう。

ブロッコリーの軟腐病　　　Ⓒ 北植防

ナスの半身いちょう病

ナスの片側半分だけがしおれてきます。放っておくとやがてもう片側も同様になり枯死します。初期症状は株元に近い葉に不鮮明な淡黄色の病斑が現れ、葉のふちが軽く巻きあがった状態になります(写真①)。

原因は土の中にいるカビ。土壌伝染し根に侵入し、水や栄養分を吸い上げるための維管束をおかし、枯らします(写真②)。連作をさけ、抵抗性のある品種や抵抗性のある台木を使った接ぎ木苗で栽培するといいでしょう。発病した株は抜き取り、畑の外に持ち出して処分を。

また、同じ病原菌がダイコンにつくとバーティシリウム黒点病になります(写真③)。このように一度症状が出た土は翌年、別の作物に違う形で影響をもたらすので注意しましょう。

①ナスの半身いちょう病が疑われる株

②茎の断面。水や養分を吸い上げるための維管束が枯れているのがわかる

③ダイコンのバーティシリウム黒点病。同じ病原菌がダイコンにつくと、根の維管束が黒くなり断面が黒い輪のようになる

家庭菜園で出合う害虫たち

見つけると一瞬ひるんでしまう、畑の虫たち。露地栽培が中心の家庭菜園では、虫は「いてあたりまえ」といって過言ではありません。なかにはいい働きをしてくれる虫もいますが、害虫となると困りものです。一匹残らず処分しようとするのではなく、被害を最小限に食い止められれば十分という気持ちで対処したほうが無難かもしれません。

ヨトウムシ（ヨトウガの幼虫）

日中は土の中などにかくれていて、夜になると動き出しイネ科以外のあらゆるものを食べる食欲旺盛な雑食性の虫です。夜に食べ物を盗むからヨトウ（夜盗）という説もあるほど。北海道では7月ごろと9月ごろに発生する事例が多いです。

（対策）

ガの飛来を防ぎ、産卵をさせないのが理想ですが、その効果的な方法は見つかっていません。

葉や茎に大きく食害を及ぼすので、ふ化した幼虫を見つけたら、すぐに処分するのが賢明です。葉や茎に見つからなければ株元の土にもぐっていることも多いです。早朝、まだ土にもぐる前の虫を見つけましょう。また、土にはもぐらず、ブロッコリーやカリフラワーなど花蕾（からい）の内部にかくれているものも。収穫物をよくチェックしましょう。

アオムシ

モンシロチョウの幼虫です。特にキャベツやブロッコリーなどアブラナ科の野菜によくついているのを見かけます。食欲旺盛で葉は穴あきだらけになってしまいます。

（対策）

見つけたら捕殺しましょう。殺虫剤を散布するか、トンネル資材を活用して防虫ネットを張りチョウの飛来を防ぐのが有効です。

アブラムシ類

野菜の汁を吸って被害をもたらします。葉が黄変したり縮れてしまうなどの直接的な害のほか、ウイルス病を伝染させる悪さもします。

（対策）

飛来を防ぐことができれば被害は軽減します。キラキラ光るものに近寄らない傾向があるので、ホームセンターなどで購入できるキラキラとしたテープを畝のまわりに張るなどの予防をしましょう。防虫ネットやシルバーのマルチシートも有効です。繁殖のスピードがとても速くあっという間に一面覆われてしまいます。捕殺はあまり現実的ではないので、見つけたら殺虫剤などの使用も検討しましょう。

コナガ

アオムシ同様、アブラナ科の野菜に見かけます。幼虫はアブラナ科の辛み成分がないと育たないといわれています。北海道では屋外で越冬できないため、季節風にのって本州や大陸から飛来すると考えられています。

【対策】

防虫ネットをかけて予防しましょう。

© 北植防

ナモグリバエ

葉の内部に寄生し、内側から葉を食べます。外側からは姿を確認できませんが、葉に何かが、はったような白い跡があるとナモグリバエの可能性が高いです。

【対策】

被害の痕跡を見つけたら葉ごと切除して畑の外に持ち出して処分しましょう。

© 北植防

ハダニ類

特にビニールハウス栽培や室内でのコンテナ栽培でよく発生するといわれます。雨があたる露地栽培では大発生することは少ないのですが、発生すると捕殺はできないので注意しましょう。葉の裏に寄生して食害をもたらします。放っておくとしだいに葉が色あせ、被害が進むと枯死することもあります。

【対策】

苗の購入時に成虫がついていることがあるので、よく確認してから購入しましょう。見つけたら葉を切除し、畑の外に持ち出して処分します。被害が小さいうちは薬剤散布も検討しましょう。

ハダニとその卵　　　　　　　　© 北植防

⚠️ ココに注意しよう！

薬剤散布に抵抗のある場合、天然成分でつくられた資材もあります。例えば、ウドンコ病や軟腐病に効果があるとされている米酢、アブラムシやダニ類を窒息死させる目的で使用される牛乳や、そのにおいを嫌う性質を利用し近寄らせない目的で使用するニンニク・トウガラシなどを加えた木酢液などです。

市販されているものもありますし、それぞれオリジナルのレシピをもとに自作して使用している人も多く見られます。木酢液には人体に有害な物質が含まれるので、できるだけ安全基準を守ってつくられた市販のものを使うのがおすすめです。

農薬は正しく使おう

　北海道のような寒冷地では晩秋から冬、春にかけての期間、野菜づくりはお休みです。最近では、真冬でも温室の中を暖房で加温しながら栽培する例も多く見られるようになりましたが、家庭菜園ではそうはいきません。関東のあたりでは冬がコマツナやハクサイ、ダイコン、ブロッコリーなどの野菜が一番おいしくなる旬です。逆に北海道では気温も高くなり病害虫被害が多くなる初夏からが、いっせいに野菜がとれ始める「旬」となるため、本州での栽培よりも病害虫の問題が深刻になる場合があります。

　家庭菜園では、なるべく農薬にたよらずに野菜をつくりたいものですが、農薬の取り扱い方法を守り適正に使用すれば、品質のよい十分な量を収穫することができます。

　ただし、正確に農薬を使用するためにはちょっとした専門知識が必要になってきますから、自己流で判断して使用するなどはもってのほかです。また、有機農産物にも使用できる農薬が数多くありますが、そのような農薬でも決して「安全」というわけではありません。かならず定められた決まりに準じて使用しましょう。

適正な使用方法を確認する

　すべての農薬は使用できる作物と対象病害虫、希釈倍率、使用回数などが決められていて、違反すると3年以下の懲役もしくは100万円以下の罰金です（農薬取締法）。使用するにあたっての決まりごとは農薬ごとに細かく定められています。それぞれの容器・包装に記載しているので、ラベルをしっかり読みましょう。

病害や害虫の知識を身につけよう

　病気や虫の種類の判断がつかなければ使用する農薬を決めることができないので、それらの知識も必要になります。日ごろからこまめに作物を観察し、異常を発見したらすぐに対策をとることが被害を大きくしないポイントです。インターネットや専門書を活用し、被害の原因を探りましょう。

わからなければ専門家に相談を

　最近、園芸店では週末になると白衣を着た専門家が常駐している場合もあります。また近くに詳しい人や専門家がいるのなら、なるべくそれらの虫や病気の部分をビニール袋に入れて持ち込み、意見を聞くのがいいでしょう。

保管場所に気をつけよう

　調整した農薬は、かならず使い切るようにします。余った農薬をペットボトルなどに保管したりすると誤飲の原因となり、重大な事故につながります。また、鍵などがかかり、小さい子どもの手が届かない場所に保管するようにします。

（山口猛彦）

菜園レイアウト

限られたスペースだからこそ、たくさんの種類の野菜を効率よく育てたいですね。理想の菜園を実現するためには、畑の設計図（菜園レイアウト）が必要です。雪どけ前の冬の間に作成する、翌シーズンの菜園を想像しながらの楽しい作業でもあります。

●なぜレイアウトが必要なの？

畑の準備を整えて苗を買ってきたら、すぐにでも植えてしまいたくなりますが、思いつきで植えると、あとあと管理が大変です。

例えば水を毎日たっぷりと与えたい品目と、水は極力与えたくない品目を隣どうしに植えるのはさけたいです。一方、畝の幅や高さ、マルチシートの種類が同じものを可能な限り集めると作業は楽になります。また、同じ場所で連続して栽培されるのを嫌う種類もあります。このような連作障害をさけるためにも4〜5年計画で菜園をしっかりレイアウトしましょう。

●レイアウトの基本的な考え方

○栽培中の管理のしやすさから、主に科目と実・根・葉野菜ごとに分けるのがおすすめです。

○通路を20〜30cm確保すると、作業がしやすくなります。おのずと畝（ベッドの長さと本数）も決まり、栽培可能な株数がおおむねわかります。苗やタネを買いすぎて困るようなことも防げるでしょう。

○畑ではなくベランダなどでコンテナを利用して野菜づくりをする場合も、コンテナの置き場所などに工夫が必要です。向きによって日のあたる時間が異なるのでベランダの向きや周囲の建物などで太陽光がさえぎられる場所はどこかなど頭に入れ、レイアウトするといいでしょう。

○自宅の庭などで野菜を栽培する場合も、高低差をつけたり、コンテナなどをうまく利用して連作をさけるなどいろいろな工夫ができます。庭に出たくなるようなレイアウトにすると毎日の管理も楽しくなるでしょう。

●菜園レイアウトのつくり方

❶設計図を描くために、できるだけ正確に畑の形状とサイズを紙に描き出す

❷育てたい野菜の品目を科目ごとにあげる

❸❷であげた品目をグループに分ける
　果菜類Aグループ（トマトやナス、キュウリなど）、根菜類＋トウモロコシBグループ（ジャガイモ、ニンジン、ナガイモなど）、マメ類Cグループ（エダマメ、ソラマメなど）、葉菜類Dグループ（アブラナ科のキャベツ、ブロッコリー、キク科のレタス、シュンギクなど）、越冬栽培するものEグループ（イチゴ、ニンニクなど）。

❹畑を5つのエリアに分ける
　A〜Dグループは毎年1ブロックずつずらしながら作付けすることで連作をさける。Eグループは越冬させて栽培するグループなので端の方に固定する

👉 次ページで具体的なレイアウトの見本を紹介するので、参考にしてください。

畑のレイアウトの基本的な考え方

　病気のリスクをできるだけおさえて、数年、作付けするために効率的な畑のレイアウト（配置図）を考えてみました。連作障害をさけ、作物どうしの相性も踏まえて考えたレイアウト見本です。参考にしてみてください。

●レイアウトのポイント！

❶冬をまたいで育てる品目（イチゴ、ニンニク、アスパラなど）を畑の端にまとめる

❷果菜類、根菜類、マメ類、葉菜類の4つのグループに分ける。スイートコーンは根菜類のグループに入れる

❸❶の越冬する野菜スペース以外の4グループは同じ広さにする

　見本のようにグループ分けをして植え、翌年はEグループを除いたA～Dの4グループを一つずつブロックをずらして植えます。

　例えばこの例のように植えた翌年は、AグループはBグループを植えていたブロックに、BグループはCグループを植えていたブロックにというように、順送りで移動します。3年目も同じように時計回りで一つずつブロックを移動して植えることになります。

Aグループ
トマト、ナス、キュウリなどの果菜類

ナス科のトマト、ナス、ピーマン、ウリ科のキュウリ、ズッキーニなどをまとめたグループ。トマトはほとんど水を必要としないので、水が大好きなキュウリとはグループ内で離して植える

Dグループ
アブラナ科のキャベツやブロッコリー、コマツナ、キク科のレタスやシュンギクなどの葉菜類

キャベツとブロッコリーは、連作すると土壌菌が原因の「根こぶ病」にかかりやすいので同じグループにまとめる方がいい。また、葉菜類は株全体の高さがほぼ同じなので、防虫対策や寒さ対策の資材（トンネルや不織布など）を共通で使えるメリットもある

E グループ

E グループ

イチゴ・ニンニク

スイートコーン

ダイコン

B グループ

ニンジン

ジャガイモ

インゲン・ササゲ

C グループ

ソラマメ　ラッカセイ

エダマメ

E グループ

イチゴ、ニンニク、アスパラガスなどの越冬栽培するもの

春に畑全体に堆肥をまいて耕す際に、掘りおこしてはいけないこれらの品目は、邪魔にならない場所にまとめると作業しやすい。また、数年に一度、アスパラの株を新しく更新するときには植える場所を変えた方がいいので、E グループのスペースをあらかじめ半分に分けて、半分はアスパラ、もう半分はそのほかの品目にするのがおすすめ。※このグループはローテーションからはずす

B グループ

ダイコン、ニンジン、ジャガイモなどの根菜類＋スイートコーン

根菜類を集めたグループ。イネ科のスイートコーンは本来は果菜類に分類されるが、トマトやナスなどの果菜類はイネ科のあとに植えると病害虫の被害が軽減するといわれているため、このグループに入れる

C グループ

エダマメやインゲンなどのマメ類

マメ科は特に連作障害が出やすい野菜。一度植えた場所で再びマメ科を育てるまで 4 年ほどあけるのがベター。この例のように 4 グループ（A～D）でローテーションするなら、次に植えるのが 4 年後となるため、連作障害のリスクをほぼおさえられる

菜園レイアウト

ベランダのレイアウト見本

　ベランダで野菜づくりに挑戦する場合の配置図も考えてみましょう。コンテナ栽培なら毎年土を入れ替えて植え直すので（殺菌して再生させた土を使用する場合もあり）、連作障害による被害はあまり心配する必要はないでしょう。栽培中もコンテナを比較的自由に移動できるので風雨や冷害などから守りやすいです。天井や壁にフックを取りつけて高さや空間をうまく利用したハンギングなどに挑戦してみるのも楽しそうですね。

●ベランダガーデンの8つのチェックポイント

❶方角チェック

　あなたのベランダはどこ向きですか？ 北海道では一般的に南向きや西向きが多いでしょうか。北向きの場合は日照が不足する場合があるので十分な日あたりを必要とする野菜はうまく育たないかもしれません。また、西陽があたるベランダよりは東向きで朝日があたる方が野菜は元気になります。南向きなら問題ありませんが、壁面などの照り返しが熱すぎる場合は少し工夫が必要です。

❷トマトは雨にあてない

　トマトをコンテナで栽培することの一番のメリットは水分のコントロールが容易で、甘いトマトを育てられること。そのためには雨の水分もあたらないような場所を定位置にするといいでしょう。

❸陰も上手に利用しよう

　フェンスの内側などは日陰になりますが、半日陰でも育つ品目や収穫までの生育日数が少ないベビーリーフなどのスペースにするといいでしょう。

❹グリーンカーテンにも挑戦

　キュウリやゴーヤーなどつるが伸びる野菜はグリーンカーテンにもなります。ネットを設置して育ててみましょう。水を好む野菜なので、特に水やりは頻繁に。1日1〜2回を欠かさずに。

❺コンクリートの照り返しにご用心

　太陽がさんさんと降り注ぐベランダは、床や壁からの照り返しの熱が想像以上にきつくなることがあります。コンテナを直接床に置くと根が熱で傷んでしまうので、すのこなどを利用して直接床に置かないようにしましょう。

❻小さいうちは台の上で日光浴を

　夏の日差しが大好きなナスやピーマンは、まだ苗が幼いうちは日陰にならないように特に気をつけましょう。陰になる場所なら、台の上に置くなどして高さをつけて日光浴をさせ丈夫な体に育てましょう。

❼水やりは早朝か夕方に

晴れの日の夏のベランダは想像以上に暑いものです。温度が急上昇する日中は特に水やりをさけましょう。早朝、暑くなる前か、日が傾いて温度が落ち着いてからにしましょう。

❽時々、向きを変えよう

コンテナの大きさと形にもよりますが、丸型や正四角形など動かせる形ならば、コンテナそのものを回して時々向きを変えましょう。

ベランダを横から見た状態

ベランダを真上から見た状態

☞「コンテナ栽培」の詳細は P169 へ

揃えておこう！
～作業を楽にしてくれる道具たち

　野菜づくりを始めると、いろいろな農機具を目にする機会が増えます。昔から使われている農具には使いこむほどに「なるほど！」と手を打ちたくなるようなアイデアグッズがたくさん。力の入れ具合がスムーズになって足腰への負担が軽くなったり、重いものをラクに動かせたり。確かにスコップ一つあれば野菜づくりはできますが、複数の農具を使いこなすことでよりスマートに効率よく農作業をすすめられます。

基本の道具

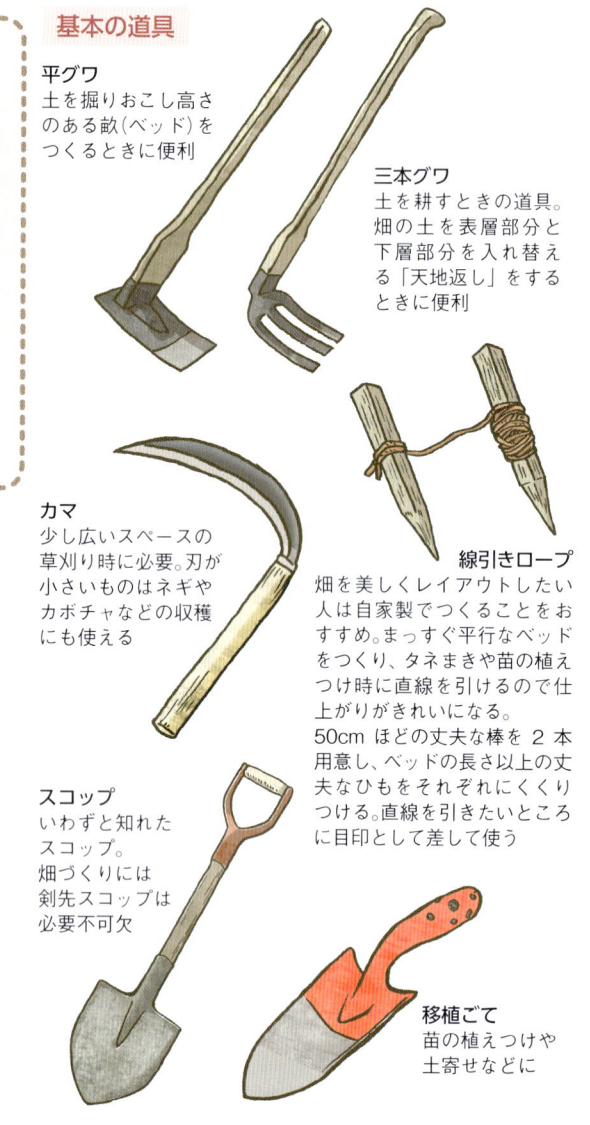

平グワ
土を掘りおこし高さのある畝（ベッド）をつくるときに便利

三本グワ
土を耕すときの道具。畑の土を表層部分と下層部分を入れ替える「天地返し」をするときに便利

カマ
少し広いスペースの草刈り時に必要。刃が小さいものはネギやカボチャなどの収穫にも使える

線引きロープ
畑を美しくレイアウトしたい人は自家製でつくることをおすすめ。まっすぐ平行なベッドをつくり、タネまきや苗の植えつけ時に直線を引けるので仕上がりがきれいになる。
50cmほどの丈夫な棒を2本用意し、ベッドの長さ以上の丈夫なひもをそれぞれにくくりつける。直線を引きたいところに目印として差して使う

スコップ
いわずと知れたスコップ。畑づくりには剣先スコップは必要不可欠

移植ごて
苗の植えつけや土寄せなどに

あると便利な道具たち

一輪車
土や肥料、収穫物など重たいものを動かすときに便利

草抜き
頑固な雑草を根ごと引き抜きたいときに

ホー
通路の草取りや土寄せなどが簡単にできる。柄が長いので腰をかがめずに作業できる

レーキ
広い場所の草刈りやカマで草取りしたあとの草集めに使う。手やスコップでは大変なので1本は用意して。狭い場所は熊手でもOK

その他の道具

上記のほかに、メジャー（10mくらいのものが便利）、ビニールひも、ジョウロ、ハサミ、軍手、筆記用具などは必需品。作業時の快適さを保つための虫よけスプレーや日焼け止め、帽子なども必要。オリジナルの「菜園バッグ」を用意して必要なものをひとまとめにしておくと、いつでも持ち運べて便利！

苗選び
〜いい野菜はいい苗から

　ホームセンターや種苗店、郊外の野菜直売所などでは、シーズンになると苗がずらりと並びます。冬の間にたてた菜園計画で、育てたい品目と株数がある程度決まっているので、あとは元気のいい健康な苗を購入しましょう。苗選びは思いのほか重要です。主な野菜に共通しているチェックポイントを紹介するので、購入時の参考にしてください。👉 品目ごとの解説は各野菜の栽培ページへ

●苗選びのポイント

❶苗全体がヒョロヒョロと頼りない感じではなく、がっしりと育っている

❷葉が丸まったり反ったりせずに、ピンとして色が鮮やか

❸葉に虫食いの跡や変色がなく、葉の先が縮れていたり、葉の裏に虫の卵のようなものがついていない

❹大きいビニールポットで育っている(トマトやナス、キュウリなどは直径12cmのポットが目安)

トマトの苗

❺トマトの場合は、茎が細すぎず、かつ太すぎず、節間が狭いもの(一番花が咲いている)

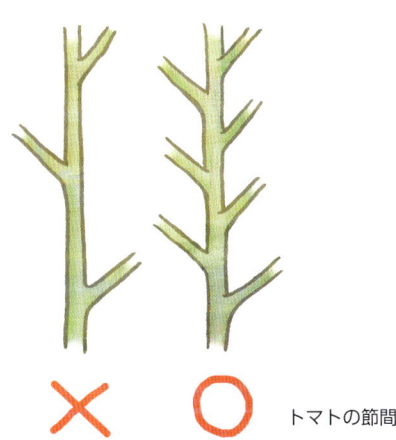

✕　〇　トマトの節間

❻キュウリやナス、メロンなどは接ぎ木苗が安心

接ぎ目

キュウリの接ぎ木苗

❼イチゴなどはウイルスフリーの苗を選ぼう

●ポットは大きい方がいい

　野菜の苗は、発芽後に何度か大きいポットに植え替えて畑に植えつけられる大きさまで育てます。ビニールポットが大きいということは、しっかりと植え替え作業が行われており、その都度、土の養分を根がしっかり吸収していることを意味します。根詰まりをおこすことなくのびのびと育っているので、植えつけ後の根つきも順調です。

> ### 接ぎ木苗とは
> 土壌伝染病などの被害をさけるため、特定の病気に強い品目の苗の根と、育てたい品目の苗の上の部分を接ぎ合わせて、一本の苗に仕立てたもの。すべての病気に効果があるわけではないが、病気にかかりにくく連作障害にも強いので薬剤の使用も少なくすみ、結果的に収量も増えるのでおすすめ。

苗づくり
〜タネをまいて苗を育ててみる

野菜づくりがはじめてという人は、ホームセンターなどで販売されている苗を購入し、畑やコンテナに植えつけるのがおすすめですが、少し慣れたら自分でタネから苗を育ててみませんか。珍しい品種は販売苗を見つけるのも大変ですし、購入するよりもリーズナブルです。

苗づくり（育苗）は時間と根気が必要。それなりに環境が整っていないと失敗することもありますが、そのおもしろさにハマってしまう人も多いようです。

●苗づくりにむく野菜、むかない野菜

そもそも、なぜ畑に直接タネまきをしないでポットで苗を育てる必要があるのでしょうか。

例えばトマトならタネまきから一番花のつぼみがつくまで約2カ月かかります。発芽適温の昼30℃、夜20℃になるまで待っていると収穫が間に合いません。北海道は菜園シーズンが短いので、温度の高い室内で苗を育て植えつけられる気温・地温になったらすぐに畑に植えつける必要があるため、加温状態での育苗が有効になるのです。

ただし、すべての野菜が育苗にむくわけではありません。ダイコンやニンジンなどの根菜類は畑に直接タネを植えます。

■ポット育苗にむく野菜

トマト、ナス、キュウリ、カボチャ、ズッキーニ、オクラ、ピーマン、ラッカセイ、キャベツ、レタス、ブロッコリー、セロリ、ソラマメなど

■畑に直まきがむく野菜

ダイコン、ラディッシュ、カブ、ニンジン、ゴボウ、ホウレンソウ、シュンギク、コマツナ類、イモ類、エダマメなど

育苗早見表

プロの生産者がタネまきや苗を育てるときに目安にしているものです。家庭でこの条件を満たすのは難しいかもしれませんが、できるだけ表の環境に近づけて育ててみるといいでしょう。

	品目	発芽適温	育苗適温	育苗期間	移植・植えつけのタイミング
果菜類	トマト	昼30℃ 夜20℃	昼22〜28℃ 夜15〜16℃	セ 20日→ポ 40日	本葉2.5〜3枚で12センチポットに移植 第1花房の花が咲き始めたら畑に移植
	ピーマン	30〜33℃	昼25℃ 夜18〜20℃	セ 25日→ポ 30日	本葉2.5〜3枚で12センチポットに移植 一番花が咲いたら畑に植えつけ
	ナス	昼30℃ 夜20℃	昼20〜25℃ 夜17〜20℃	セ 20日→ポ 40日	本葉2〜3枚で12センチポットに移植 一番花が咲いたら畑に植えつけ
	キュウリ	25〜30℃	昼25℃前後 夜15℃前後	ポ 30日	12センチポットにタネまき 6月に入り、本葉3.5〜4枚で畑に植えつけ
	カボチャ	25〜30℃	昼20〜25℃ 夜18℃前後	ポ 30日	12センチポットにタネまき 本葉3.5〜4枚で畑に植えつけ
	オクラ	25〜30℃	25〜30℃	ポ 30日	12センチポットに4粒タネまき 発芽後、2株に間引く
葉茎菜類	キャベツ	15〜20℃	15〜25℃	セ 25日〜30日	葉数2.5〜3枚で畑に植えつけ
	ブロッコリー	18〜25℃	18〜20℃	セ 25日〜30日	葉数2.5〜3枚で畑に植えつけ
	レタス	15〜20℃	20〜22℃	セ 25日	葉数3〜4枚で畑に植えつけ
	葉ネギ	15〜20℃	昼20℃前後 夜10℃以上	プ 60日〜70日	プランターで収穫 葉数3〜4枚になったら畑に植えつけてもOK
	セロリ	18〜22℃	15〜22℃	プ 45日→ ポ 25日〜45日	葉数3〜4枚で12センチポットに移植 6〜7枚で畑に植えつけ

セ セルトレイにまく　プ プランター（底の浅いタイプ）に植える　ポ ビニールポットに植える

実際にトマトの苗を育ててみよう

　ここではトマトを例に、実際にタネから苗を育てる（育苗する）様子を写真で追います。トマトは育苗に約2カ月かかります。北海道では畑に植えつける時期が5月下旬から6月初旬なので、逆算すると3月下旬ごろにはタネまきをすることになります。

準備するもの
タネ
セルトレイ
　（卵の空きパックなどでも代用可能）
培養土

タネを入手したら、まず、タネまきから畑への移植までの育苗期間を調べよう。タネ袋の表記や前ページの表も参考にして！

①セルトレイに土を入れる

　ホームセンターなどで売っている育苗用のセルトレイを用意します。卵のパックで代用する場合は底にキリなどで穴をあけ水が流れるようにしておきましょう。トレイに培養土を均等に入れ定規などで土の表面を軽くならします。

土をセルトレイに入れる

表面を軽くならす

②タネをまく

　指先で軽くくぼみをつくり、タネを一粒ずつ落としていきます。

指先でくぼみをつくる

一粒ずつタネをまく

③土をかぶせる

　トレイにすべてタネを落とし終わったら、培養土を丁寧にかぶせます。このとき、上からかける土の厚みはタネの大きさの約3倍が理想です。

そっと土をかける

土の表面を平らにする

苗づくり

④水を与える

土をかぶせたら、底の穴から水がしみ出てくるまでやさしくたっぷりと水を与えます。水圧でタネが流れないように細かく霧のように水をかけましょう。

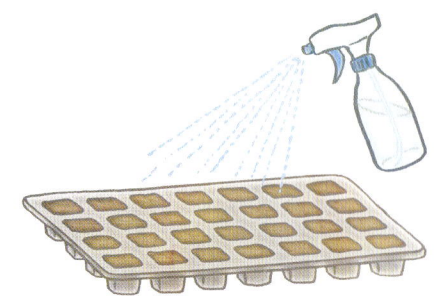

水をたっぷりやさしく与える

Point!

水道水は冷たすぎる場合があるので、一日以上常温に置いた水を使おう

⑤保湿＆保温

タネまきをして水をあげたら、水受けのトレイの上に置き発芽を待ちます。発芽するまでは乾燥を防ぐことと、発芽適温（トマトの場合は昼30℃、夜20℃が理想）を確保するため新聞紙をかけてさらにビニールで覆います。

霧吹きなどでぬらした新聞紙で覆う

Point!

夜間の温度が 14〜15℃を下回らないように注意しよう。新聞紙が乾いてきたら霧吹きで水やりを！

⑥発芽したら育苗生活のスタート！

発芽が確認できたら日光にあてます。室温が高すぎたり、光が足りなかったりするともやしのようなヒョロヒョロとした苗になってしまうので、育苗適温（昼22〜28℃、夜15〜16℃）を守りましょう。高すぎても低すぎてもよくありません。

発芽が確認できたら日光にあてる
家庭では窓辺がベスト

Point!

保管場所の日あたりが悪かったり、曇天続きで太陽光が足りなくて心配なときは、植物育成用の蛍光灯の使用も検討してみよう

⑦移植の準備

本葉が3枚ほどになったら、ビニールポットに移植する準備をしましょう。ビニールポットはホームセンターや園芸店などで購入できます。トマトなら直径12cmほどのポットがおすすめ。培養土も用意しましょう。

本場が3枚になったらビニールポットに移植

根のまわりの土をキュッとおさえる

⑧移植用ポットに培養土を入れる

本葉が3枚くらいまで苗が生長すると、トレイの中で根がしっかり回っています。底を割りばしなどでそっとつつくと、かたまりになって抜けます。ビニールポットに培養土を入れます

セルトレイから抜いた苗

ここまで

培養土は上部の線まで入れる

⑨移植

培養土を入れたポットの中心部に指で植え穴をあけ、トレイから抜いた苗を植えつけます。このとき、子葉（ふたば）が土に埋まらないように注意しましょう。根のまわりの土を軽くおさえます。すべてを移植し終わったら、ポットの下穴から水がしみ出てくるまでしっかりと水を与えましょう。

指を入れて穴に苗を植える

⑩育苗中は葉が触れ合わないように

移植を終えてからの育苗期間は約40日。土が乾いているようなら水をしっかり与えて管理しましょう。天気がよくて暖かい日は数時間でもいいので外気にふれさせるとだんだんと強くしっかりした苗に育ちます。

移植後、隣の苗と葉が触れ合うと、上にヒョロッと伸びてしまうので、生長に合わせてポットの位置をずらすなどして葉と葉が触れ合わないようにしましょう。

道央圏の場合は6月初旬ごろまでポットで管理します。畑に植えつける朝にたっぷりと水やりをして根に吸水をさせてから植えつけましょう。

苗づくり

Point!

ポットに移植直後のトマトの苗。この後40日ほど育苗

苗が小さいうちは倒れないように、上から水をかけるのではなく底のトレイに水をはり、下から吸水させるとよい

ベッド(畝)づくり・マルチシート張り

ベッド(畝)をつくる

雪がとけて畑の土が乾いたら早速、畑の準備に入ります。タネまきや苗を植えつける日を決めたら、作業の2週間前までには必要な肥料をすきこんで耕し、準備をしておきます。タイミングが合えば、一緒にベッド(畝)をつくっておくと一石二鳥です。👉 P58「植えつけ前の作業をチェック!」

●畝とベッド

作物を育てるスペースのことを畝といいます。ベッドは水はけ確保などの目的で高さをつけた畝のことです。高くする必要のない場合は、畝のスペースにしばらくの間ひもを張るなどして、わかるようにしておきましょう。作業を重ねるうちに次第に通路と畝の境ができます。ベッドをつくる場合は、畝の周囲の土を盛り高さをつけて、平らにならします。

イラストを参考に作業の工程を見てみましょう。

●ベッドづくりに必要なもの

・クワ
・線引きロープ2組(支柱と荷造り用のビニールひもなどでも可)
・メジャー
・レーキ
・スコップ
・菜園計画メモ(畑のレイアウト)

●ベッドのつくり方

❶ひもを張る

ベッドの長さに合わせて線引きロープを1組まっすぐにピンと張ります。メジャーで幅を測り、もう一組の線引きロープを水平に張ります。しっかり土に差してロープがたるまないようにしましょう。

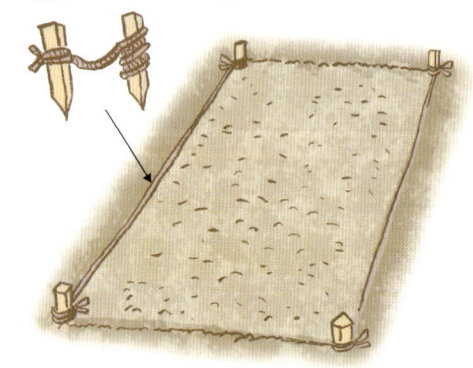

線引きロープをピンと張る

Point!

レイアウトを考えるときに基本のベッドの長さも決めて線引きロープの長さを合わせておくと、畑で長さを図る手間が省ける

❷溝を掘る

クワを使い通路になる部分の土をベッド(ロープの内側)に盛ります。このとき後ろ向きに進むと作業がスムーズです。土は「多すぎるかな?」と思うくらいたっぷり盛るのがコツ。

ロープの内側に土を盛る

❸平らにならす

十分に土を盛ったら、表面をレーキの背をすべらせて平らにならします。これで通路との高さがついたベッドの完成です。

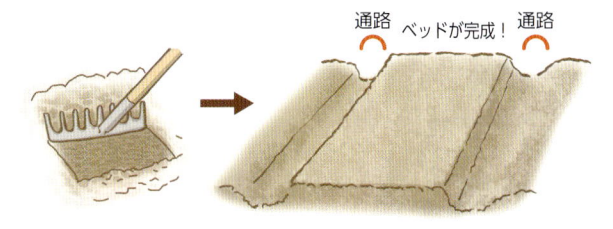

通路　ベッドが完成！　通路

> **Point!**
>
> ベッド幅に合わせた細長い板をレーキにくくりつけてベッドの表面をすべらせれば、一度できれいに平らなベッドが完成！
> 道具を工夫して楽に農作業を進められるように考えるのも楽しみの一つ

マルチシートを張る

　畝（ベッド）にポリフィルムなどの素材でできたシートを張り作物を育てている人も多いです。このシートをマルチシートといい、このようなシートを張ったり稲わらなどで株まわりを覆うことをマルチングといいます。

　マルチングには多くのメリットがあります。例えば、地温の確保。栽培期間の短い北海道では、できるだけ早く地温を上げ安定させたうえでの、苗の植えつけやタネまきが大切です。また、植えつけや発芽後に急に地温が下がって根を傷めてしまう害がたびたびおこるのが初夏の北海道。このようなことにならないように、シートを張れば、ある程度、地温を確保できるので安心です。地温の確保だけでなく、マルチングにはほかにもいろいろなメリットがあります。シートを張るのはひと手間かかりますが、シーズン中の生育や作業性にも差が出るので、挑戦してみましょう。

●マルチシートの張り方

　37ページを参考に目的に応じたマルチシートを用意します。購入時の注意点は、ベッド幅＋（高さ×2）＋20～30cm（両端を土に埋めて固定するため）の幅のものを購入すること。例えば高さ10cm幅90cmのベッドの場合は、両端それぞれ10cmほど土に埋めて固定することを考えると、90cm（ベッド幅）＋20cm（高さ10cm×2）＋20cm（両端埋める分）となり、幅130cmはほしいところです。高さをつけない畝の場合は、畝幅＋20～30cmあれば十分です。

　マルチシートを用意したら早速シートを張ってみましょう。

❶溝を掘る

　ベッドの周囲にマルチシートの端を埋めるための溝を掘ります。クワを水平に入れてベッドの側面をできるだけ垂直にするとシートを固定しやすくなります。側面が斜めになると、雨風や人の往来でシートの端が表面に出てきやすくなり、一部が外にはみ出ると風で飛ばされてしまいます。

クワをベッドに水平に入れる

四隅を90度に近づける

垂直にする

×　○

> **Point!**
>
> できるだけきれいにシートを張るために、ベッドの四隅を90度に近づけるように努力しよう！シートが斜めに土に入ると張ったあとの修正がきかなくなるので注意！

❷シートを張る

ベッドの先端部分から、シートの端を溝の底に置き、土をかぶせてしっかり固定します。このときに、シートに書かれたセンターラインがベッドの中心部を通るようにします。その後ロールを転がしながら順にシートの端を土に埋めていきます。

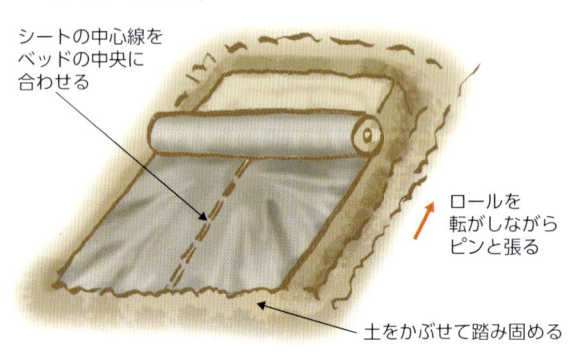

シートの中心線をベッドの中央に合わせる

ロールを転がしながらピンと張る

土をかぶせて踏み固める

Point!

シートの内側に空気が入らないようにぴったりと張ろう

❸面をおさえる

片方の足でシートの端をしっかりと踏み、その足の上にクワで土をかけ、足を引き抜いて上から踏み固めていきます。端まできたらシートをカットして端をしっかり土に埋めて踏み固めます。

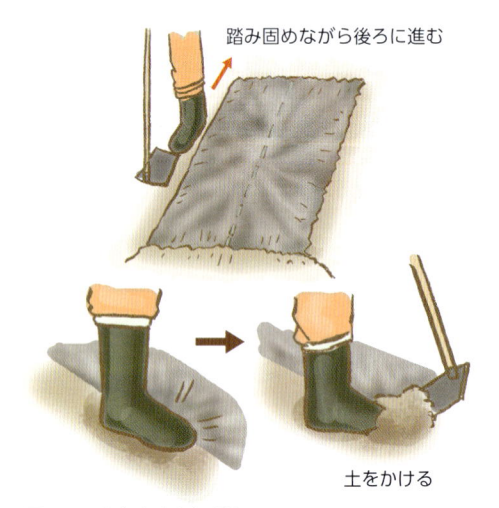

踏み固めながら後ろに進む

土をかける

足でシートをおさえながら

Point!

作業はできるだけ二人以上で行い、両端を同時に進めていくようにするときれいに仕上がる

❹シートの上に土をかぶせる

シートを張り終わったら、風などで飛ばされないように所々に土をかぶせておきましょう。

シートの上に所々、土をのせておく

Point!

ビニール製のマルチシートは破れやすいのでレンガや石などを重石にすると破れる。畑の土をかけておくのがベスト！

マルチシート張りの極意

●風のない日を選ぶ

強風にあおられるとうまく張れないどころか、シートを飛ばされて回収するのもひと苦労。張り終えたのもつかの間、小さな破れから風が入り、一気にもっていかれるはめに

●作業は少なくても 2～3 人で

溝を掘るまでは一人でもいいですが、張りの作業は一人では大変。シートをおさえながら土に埋め、こっちをやったら向こうへ行って…では、効率が悪すぎて心が折れそうに

●最初の 1 本を美しく仕上げる

シーズン終了まで何度も通う菜園。見た目の美しさも重要。シート張りは最初の 1 本に合わせ 2 本目以降を平行に仕立てるので、最初が曲がっているとすべてに影響してしまう。最初が肝心！

マルチシートの種類と選び方

● マルチシートの種類

マルチングには様々なメリットがあります。地温の確保のほか、雑草の繁殖をおさえる、水分の蒸発を防ぐ、雨による土の跳ね返りで葉に土壌菌がつくのを防ぐことができるなどの効果も期待できます。どんな目的でマルチングをするかによって選ぶ資材が異なるので購入する前によく考え、目的に応じて使い分けるようにしましょう。

一般的にはロール状で販売されています。小さな菜園では使いきれないので、誰かとシェアしたり、数年使うつもりで購入しましょう。最近はロール状ではなく、家庭用として坪単位の大きさで販売しているものもあります。少しで十分という場合にはおすすめです。

マルチ資材（フィルムの色）の種類と特徴

	メリット	デメリット
透明	地温が最も上がりやすい	シートの内側に雑草が繁茂する
黒	シートの内側に雑草が繁茂しにくい	透明やグリーンのマルチと比べると地温の上がり具合が緩やか（安定する）
グリーン	黒のシートより地温が上がる	雑草の繁茂をおさえられるが不完全
シルバー	キラキラと光るものを嫌うアブラムシの飛来を防げる	地温は上がらない（夏のダイコン栽培などは地温を低く安定できるので適している）
稲わら	水分の蒸発を防ぐ。土に覆うだけなので作業が簡単。天然素材なので安心。イチゴやカボチャ、スイカなど実を守るだけにも使える	地温は上がらない。風で飛びやすい

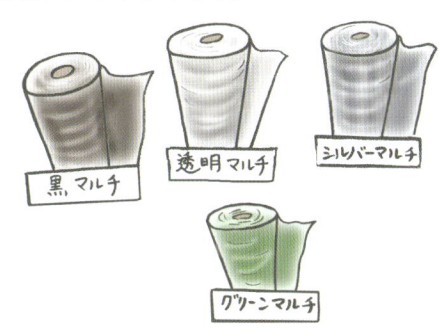

黒マルチ　透明マルチ　シルバーマルチ　グリーンマルチ

● マルチシートの幅を選ぶ

種類を決めたら、次はシートの幅を考えましょう。市販のシートは幅も様々なので、ベッド幅に合わせて選びます。また、ベッドの高さと土に埋める部分を考慮して選ばなければなりません。市販のシートには規格の幅があるので以下の表を目安にしてください。

マルチシートの幅

ベッド幅	シート幅
60cm	95cm
90cm	135cm
120cm	180cm

※高さ10cmのベッドの場合

シートを張ったあとの水やりと追肥

ビニール（ポリフィルム）製のマルチシートは完全に土を覆うため、キュウリやナスなど頻繁に水をあげたい野菜では、水やりに工夫が必要です。

株が十分育ったあとだと通路に水やりをしても効果はありますが、株がまだ小さいうちは株と株の間に水やり用の穴をあけ、ジョウロの先をはずして筒（パイプ）だけの状態にし、あけた穴に直接水を注入します。追肥で液肥を与えたいときも同様です。その点では稲わらでのマルチングは上から水を直接かけられるため、水やりの作業性は問題ありません。

また、シーズン終了時の後始末のときも、ビニール製のマルチシートはゴミとして処分しなければなりませんが、稲わらは天然の素材なので堆肥にできます。そのあたりも考慮してマルチングをするべきか、する場合はどの種類にするかを考えましょう。

タネをまこう！苗を植えよう！

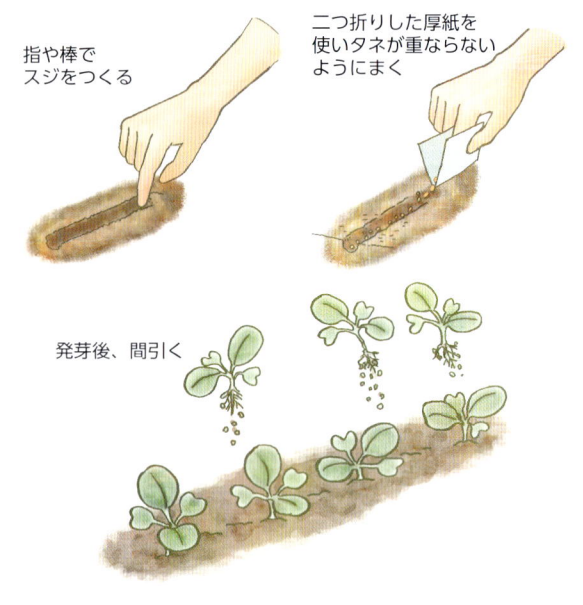

指や棒で
スジをつくる

二つ折りした厚紙を
使いタネが重ならない
ようにまく

発芽後、間引く

●直まき

ニンジンやダイコンなどのタネから育てる根菜類、コマツナやホウレンソウなどの葉菜類、エダマメやインゲンなどのマメ類は苗を移植するのではなく畑に直接タネをまいて育てます（直（じか）まき）。タネの大きさや発芽後の株間などによって「スジまき」または「点まき」の二通りのまき方があります。

●スジまき

○タネが非常に小さく細かいもの
○最終的に株間5cmほどで収穫するもの

指や支柱などの棒を使って1本のスジをつくり、そのスジにタネを落としていきます。発芽後に間引きをしながら最終目標の株間に調整して収穫します。

タネが非常に細かいものはスジまきが適しています。まくときは、ハガキなどの厚紙を二つに折ってタネをのせ、トントンと振動させながらタネがかたまって落ちないように少しずつ落としていきます。

まき終えたら軽く土をかぶせて手のひらでおさえます。水ができるだけ霧状にかかるように、ジョウロをなるべく高いところにかまえ、やさしくたっぷりと水を与えましょう。発芽後は子葉（ふたば）が重ならないように間引きます。

●点まき

○タネが比較的大きいもの
○最終的に株間を10cm以上にしたいもの

点まきの場合は、条間と株間を守って直径5〜6cmのくぼみをつくり、タネを2〜3粒ずつまきます。発芽後は間引きして1つの穴につき1本にします。間引くなら最初から1粒まけばいいのでは？ と思われがちですが、すべてが発芽するとは限らず、虫や病気の害にあう場合があるので、保険と思ってまいておくのがおすすめです。発芽したら最初は1本を間引き、本葉が揃ってきたら最終的に1穴1本にして育てます。

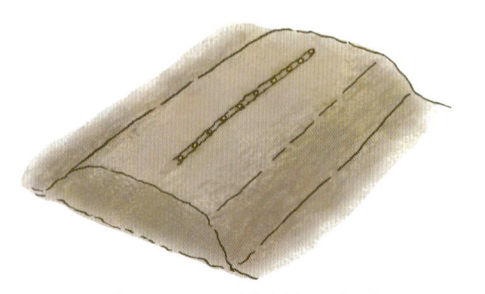

スジまきしたベッド（1条植えの場合）

点まきしたベッド（1条植えの場合）

タネを1穴に2〜3粒まく

手でギュッとおさえる

本葉が揃ったら
1穴1本に

●ばらまき

言葉のとおり、畑の全面に手でぱらぱらとタネをまく方法です。

コンテナのベビーリーフミックスなどはこの方法でOKです。発芽したら間引きながら収穫を楽しみましょう。混みすぎている部分はある程度思い切って間引かないと、株が生長しづらくなるので時には思い切ってやりましょう。

●苗の植えつけ

地温がしっかり確保できたら（道央では5月末ごろから6月上旬が目安）、苗を植えつけます。もっと早い時期に植えつけたい場合は、マルチシートなどを張って地温を上げ、植えつけ後は風よけの袋やトンネル資材でビニールをかけるなどして保温につとめましょう。

❶根に吸水させる

植えつけの朝早く、または前日の夕方から、植えつける苗のポットを水の張った容器に入れ、根に十分吸水させておきます。このときに使用する水は水道水ではなく、一日以上常温に置いた水を使いましょう。根にしっかりと吸水させておくことで、植えつけの際に水やりをする必要がなくなります。またこの時期は、寒さが戻る可能性があるため、植えつけたときに冷たい水を与えると、せっかく上がった地温が再び下がってしまい生長に影響します。地温がしっかり上がりきったころ（6月後半以降）に植えつける場合は、植えつけ時に水やりをしても大丈夫でしょう。

常温に置いた水に一晩吸水させる

タネをまこう！苗を植えよう！

❷マルチシートに穴をあける

ベッドをマルチシートで覆っている場合は植えつける場所に穴をあけます。空き缶を利用したり、カッターナイフでシートに十字に切り込みを入れます。穴をあけたら移植ごて（小さいスコップ）でポットと同程度の容量の土を掘っておきます。

ポットと同じ直径の
空き缶で
穴をあける

グッと差して
グリグリ

どちらかの
方法でシートに
穴をあける

ポットの直径

カッターで
切る

移植ごてで
根鉢を入れる
分の土を掘る

❸移植する

根鉢をくずさないように苗をポットからはずし、掘った穴にそっと置きます。このとき、根鉢の高さがベッドの高さよりも低くならないように注意しましょう。くぼんでしまうと水がたまり地温が下がってしまいます。

次に、掘ったときに出る土で株元を支えます。植えた苗が倒れないように割りばしなどで仮支柱をして支えてあげると安心です。また、マルチシートを張っている場合はめくれ防止のために切り口の周囲に土をかけておきましょう。

根鉢

くずさないように取り出す

○ 指1本ぐらい

根鉢の表面とベッドの土の高さが同じか、やや高くなるようにする

× 水がたまってしまう

❹風よけ設置

冷たい風が吹くような時期に苗を植えつける場合は、米袋などでつくった風よけで苗を守ってあげましょう。植えつけ直後の苗はまだ幼く、根がしっかりとついていないので風や寒さにとても弱いです。しばらくは保温を心がけましょう。株の周囲に4本の支柱を立て、透明か半透明の厚手のビニール袋（10kgの米袋）などを筒状にしてかぶせます。裾は土の中に埋めます。また、トンネル資材を使用する場合は、このタイミングで設置するといいでしょう。

Point!

苗は強い日差しや乾いた風に突然さらされると急激な環境の変化に対応できず、しおれてしまう場合があるので、風よけはくもりや小雨模様の日にはずすこと

お米 10kg

両端を切り落とす

支柱を4本立てて上からビニール袋をかぶせる

ビニールがめくれないように土の中に埋める

こんなとき、どうしたらいいの？

スペースが足りないとき

　ベッド1本に1列(1条)で植えることを「1条植え」、ベッド1本に2列(2条)植えることを「2条植え」、植える場所を半分ずらしてジグザグに2列(2条)植えることを「千鳥植え」といいます。例えば、ベッド幅が十分に確保できないけれど、苗の数を減らしたくない場合は、千鳥植えがむいています。

　作物によって必要な株間(株と株の間隔)と条間(列と列の間隔)は異なりますが、株間さえしっかりと守っていれば、上記のいずれの方法でも大丈夫です。

　例えば、90cm幅のベッドに2条植えが適している作物を60cm幅のベッドに植えたい場合は、1条植えにすれば問題なく育ちます。また、狭いベッド幅を有効に使いたければ千鳥植えにします。このように、各作物の株間、条間を調べて臨機応変に対応しましょう。

千鳥植え

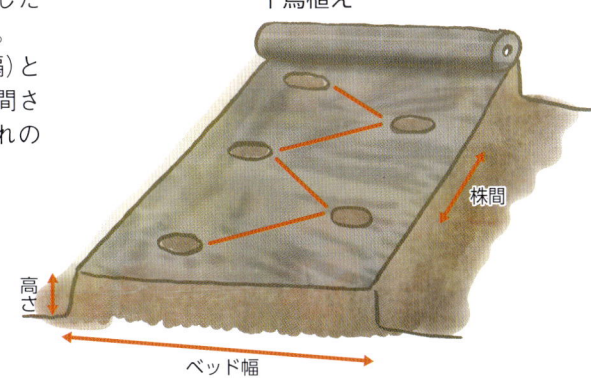

高さ　株間　ベッド幅

とっても困る、鳥のいたずら

　エダマメやトウモロコシのタネをまいて何日たっても発芽しないので待ちきれず少し掘りおこしてみたら、タネが全部消えていたとか、発芽したての芽が全部なくなっていた、などということはよく聞く話です。犯人は、きっと「鳥」。対策を立てておく必要がありそうです。

　鳥対策グッズも販売されていますが、2リットルの空きペットボトルを利用すると簡単です。ハサミやカッターで半分にカットし、下半分は底にキリなどで穴をあけます。

　タネをまいた場所、または発芽した部分に逆さまに差し込みます。上半分もキャップをはずして使えます。

　埋め込みが浅いと頭のいい鳥はこのペットボトルのガードもいとも簡単にはずしてしまうので、深く埋めましょう。10cm以上の大きさまで育ったら被害にあう可能性がかなり低くなるので、ガードをはずします。

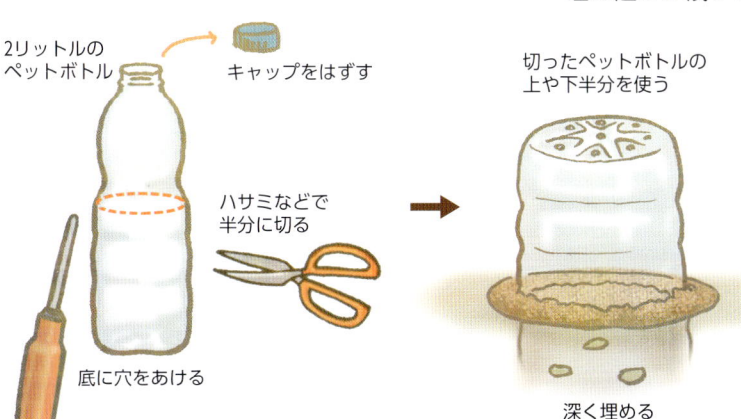

2リットルの
ペットボトル　キャップをはずす

ハサミなどで
半分に切る

底に穴をあける

切ったペットボトルの
上や下半分を使う

深く埋める

支柱立てと整枝

　野菜をはじめて育てる人にとって、少々ハードルが高いのが支柱立てです。野菜は日々ぐんぐんと生長し、このままだと手が届かなくなるのでは…などと不安になります。上だけでなく横にどこまでも伸びる野菜もあります。そこで覚えておきたいのが、支柱の立て方と枝の整理の仕方（整枝）です。自然に任せておくよりも作業が楽になるので、手入れもしやすく収量もアップします。最初は大変ですが、一度育ててみると様々な言葉の意味がわかってきて、覚えてしまうと簡単なことばかりです。

　また、支柱の立て方や整枝の方法については正解がはっきりしているわけではありません。人それぞれ、経験値から得た方法で管理をしています。家庭菜園の先輩が近くにいたら、教えてもらうのも近道かもしれません。

支柱立て

●支柱立てのポイント

その1　自分の手が届く高さを最高点と決めてその地点を超える場合は摘心したり、折り返します。作物がどの程度大きくなるのか予想して支柱を用意しましょう。なお、支柱は地中に30cmほど埋めるので、その分を考慮して支柱の長さを決めます。

その2　作物が大きくなればなるほど風による倒伏の危険性が高まります。また、重い実をつけるメロンや、ズッキーニのように葉が大きく全体的にボリュームのある品目は支柱が株の重さに耐えられなくなるので、太い支柱を選びます。

その3　初級者が失敗しがちなことの一つですが、枝を結ぶときは決してきつく結ばないこと。枝は支柱に結んだあともどんどん太く生長します。それにつれて結んだひもが枝に食い込み、生長できなくなり枯れてしまったという失敗をよく聞きます。ゆるく結ぶか、生長に合わせて何度か結び直しましょう。市販の支柱キャッチャーなどもおすすめです。

直立式支柱

合掌式支柱

トマトの支柱
（オベリスク使用）

インゲンの支柱

あると便利な支柱キャッチャー

基本の2大支柱を覚えよう

　キュウリやマメ類のようにつる性で伸び続けるものやトマトのように背が高くなるものは、支柱を立てて支えることが必要不可欠です。不安定な株を支えるためには、1株を1本の支柱で支えるのではなく、複数の株をくくりつけて、お互いが支え合う関係にすると比較的うまくいきます。この場合、主に**直立式支柱**と**合掌式支柱**の二通りの方法があります。支柱が必要な株数やベッド幅（1条植えか2条植えか）などによって使い分けます。

●直立式支柱（主に1条植えの場合）

　それぞれの株に立てた支柱の上部に1本の支柱を横に渡して結びます。それぞれが交わった部分をしっかりと結んで固定します。次に全体を支えるための補強の支柱を両サイドの支柱に斜めに2本ずつ立てます。これを直立式支柱といいます。

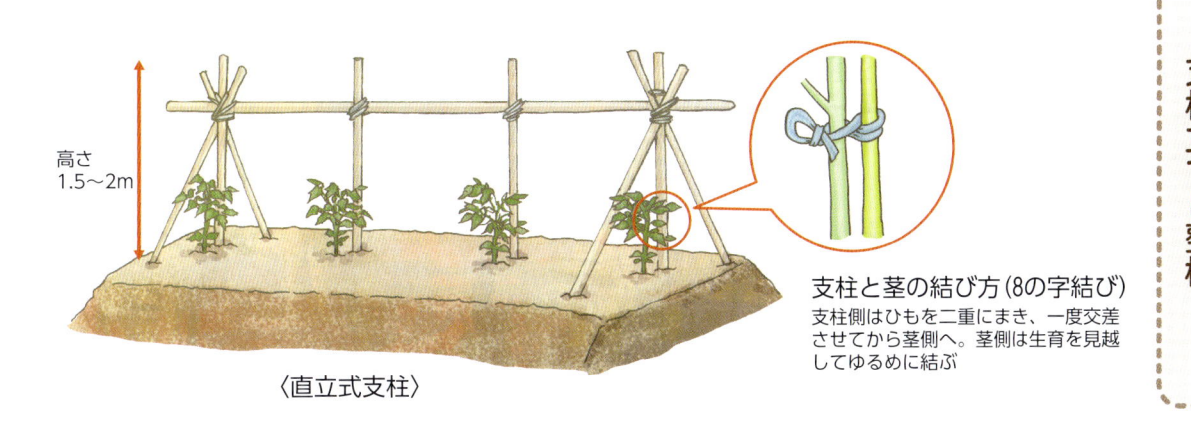

高さ
1.5〜2m

〈直立式支柱〉

支柱と茎の結び方（8の字結び）
支柱側はひもを二重にまき、一度交差させてから茎側へ。茎側は生育を見越してゆるめに結ぶ

●合掌式支柱（主に2条植えの場合）

　それぞれの株に立てた支柱の上部を、向かい合わせた株の支柱と結びます。それを何組かつくり、その上部に横向きに支柱を渡してくくりつけます。次に全体を補強する支柱を両サイドの支柱に2本ずつ立てます。これを合掌式支柱といいます。直立式支柱よりも雨風や重さに強く安定するのでおすすめです。

高さ
1.5〜2m

〈合掌式支柱〉

支柱どうしが支え合っているので
安定する

主な野菜の支柱立てと整枝

【支柱】

　1株につき1本の支柱を立てます。自分の手が届く高さが最高点です。トマトは複数の苗を植えつける場合が多く、大きく育って倒れるリスクが高いことから直立式支柱か合掌式支柱にして全体を支えるといいでしょう。

1条植えの場合は直立式支柱で

【整枝】

　植えつけ後、わき芽を見つけたらそのたびに摘み取ります。これをわき芽かきといいます。わき芽はとても旺盛に生長するので、放っておくとどれが主枝でどれがわき芽なのかわからなくなるほど立派に育ちます。わき芽にも花芽がついて開花し実がなるので、わき芽を1本だけ育てて2本仕立てにして収量を確保する栽培法もあるほどです。

葉のつけ根から出てくる
すべてのわき芽を早めに
摘み取る

わき芽

ピーマン

【支柱】

　1株につき1本の支柱を立てます。カラーピーマンなど肉厚で色のつくものは実の重量が重くなり色づくまで長い間枝にぶら下げておくことになります。そこで枝が折れないように支えが必要になります。イラストのように、両端の株の横に2本の支柱を立ててひもを張ります。第一花房（下から数えて一つめの実がなるところ）のあたりを両サイドのひもで支え折れないように調整します。

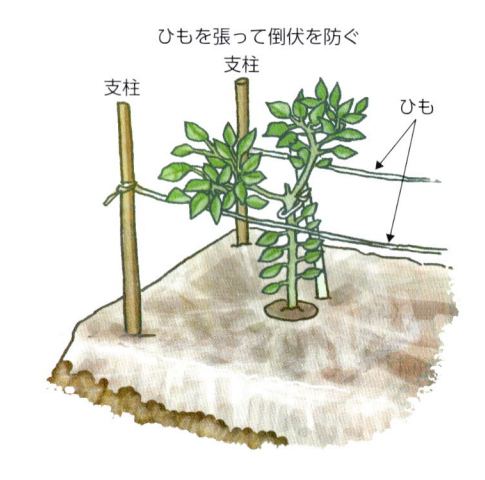

ひもを張って倒伏を防ぐ
支柱
支柱
ひも

【整枝】

　一番花よりも下にあるわき芽はすべて摘み取ります。一番果は結実させずに摘み取ります。ピーマンは花が咲いて二つに枝分かれ、を繰り返します。一番花が咲いて枝が2本になり、それぞれの枝に咲いた花から2本に枝分かれするので、全部で4本の枝が伸びたところで、その4本を育てます。以降の管理は必要ありませんが、葉が混んできたら適宜、摘心して間引きましょう。特に内側に入り込んだ枝は日光があたらなくなり生長が悪くなるので摘心します。

一番花から
下のわき芽は
すべて摘み取る
一番花も
摘み取る

ナス

【支柱】

ナスは2本の支柱を立てると安定します。苗を植えつけたときに仮支柱として斜めに1本立てておき、株が生長してきたら本支柱を地面に対して垂直に立てて主枝に結びます。先に斜めに立てておいた仮支柱もそのまま使い、本支柱と交差するところをしっかり結んで固定します。

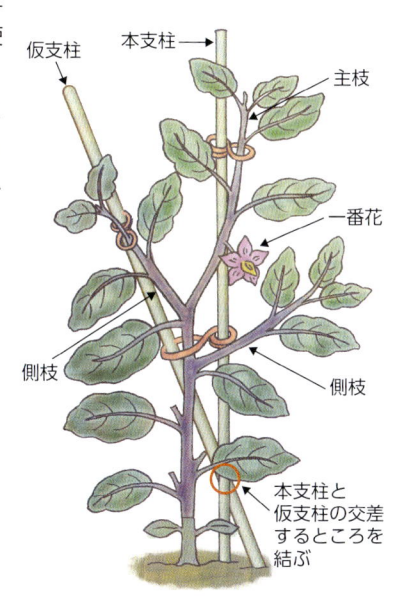

仮支柱
本支柱→
主枝
一番花
側枝
側枝
本支柱と仮支柱の交差するところを結ぶ

【整枝】

一番花のすぐ下と、その下のわき芽を側枝として伸ばします。主枝と合わせて3本を伸ばす3本仕立てが管理しやすくておすすめです。下の側枝よりもさらに下についたわき芽はすべて摘み取ります。以降、3本の枝に花がついて実になり収穫したらその先を摘心する、を繰り返します。

枝分かれして花が咲くごとに、葉を2枚残してその先を摘心する

※接ぎ木苗の場合、接ぎ目から出てくる芽はすべて取り除く。ナスに限らず接ぎ木苗は同じ処理。

キュウリ

【支柱】

1株に1本の支柱を立てます。複数の株を植えて直立式支柱、または合掌式支柱で支えましょう。横並びの株の支柱を利用して20cmほどの間隔でひもを張り、ひげが伸びてつかまるところを用意してあげるとぐんと生長します。つるが支柱の先まで到達したら、つるの先端（生長点）を摘み取ります。

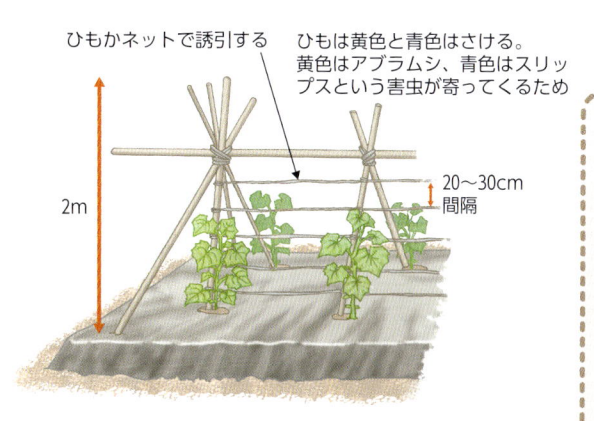

ひもかネットで誘引する
ひもは黄色と青色はさける。黄色はアブラムシ、青色はスリップスという害虫が寄ってくるため
2m
20〜30cm間隔

【整枝】

ギザギザに伸びていく親づる（主枝）を、下から数えて5節目（葉の数なら5枚）までの子づるはすべて摘み取ります。雌花も摘み取り結実させないようにします。6節目から上の子づるを伸ばし、それぞれ2節（葉2枚）を残してその先は摘心を繰り返します。

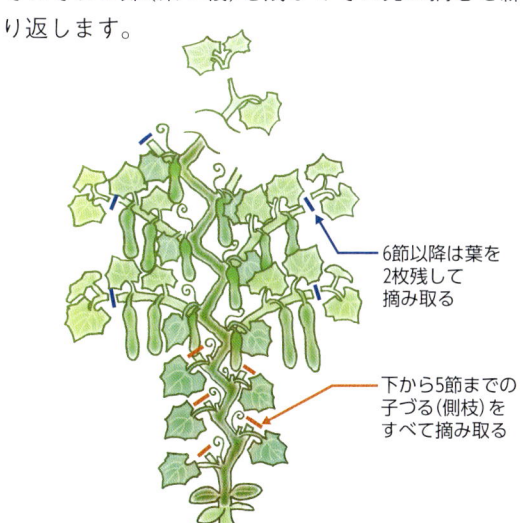

6節以降は葉を2枚残して摘み取る

下から5節までの子づる（側枝）をすべて摘み取る

支柱立てと整枝

わき芽かき

枝から伸びる葉のつけ根の部分から伸びてくる新芽を「わき芽」といいます。わき芽は放っておくと生長し新たに別の葉を伸ばして花芽をつけます。すると1本の苗から何本もの枝が伸びることになり、管理しにくくなります。葉や枝に養分をとられ、花芽に栄養が届きにくくなったり、病気にかかりやすくなります。その結果、食味や収量にも影響するのでわき芽を見つけたら取り除きます。これを「わき芽かき」といいます。

整枝

苗を植えっぱなしにしても植物は生長します。植物は、次世代を残すことを一番の目的に生きているので、厳しい環境になると早く花を咲かせてタネをつくろうとします。しかし、その前においしい果実や葉を存分に分け与えてもらえるように、人間がコントロールして収量を少しでも増やしたり、収穫期間を延ばしたりします。その一つの方法が「整枝」です。わき芽かきや摘心、一番花を摘み取るなどして、収量や風味のコントロールだけではなく、栽培中の管理をしやすくするのも整枝の目的の一つです。

摘果（摘花）

果菜類は、基本的に花が咲いたら実がなり収穫期をむかえます。つまり花が咲いたらいずれ収穫できるわけです。しかし、まずは株を充実させてから花芽をたくさんつけさせる必要があるため、最初に咲いた花は結実させず、または小さい実のうちに摘み取ることがあります。それを「摘果（摘花）」といいます。特にまだ小さな苗のうちは、花をつけて実を収穫することよりも株を大きくさせることが先決です。花や実にエネルギーを奪われないように摘果が必要なのです。

摘心

ある一定のところまで生長した枝が、それ以上伸びないように枝をカットすることを「摘心」といいます。シーズンの終盤に差しかかるころに行うことが多い作業です。生長点を摘み取ることで、生長するために使っていたエネルギーを今ついている花や実に行きわたらせ、シーズン最後まで充実した実を収穫することができるようにします。また、葉や枝の整理など余計な作業も減り、管理が楽になります。

支柱を使いこなせれば一人前！

はじめて野菜づくりに挑戦する場合、悩んでしまうことの一つが支柱選びでしょう。

支柱は株を支えるためだけではなく、支柱どうしで支えたり、トンネル資材として使用したり、場合によっては簡易的なビニールハウスをつくるなど様々なシーンに応用できます。支柱をうまく使いこなしましょう。

アサガオ用のリングつきの支柱（行灯支柱）はメロンのコンテナ栽培にも使える

支柱には様々なサイズや種類がある

ホームセンターでは目的に合わせて様々な支柱が販売されています。

一般的に太さは直径 8mm、11mm、16mm、20mm の 4 種類、長さは 90cm、120cm、150cm、180cm、210cm、240cm に分けられています。専門店ではさらにサイズが細分化されています。

トマトやキュウリなど大きくなるものは直径 16mm 以上の太さ、長さも 210cm 以上はほしいところです。ナスは 2 本で支えるうえ、露地栽培では背丈も 1m ぐらいなので少し細めで長さも 150cm ほどで十分です。メロンや小玉スイカなどを地にはわせるのではなく支柱にからませて伸ばす栽培法なら、実の重量を考えるとトマト同様に太くて長い支柱が必要です。

支柱を購入するときは、どの作物を何株つくるのかをあらかじめ把握してから購入しましょう。

いろいろな用途に応用しよう

家庭菜園で使われる支柱の多くは等間隔に節がついていて、枝と結んでもずり落ちないように工夫されています。キュウリ栽培にはキュウリネットなど支柱にセットして使える便利な資材もあります。ベランダでのキュウリ栽培には突っ張り棒タイプでコンパクトなネットつき支柱などもあるので、はじめての方は利用してみるといいかもしれません。

アサガオを栽培するときに使用するリングつきの支柱（行灯支柱）は、コンテナでメロンを栽培するときに使えますし、バラ栽培用のオベリスクもトマト栽培に使えます。このように、本来の用途だけではなくいろいろな作物に応用させてみましょう。

トンネル資材に使用するのは細くて曲がるタイプの支柱です。不織布や防虫ネットを支柱に固定させるための道具（支柱用パッカー）も販売されています。パッカーも支柱の太さに合わせる必要があるので購入する際にはサイズ確認を忘れずに。

なお、支柱は使い捨てではなく繰り返し使用するので、シーズンが終わったらきれいにしてしまっておきましょう。

追肥のポイント

疲れた体に栄養ドリンクを！

春先、畑の準備を行うときに肥料をすきこんで耕します。その際与える肥料のことを元肥といいます。果菜類の場合、花芽をつけるあたりまで元肥の力で順調に生長します。その花芽が開花して実になり熟すまでは、新たなエネルギーが必要になり、体はすっかり疲れています。その疲れた体を回復させるための栄養ドリンクの役割をはたすのが追肥です。

追肥として与える肥料には即効性が求められるため、「硫安」などの化学肥料が扱いやすくておすすめです。できれば有機質の肥料で追肥もしたいところですが、有機質資材の多くは、植物が吸収できるように分解されるまでかなり時間がかかるので、追肥にはあまり適しません。

●追肥の方法

追肥をする株はある程度生長していて、土の中では根も大きく育っています。水分や栄養分を最も吸収しやすいのは根の先端部分なので、そこをめがけて水分や肥料を与えると効果的です。株元よりも土の中の根の広がりを予測してできるだけピンポイントで与えましょう。

マルチシートを張っている場合はシートに穴をあけるか、肩の部分をはがして与えましょう。

ニンジンやスイートコーンなど、根が下に深く伸びるものは、株の外まわりにまきますが、トマトやキュウリ、ナスなど根が横に広がるものはベッドの肩のあたりにまくと効果的です。

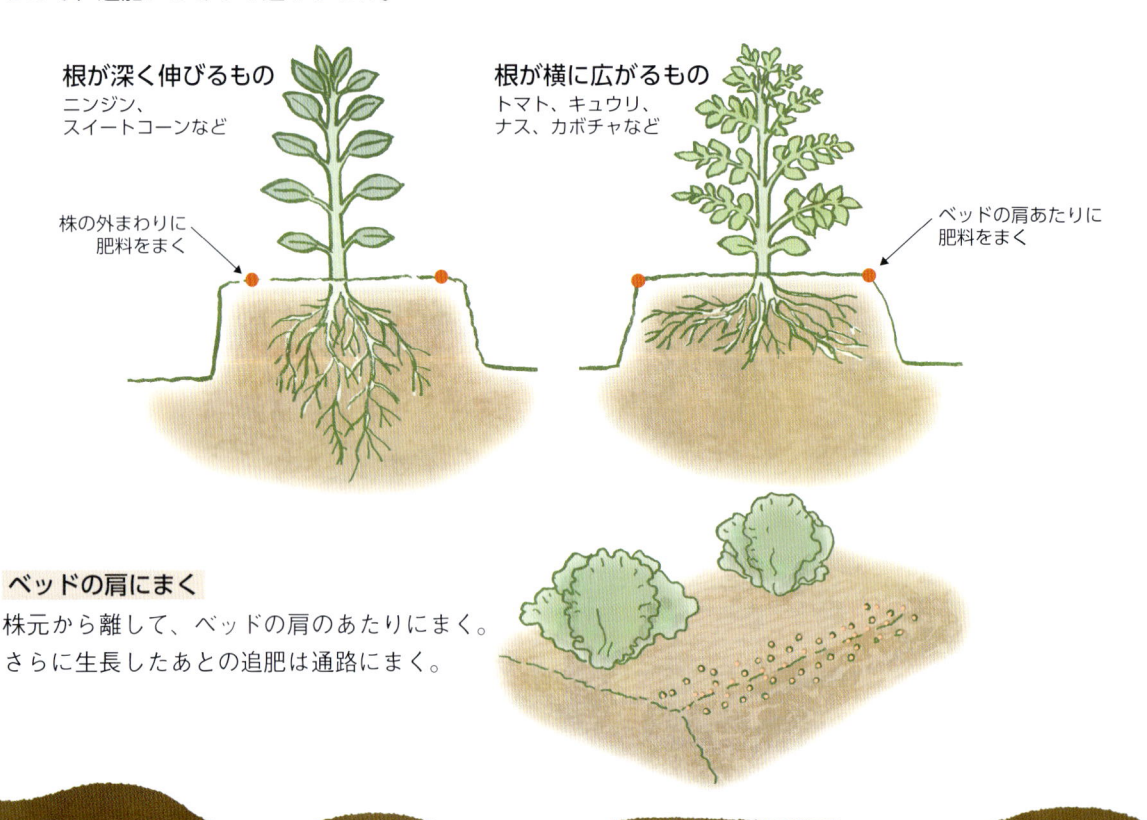

根が深く伸びるもの
ニンジン、スイートコーンなど

株の外まわりに肥料をまく

根が横に広がるもの
トマト、キュウリ、ナス、カボチャなど

ベッドの肩あたりに肥料をまく

ベッドの肩にまく
株元から離して、ベッドの肩のあたりにまく。さらに生長したあとの追肥は通路にまく。

株間にまく

株元から離し、隣の株との中間にまく。

葉の外周にまく

ズッキーニなど1株が大きくなる野菜は、葉の外まわりにまく。

条間にまく

葉菜類など複数の列（条）にして栽培している場合は、条間（列と列の間）にまく。

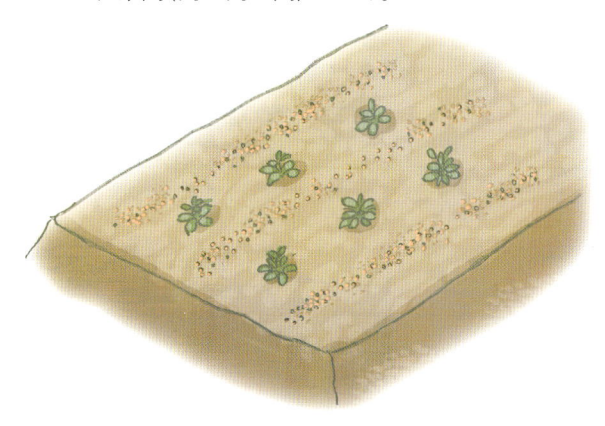

●マルチシートを張っている場合

株と株の間に穴をあけて肥料を入れます。株全体が小さい場合は穴のふちに、できるだけ株元から離すように入れましょう。また、逆に株全体がある程度大きく生長している場合はシートの肩の部分をはがして与えるといいです。

シートの上から株間に穴をあけて肥料を入れる

シートの穴のふちに円を描くように肥料を入れる

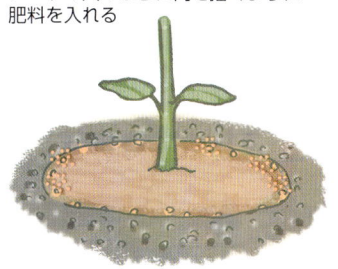

●肥料の量

使用する肥料袋に記載されている量を守りましょう。あらかじめ、使用する肥料のひと握り分の重さを量っておくと便利です。正確に量りたい場合は 50g くらいの単位で目盛をつけた容器を用意しておくと量がわかりやすいです。

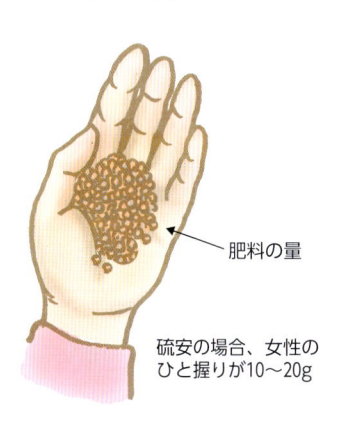

肥料の量

硫安の場合、女性のひと握りが10〜20g

菜園日誌をつけよう！

過去の記録が上達の近道

　野菜づくりは、経験を積むほどに上達します。毎年同じことの繰り返しに思えるかもしれませんが、過去の失敗や成功をいかしてこそ、上達のスピードがグンとあがります。そのためにおすすめなのが「菜園日誌」です。

　「昨年植えたエダマメの品種はなんだったかな？」「失敗したコマツナはいつタネまきしてとう立ちしちゃったのかな？」など、過去のデータを参考にしたいときに役立ちます。また、スイカやカボチャの着果日などシーズン中の生長を記録したり、追肥をした日など管理作業の確認も容易になります。

　菜園日誌は市販されていますが、種類は多くありません。特に決まりはないので、自分に必要なデータは何かを考えて使いやすいようにオリジナルの菜園日誌をつくってみましょう。

●菜園日誌作成のポイント

　具体的にどのような情報をどう記録したら使いやすいか考えてみましょう

○ノートは小さいサイズで

　作業をすぐに書き込んだり、以前の作業を振り返るときに畑で使えるポケットサイズが便利

○最初のページに畑のレイアウト図を描くか、貼りつける

　連作障害などのリスクに備えるため、いつ、どこに何を植えたかなどレイアウトなどのデータは重要。苗やタネを購入する際にも無駄がなくなる。また、元肥として植えつけ前に畑にすき込んだ肥料の種類と量を記録しておくとよい

○作業計画表をつくる

　シーズン中にしなければならないことを月単位で書き込む。縦の列に月、横の列に育てる予定の品目を書き、タネまき、植えつけ、追肥の時期などを書く。今週何をするべきか、一目でわかるので作業が効率よく進む

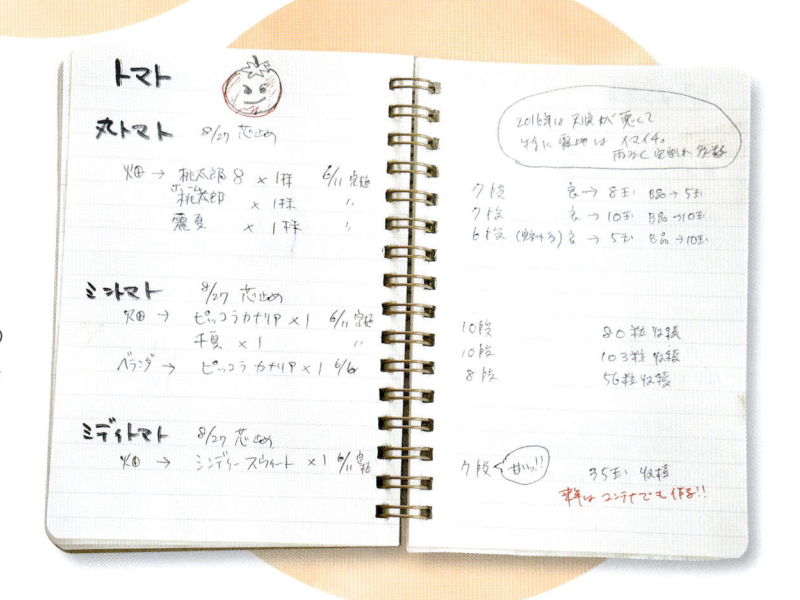

○天気と気温も記録する

タネまき日、植えつけ日、追肥をした品目や量、病害虫対策、収穫物などその日行った作業の内容の記録がメインですが、天気と最高気温・最低気温・平均気温を記録しておくとよい。品目によっては平均気温の積算温度が収穫の目安にもなるため

○植えた品目別の ページをつくる

どんな品種を何株植えて、どの程度の収穫があったのかを記録する。収穫目標を決めておくとモチベーションも高まり収穫が楽しみになる

スマートフォンやパソコンで管理する方法も

スマートフォンやタブレットがある場合は、菜園日誌のアプリを利用するのもおすすめです。その場で撮影した画像も一緒に記録できるのでわかりやすいです。

パソコンで管理をする場合は、必要な部分をプリントアウトしてファイルするといいでしょう。必要なときにすぐに見られるので便利です。

菜園カレンダー（野菜別）

菜園カレンダーは、年間の作業スケジュールを組むときの参考にしましょう。

なお、作業の詳細は（　）内にある各野菜の育て方のページで確認をしてください。

※カレンダーは主に道央エリアの作業目安です。ほかのエリアは個別野菜の栽培ページでご確認ください。

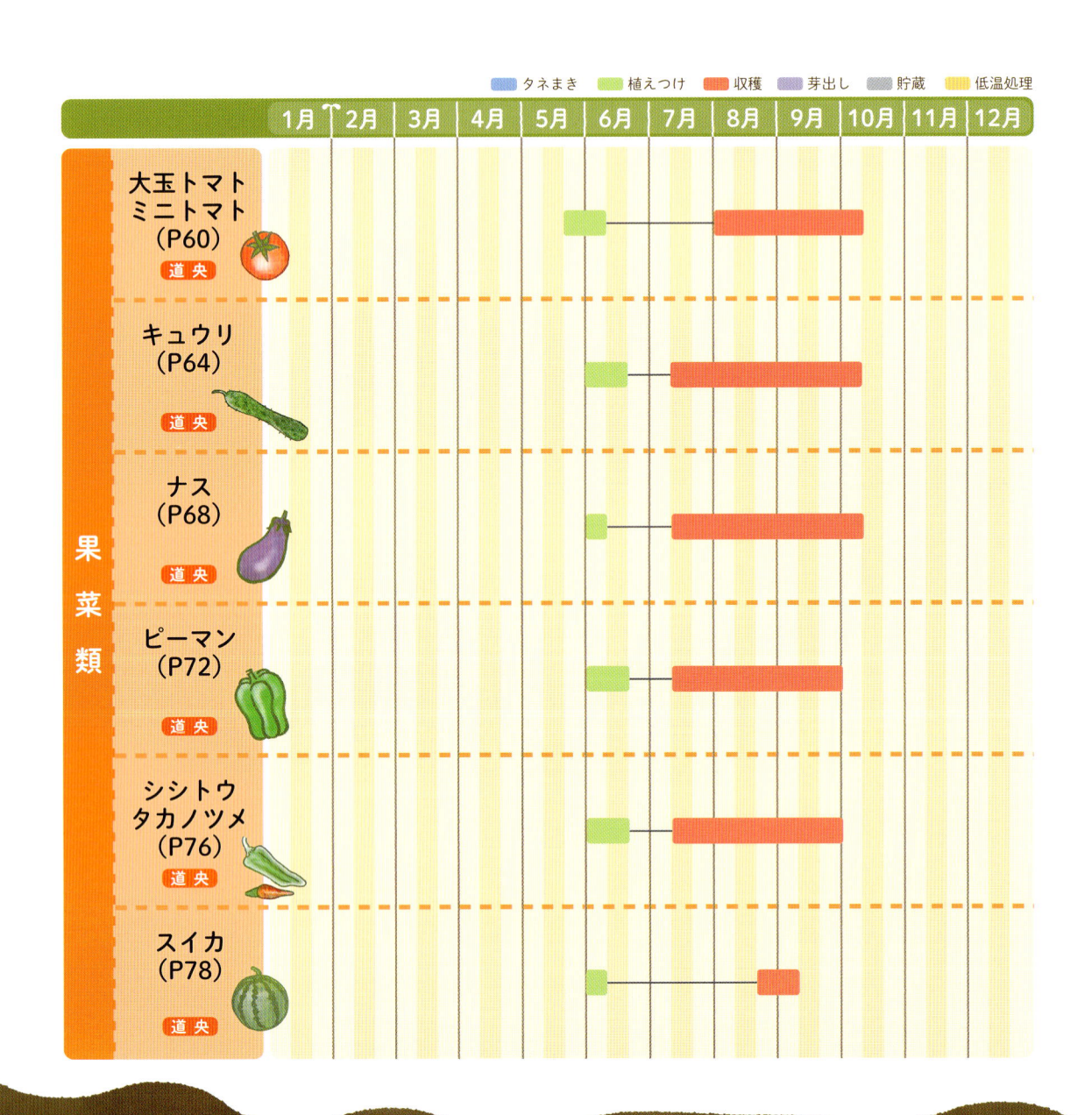

凡例: タネまき／植えつけ／収穫／芽出し／貯蔵／低温処理

果菜類

野菜	1月	2月	3月	4月	5月	6月	7月	8月	9月	10月	11月	12月
大玉トマト ミニトマト（P60）道央						植えつけ		収穫				
キュウリ（P64）道央						植えつけ	収穫					
ナス（P68）道央						植えつけ	収穫					
ピーマン（P72）道央						植えつけ	収穫					
シシトウ タカノツメ（P76）道央						植えつけ	収穫					
スイカ（P78）道央						植えつけ		収穫				

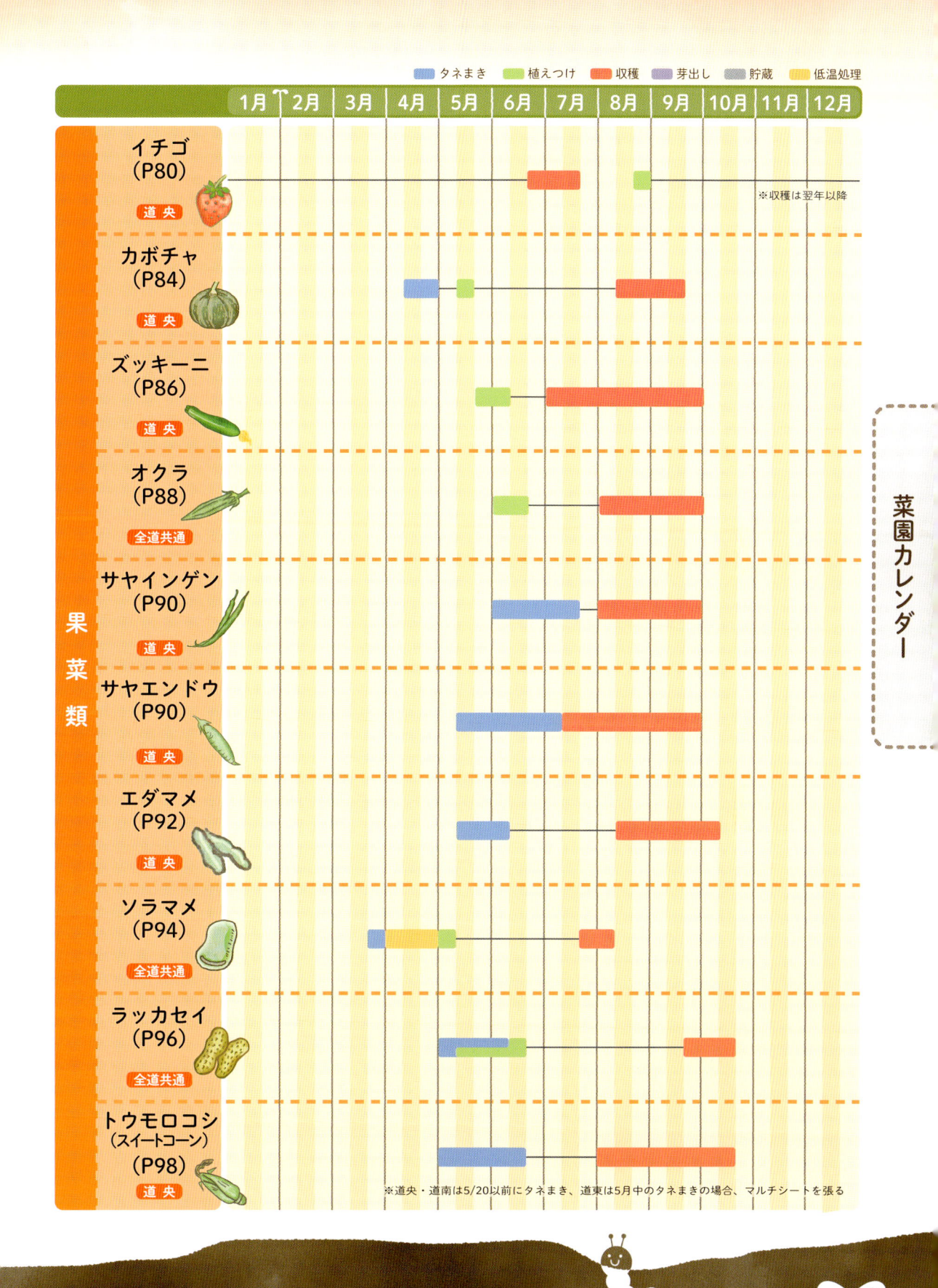

菜園カレンダー

凡例: ■タネまき ■植えつけ ■収穫 ■芽出し ■貯蔵 ■低温処理

	1月	2月	3月	4月	5月	6月	7月	8月	9月	10月	11月	12月

果菜類

- イチゴ（P80）道央 ※収穫は翌年以降
- カボチャ（P84）道央
- ズッキーニ（P86）道央
- オクラ（P88）全道共通
- サヤインゲン（P90）道央
- サヤエンドウ（P90）道央
- エダマメ（P92）道央
- ソラマメ（P94）全道共通
- ラッカセイ（P96）全道共通
- トウモロコシ（スイートコーン）（P98）道央

※道央・道南は5/20以前にタネまき、道東は5月中のタネまきの場合、マルチシートを張る

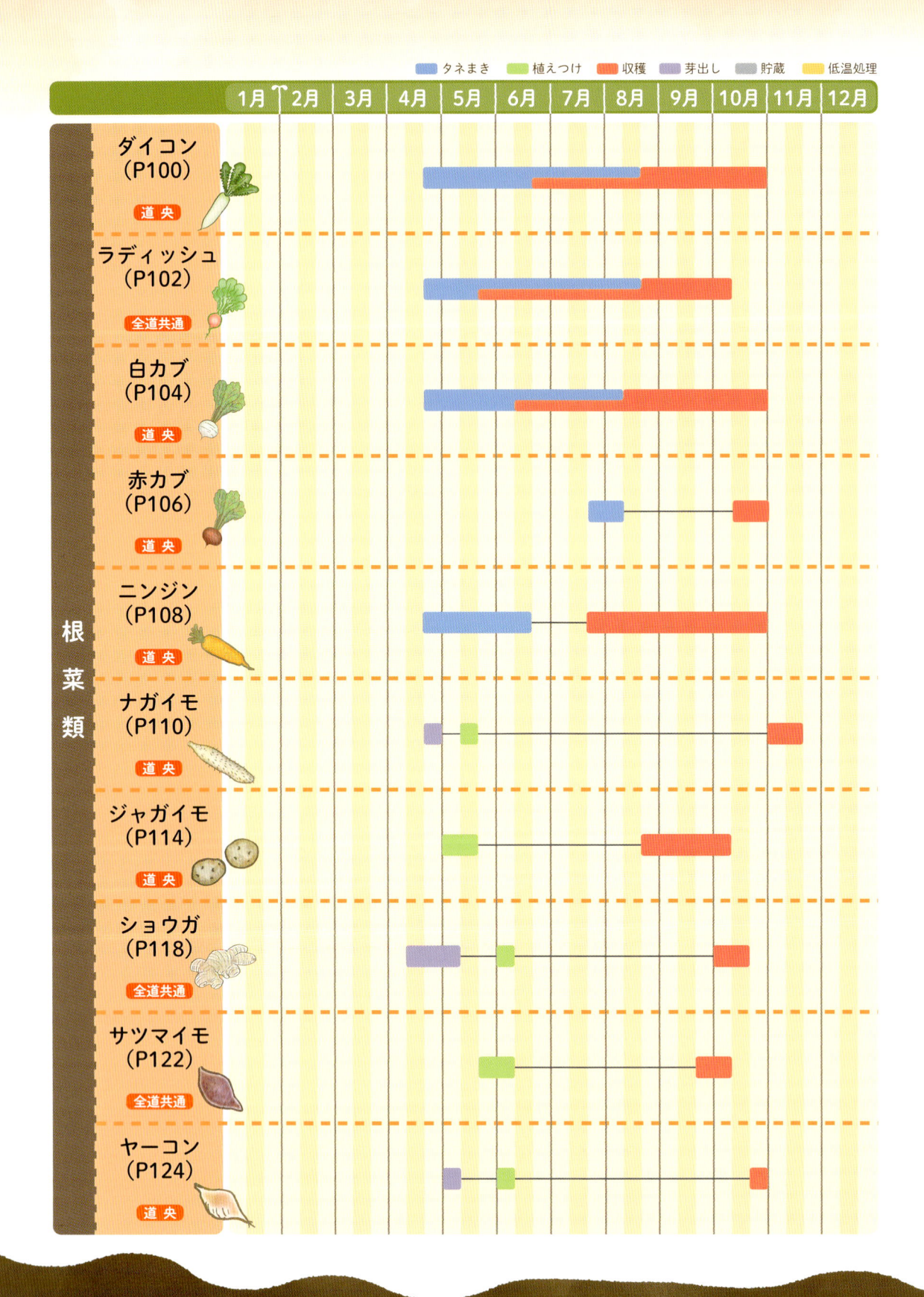

		1月	2月	3月	4月	5月	6月	7月	8月	9月	10月	11月	12月

凡例: ■ タネまき　■ 植えつけ　■ 収穫　■ 芽出し　■ 貯蔵　■ 低温処理

根菜類

- ダイコン（P100）道央
- ラディッシュ（P102）全道共通
- 白カブ（P104）道央
- 赤カブ（P106）道央
- ニンジン（P108）道央
- ナガイモ（P110）道央
- ジャガイモ（P114）道央
- ショウガ（P118）全道共通
- サツマイモ（P122）全道共通
- ヤーコン（P124）道央

	タネまき	植えつけ	収穫	芽出し	貯蔵	低温処理

	1月	2月	3月	4月	5月	6月	7月	8月	9月	10月	11月	12月

葉茎菜類

キャベツ（P126） 道央

ハクサイ（P128） 道央
※畑に直接、タネまきする場合

レタス（P130） 道央

ホウレンソウ（P132） 全道共通

シュンギク（P134） 道央

コマツナ ミズナ（P136） 全道共通

チンゲンサイ（P138） 全道共通

長ネギ（P140） 道央

葉ネギ（P140） 全道共通
※好みの大きさで収穫

タマネギ（P142） 道央

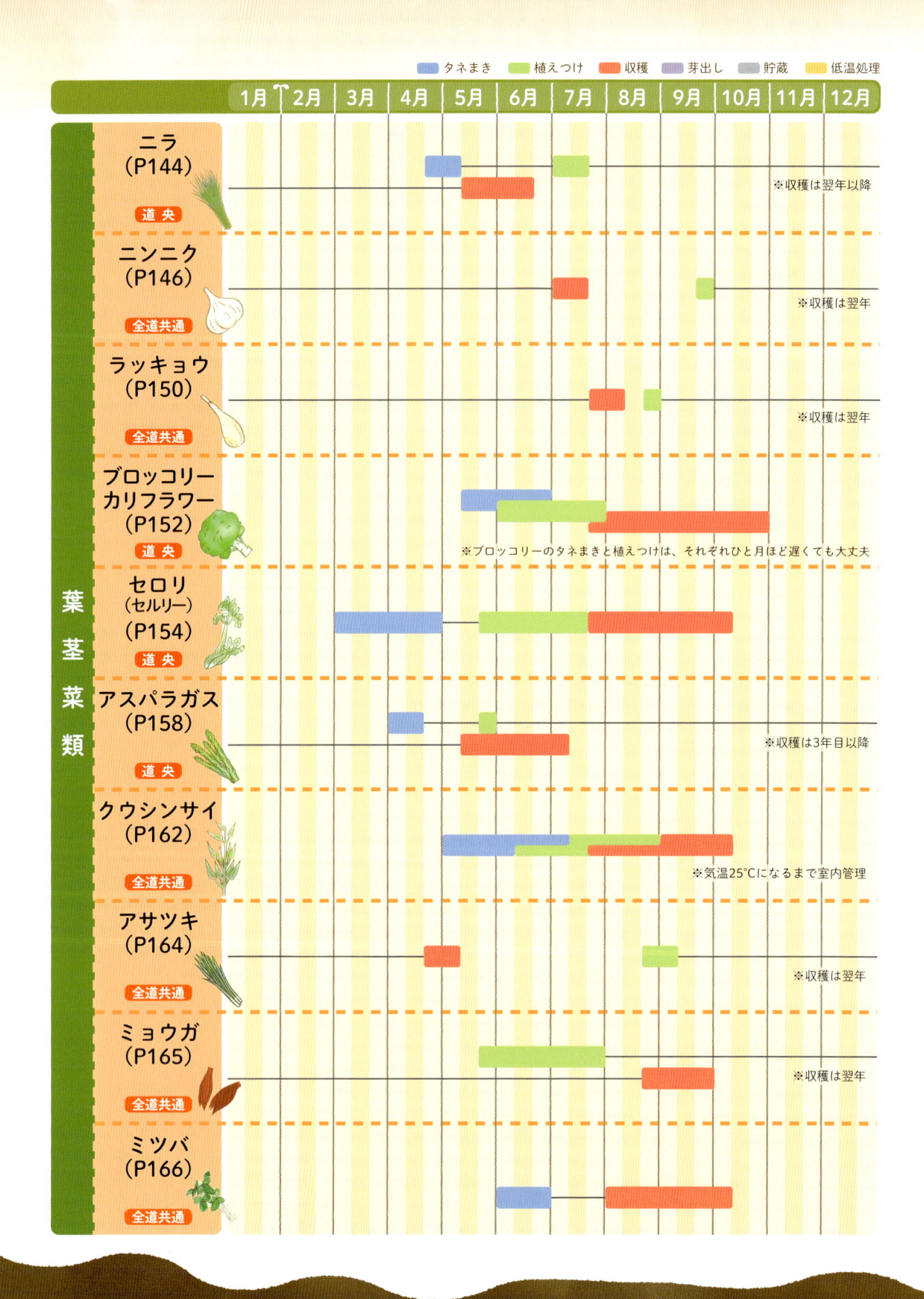

		1月	2月	3月	4月	5月	6月	7月	8月	9月	10月	11月	12月

凡例：タネまき　植えつけ　収穫　芽出し　貯蔵　低温処理

葉茎菜類

ニラ（P144） 道央 — ※収穫は翌年以降

ニンニク（P146） 全道共通 — ※収穫は翌年

ラッキョウ（P150） 全道共通 — ※収穫は翌年

ブロッコリー カリフラワー（P152） 道央 — ※ブロッコリーのタネまきと植えつけは、それぞれひと月ほど遅くても大丈夫

セロリ（セルリー）（P154） 道央

アスパラガス（P158） 道央 — ※収穫は3年目以降

クウシンサイ（P162） 全道共通 — ※気温25℃になるまで室内管理

アサツキ（P164） 全道共通 — ※収穫は翌年

ミョウガ（P165） 全道共通 — ※収穫は翌年

ミツバ（P166） 全道共通

育て方編

植えつけ前の作業をチェック！

　どんな野菜を栽培するかを考え、レイアウトを完成させたら、いよいよ畑作業の始まりです。畑の準備は整っていますか？ 基礎知識編では、野菜を育てるための土づくりの大切さや肥料の役割について説明しましたが、大切なことなので、タネまきや苗を植えつける前にもう一度、畑の準備についておさらいします。👉 関連ページ P10〜15

元気な野菜を育てるポイント

① (前年の) 秋に、堆肥や苦土石灰（くどせっかい）などの資材を畑に入れて土づくりをする
② 春の植えつけ前に、野菜に栄養を与える肥料をまく（元肥）

土づくり

①前年の秋のうちに、堆肥と苦土石灰を畑全体にまき、よく耕してすき込む

　(前年の) 秋、収穫を終えて畑をきれいにしたら、土に力をつけるための堆肥（完熟した堆肥）と、土壌改良のための苦土石灰をまき、よく耕して土づくりをします。

1m^2 あたり	完熟堆肥 2kg 苦土石灰 100g

　ただし、以下の例外的な野菜の品目があります。

例外的な品目	(1m^2 あたり)		
	完熟堆肥	苦土石灰	過リン酸石灰
ジャガイモ	2kg	—	—
ニラ	4kg	150g	—
セロリ	4kg	200g	—
アスパラ	10kg	200〜300g	100g

　堆肥は原料に有機質資材を使用したものが多いため、地温がやや高めに安定した状態で成分を分解させる必要があります。収穫を終え、寒くなる前の10月ごろ（道央圏の場合）に作業するのが理想です。その後、堆肥は畑の中で分解しながら冬をむかえます。

　一方、まく時期が早いと、分解を終えた状態で冬をむかえ、有効な成分が雪どけ水とともに流れてしまうことがあります。逆に遅すぎると地温が下がって分解が中断され、翌春に地温が上がるまで分解が進まないことになります。

　もしも、秋に土づくりができなかった場合は、春一番の作業として、土が乾いたら所定の資材を畑に入れてよく耕します。

　この作業後2週間は、タネまきや苗の植えつけは控えます。

　まず資材を入れる前に、畑の広さを測ります。

　1m^2 あたり完熟堆肥が2kg、苦土石灰が100gなので、畑の広さが、縦5m、横5m（5×5＝25m^2）なら、完熟堆肥は、2kg/m^2×25m^2＝50kg となり、苦土石灰は 100g/m^2×25m^2＝2,500g（2.5kg）になります。

❗ ! ココに注意しよう！

❶ 貸農園では、翌年も同じ場所に作付けできるとは限らないので、雪どけが終わり、畑の土が乾いてから作業することになります。ただし、作業後2週間は、タネまきや苗の植えつけは控えましょう。

❷ 完熟堆肥を購入する場合、「20ℓ」のようにkg単位ではなく「ℓ」で記載されているので、お店の人などに聞いて重さをしっかり確認し、必要な量を購入しましょう。

❸ 完全に発酵していない未熟な堆肥を使うと、タネバエなどの害虫が寄ってきたり、ガスが発生して根を傷め生長に悪影響を及ぼすので、完全に発酵した臭いのないものを選びましょう。

はじめて野菜を育てる畑の土づくりについて

完熟堆肥で土づくりを行う場合、堆肥の成分は1シーズンで完全に消失するわけではありません。植えた作物の種類にもよりますが、前々年、さらにその前年にまいた堆肥もまだ一部、肥料としてはたらいています。

前述の毎年まく「2kg/m²」という量は、継続して野菜づくりをしている畑の場合です。これまで野菜をつくっていなかった場所で栽培する場合は、1年目は倍の 4kg/m² の完熟堆肥をまきます。苦土石灰は多く与える必要はありません。

元肥

②春の植えつけ前に肥料をまく

前年の秋、または春先の一番の仕事として土づくりのための完熟堆肥と苦土石灰をまいたら、次は野菜用の肥料を用意します。これを元肥（もとごえ）といいます。ちなみに、完熟堆肥と野菜用の肥料は役割が異なります。

野菜用の肥料は、タネまきや植えつけの2週間前までに必要量をまいておきましょう。

野菜用の肥料にはいろいろなものがあります。有機質を主体にした肥料もありますが、種類によって効果に差があるので、**本書では計算しやすい化成肥料（N-P-K＝8-8-8）**を例にあげて量を算出しています。与える肥料の量は、品目によって異なるので、育て方編の各品目のページ「栽培基本データ」を参考にしてください。また、1種類ではなく複数の肥料をまくことを推奨している品目もあるので注意してください。

植えつけ前の作業をチェック！

役割がちがうよ！

注意！

育て方編の「栽培基本データ」にある「畑の準備」欄は、前年の秋から化成肥料をまく2週間前までに、あらかじめ、完熟堆肥と苦土石灰をすき込んでよく耕していることを前提にしています。

大玉トマト ミニトマト ［ナス科］

原産地… 南米の山岳地帯
（ペルー・アンデス山脈周辺）

栽培カレンダー		1月	2月	3月	4月	5月	6月	7月	8月	9月	10月	11月	12月
	道央					植えつけ		収穫					
	道南					植えつけ		収穫					
	道東・道北					植えつけ		収穫					

■ 植えつけ ■ 収穫

自分で育てるとヤミツキになるトマト

　ビギナー向けの野菜栽培でおすすめなのがミニトマト。栽培は難しくなく、毎日の変化を楽しく観察することができます。花が咲いた、実がなった、大きくなった、色づいた、「さぁ収穫！」という具合に、シーズン中楽しくお世話をできるのです。大玉トマトはミニトマトと比べると少しハードルが高いけれど、「目標○個収穫」と決めて世話をするのも楽しいですね。

栽培のコツ
甘いトマトを作るには、水を極力与えないのが鉄則。株がある程度大きくなったら、雨以外の水は必要なし。小ぶりでもギュッとしまった味の濃いトマトができる！

 **栽培基本データ**

土壌酸度 … pH6.0〜6.5
生育適温 … 昼 21〜26℃、夜 10〜15℃
発芽適温 … 25〜30℃
病害虫 … 灰色カビ病、葉カビ病、ウドンコ病、アブラムシ類、オオタバコガ

畑の準備
植えつけの2週間前までに化成肥料(8-8-8)125g/m²、過リン酸石灰 55g/m²、硫酸カリ 60g/m²

ベッド（株間と条間）
高さ 10cm、幅 90cm
株間 50〜60cm
条間 50〜60cm、2条植え

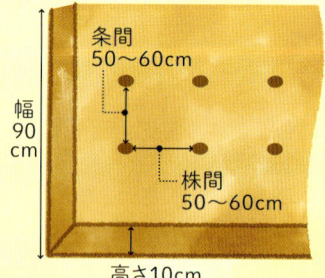

条間 50〜60cm
幅 90cm
株間 50〜60cm
高さ10cm

追肥のポイント
3段目の花が咲いたころに、化成肥料(8-8-8)50g/m² を株元にまき、以降は生育をみながら10日おきに 50g/m² を与える

① 苗選び

トマト苗を選ぶときのポイントをチェックしておきましょう。

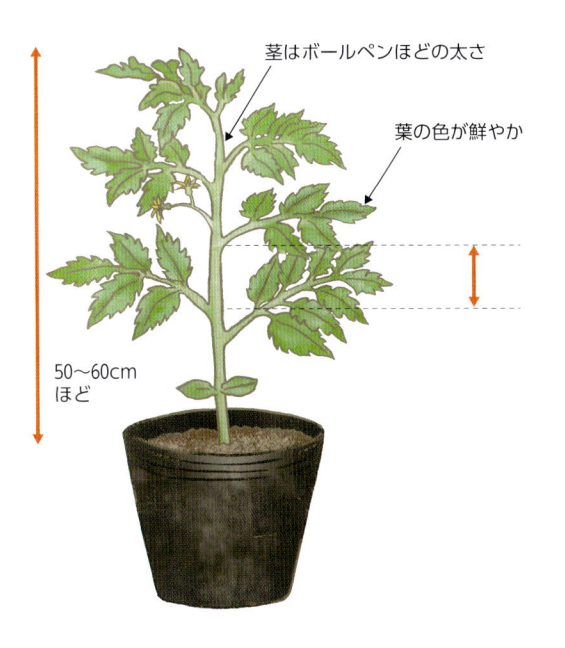

茎はボールペンほどの太さ

葉の色が鮮やか

50〜60cmほど

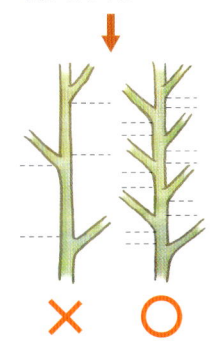

節間が狭いものを選ぶ
長すぎるのは×

× ○

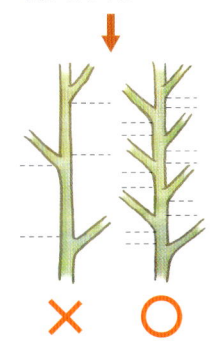

苗選びのポイント
①葉と葉の間隔（節間）が間延びしていない
②葉の色が鮮やか
③茎の太さは太すぎず細すぎない、ボールペンほどの太さが望ましい
④一番花が咲き始めている

② 植えつけ

植えつける日の早朝にポットに水をたっぷり与えておきましょう。 P39

ポットから土ごと出して、株元が2cmほど畝の高さより盛り上がるように植えつけます。このとき、仮の支柱を立てて苗が倒れないようにしばっておくと安心です。

2cm

株元を指の第1関節分の高さにし、浅めに植えつける

③ 風よけ

植えつけ直後はまだ幼い苗を守るため、米袋や堆肥の袋などビニール袋を利用して風よけをつくり、苗を囲うように保護してあげましょう。

お米 10kg

大玉トマト・ミニトマト

④ 本支柱立て

　ある程度育ち、暖かくなり強風の季節が過ぎたら、風よけをはずし本支柱立ての作業です。畝の高さから1m50cmほどになるような支柱を用意します。2条植えの場合は株元に支柱を立てたら、その支柱が風で倒れないよう向かいあった支柱どうしを支え合うようにしっかり結びましょう。

直立式支柱

1.5m

⑤ 誘引

　茎と支柱を麻ひもなどで結んで誘引します。茎は生長するにつれて太くなるので、ゆとりをもたせて結ぶとよいでしょう。

支柱側は二重に巻いて1度交差させてトマト側へ。トマト側は一重にしてほどきやすくしておく
（8の字結び）

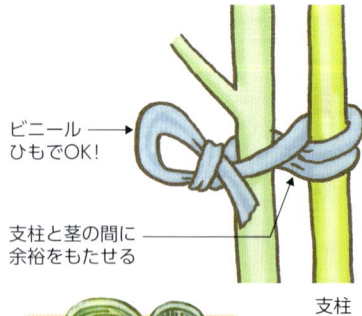

ビニールひもでOK!

支柱と茎の間に余裕をもたせる

支柱

支柱キャッチャーも便利！

⑥ わき芽かき

　トマトの場合、最も気をつけなければならないのが、わき芽かきの作業です。

　新しい葉が育ち始めると、その葉のつけ根から小さな新芽が出てきます。これが「わき芽」。このわき芽を放っておくと、どんどん生長してどれが本当の茎なのかわからなくなってしまい、管理が難しくなります。わき芽は見つけたらすぐに取り除きましょう。指で簡単に取り除くことができます。

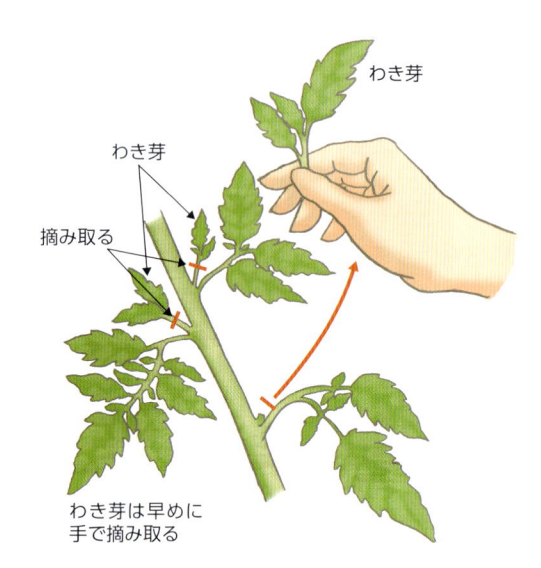

わき芽

わき芽

摘み取る

わき芽は早めに手で摘み取る

Point!

○手でつまんで横に倒すと簡単に取り除ける

○傷口を早く乾燥させるため、晴れた日の早朝に作業しよう

⑦ 管理・収穫

栽培中、基本的に雨以外の水は必要ありません。

花房の一つ上と二つ下の葉が実に栄養を与える役割をしています。一房分の実の収穫が終わったら、その下の葉は切り落としてOK。風通しが悪かったり、別の葉の日照を遮っているようなら切り落としましょう。

実が赤く熟してきたものから順に収穫します。

果実をやさしく持ち上げるようにすると、ジョイント部分が折れるように簡単に切り離せる。ハサミもOK

上
下

ミニ＆
ミディトマト
上から下に
色づく

ミニ＆ミディトマトの収穫

房なりに実をつけます。上の方から順に色づき、収穫期をむかえるので、毎日収穫したい場合は、赤く色づいたものから収穫しましょう

Point!

次々と収穫すると新しい花が咲き、実もつきやすくなるので収量が増える

⑧ 摘心

トマトは開花から収穫まで約2カ月かかります。9月いっぱいで収穫を終えることを目標とした場合は、遅くても8月上旬には摘心し、新しい花芽をつけさせないようにします。そのままにしておくと花が咲き実をつけても赤くならずに終わってしまうどころか、本来赤くおいしくなるはずの実の肥大や食味を損なうことになります。

摘心の位置は、そのとき咲いている花房（最後に収穫する実）の上の葉を1〜2枚残してその上を切除します。

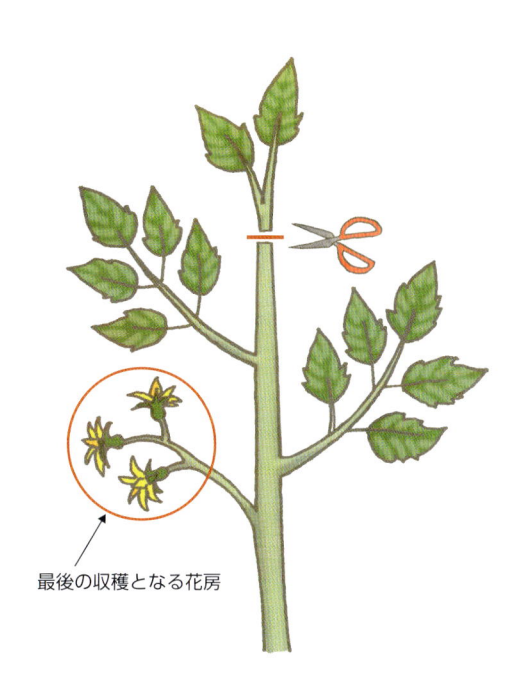

最後の収穫となる花房

Point!

摘心後はわき芽の生育が盛んになるので、これまで以上にこまめにわき芽かきをしよう

育てやすさ ★★★☆☆

キュウリ ［ウリ科］

原産地…インド、ヒマラヤ山脈から
ネパール付近

 栽培
カレンダー

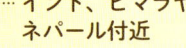

植えつけ　収穫

	1月	2月	3月	4月	5月	6月	7月	8月	9月	10月	11月	12月
道央						植えつけ	収穫					
道南						植えつけ	収穫					
道東・道北						植えつけ		収穫				

どんどん収穫できるので２〜３株で十分！

　整枝が少し複雑なキュウリですが、そこをクリアすればあとは勝手にぐんぐん伸びてくれます。水が大好きなので、天気のいい日にはたっぷり与えましょう。次々と花をつけ、毎日のように赤ちゃんキュウリに出会えます。収穫も食べるのに追いつかないほどの量になる場合があるので、植えすぎに注意を。

栽培の
コツ
　キュウリは水が大好き。水分と肥料をしっかり吸収できればまっすぐなキュウリに！
先が丸まっている「ひげ」は常につかまるところを探しているので、ひもにひっかけてあげて

栽 培 基 本 デ ー タ

土壌酸度 … pH5.7〜7.2
生育適温 … 18〜25℃
発芽適温 … 20〜30℃
病害虫 … ウドンコ病、黒
星病、アブラム
シ類、べと病

畑の準備
植えつけの2週間前までに
化成肥料(8-8-8)250g/m²

ベッド（株間と条間）
高さ10cm、幅90cm
株間50cm、条間60cm
2条植え

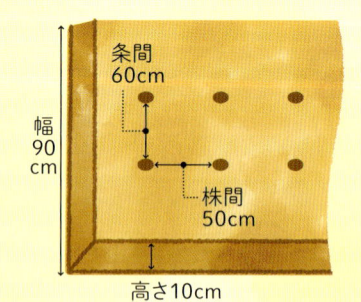

条間
60cm

幅
90
cm

株間
50cm

高さ10cm

追肥のポイント
収穫が始まったら化成肥料(8-8-8)60g/m²を株間にまき、以降、2〜3週間おきに同量を与える

① 苗選び

キュウリの苗には、接ぎ木苗があります。価格は高めですが、病気にかかるリスクの軽減や収穫量を考えると接ぎ木苗※のほうが結果的に安心です。そのほか、苗選びのポイントを見てみましょう。

※特定の病気に抵抗性をもった台木（根の部分）と育てたい品種の苗（穂木）を接着させたもの

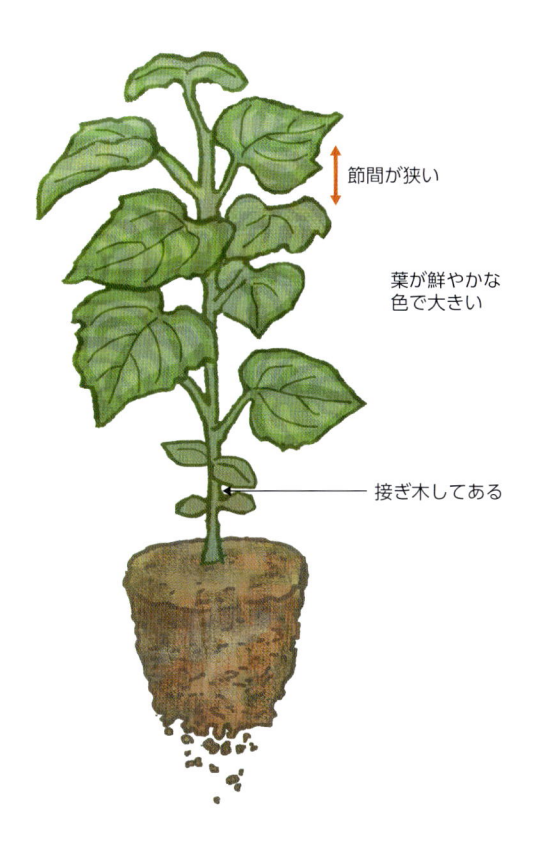

節間が狭い

葉が鮮やかな色で大きい

接ぎ木してある

苗選びのポイント
① 本葉が3〜5枚
② 節間が間延びしていない
③ 葉の色がきれいで大きく、病害や虫食いの痕跡がない
④ 接ぎ木苗

② 植えつけ

植えつける日の早朝にポットに水をたっぷり与え根鉢に十分吸水させておきます。植えるときは苗をポットから出して株元が土より2cmほど高くなるようにします。接ぎ木苗は接ぎ目部分に土がかぶらないように注意しましょう。☞ P40

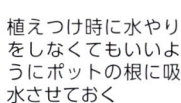 **Point!**

地温と気温がしっかり安定する6月以降に苗を植えつけよう

植えつけ時に水やりをしなくてもいいようにポットの根に吸水させておく

③ 風よけ

植えつけ直後はまだ幼い苗を守るため、米袋や堆肥の袋などビニール袋を利用して風よけをつくり、苗を囲うように保護してあげましょう。

キュウリ

④本支柱立て・ひも張り

植えつけ後、寒さや風の心配がなくなったら風よけをはずし本支柱を組みましょう。株一つにつき1本の支柱を立てます。向かい合わせの支柱どうしを高い位置で結び、お互いが支え合うようにします。

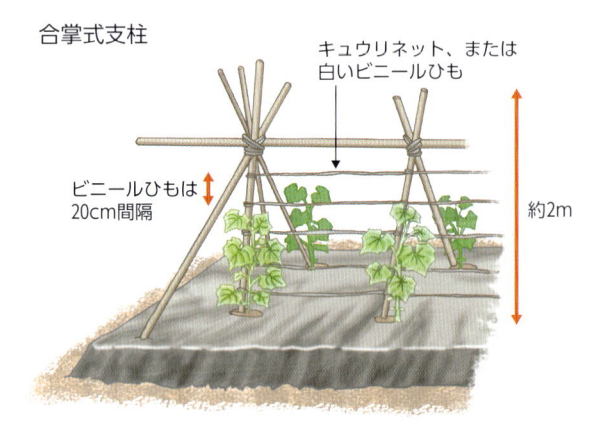

合掌式支柱

キュウリネット、または白いビニールひも

ビニールひもは20cm間隔

約2m

支柱の長さの目安

土の高さから2mほどの長さが必要です。埋め込む部分を含めて2m50cmほどあるといいでしょう

Point!

株数が多い場合は、それぞれの結び目にあわせて横に1本支柱を渡して結び、全体が倒れないように両端に支え用の支柱を立てて合掌式にしよう

⑤整枝・摘心

ふたば（子葉）から伸びている親づるは、屈折をしながらギザギザに伸びていきます。ギザギザ一つを節と呼びますが、その節の部分からも新たな枝（側枝）が伸び、それを子づるといいます。さらに子づるから伸びた側枝を孫づるといいます。

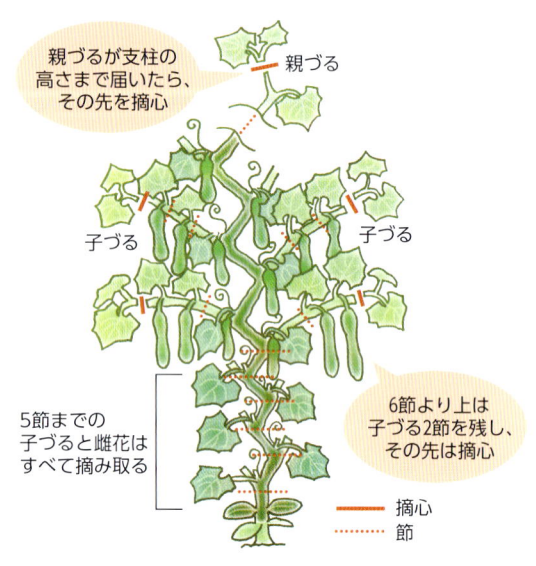

親づるが支柱の高さまで届いたら、その先を摘心

親づる

子づる

子づる

5節までの子づると雌花はすべて摘み取る

6節より上は子づる2節を残し、その先は摘心

摘心

節

【整枝】

キュウリの整枝は、親づるを下から数えて5節目（葉の数で数えたら5枚）までの子づるをすべて摘み取ります。6節目から上の子づるを伸ばし、それぞれ2節（葉を2枚）を残しその先は摘心します。これを繰り返します。

さまざまな品種に挑戦してみよう！

ごく一般的なキュウリ（品種名「夏すずみ」「オーシャン2」など）のほか、漬物用などで古くから作付けされている長くてイボも大きい品種（品種名「くろさんご」）、短くてイボのない品種（品種名「フリーダム」）、ピクルス用のミニキュウリなどいろいろな品種があります。使いみちを考えて品種を選ぶといいでしょう。

【摘心】

親づるの先が支柱の高さまで届いたら摘心しましょう。

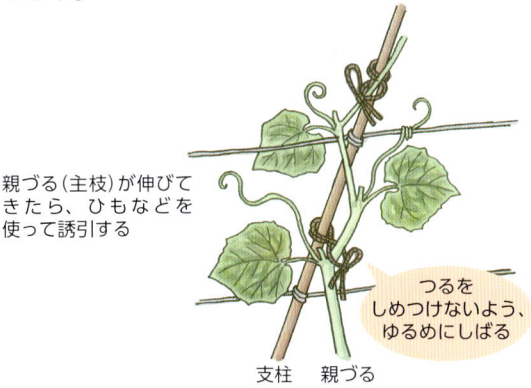

親づる（主枝）が伸びてきたら、ひもなどを使って誘引する

つるをしめつけないよう、ゆるめにしばる

支柱　親づる

Point!

○つるをしめつけないように誘引しよう。つる側はゆるめに、支柱側はしっかりと結びつける（8の字結び）
○収穫時に黄色や枯れたようになっている葉があれば、3枚を上限に取り除く

左から、「くろさんご」「フリーダム」「オーシャン2」

ピクルス用として人気のミニキュウリ

⑥収穫

植えつけ後、1カ月ほどで収穫が始まります。形が悪かったり曲がったりしているものも、収穫期がきたら摘み取ります。

実のイボを傷つけると鮮度が落ちるので、収穫するときはイボに触れないようにしましょう。

20〜25cm

品種によるが、20〜25cmになったら収穫

⑦追肥・その他の管理

収穫が始まったら2〜3週間に一度の割合で追肥をします。キュウリの根は浅く広がって伸びるので、根の先端に肥料が届くように根元ではなくベッドの肩の部分や通路寄りに与えると効果的です。また、キュウリは水が大好きなので、晴れた日は毎日でも水を与えるとぐんぐん育ちます。

Point!

○水不足になると、曲がったり病気にかかりやすくなるので、水はいつもたっぷり与えよう
○肥料切れをおこすと病気や曲がり果の原因になるので、様子を見ながら的確に与えよう。病気を見つけたら、その葉をすぐに取り除き畑から持ち出そう
○追肥は9月中旬まで

キュウリ

ナス [ナス科]

原産地…インド東部

栽培カレンダー

	1月	2月	3月	4月	5月	6月	7月	8月	9月	10月	11月	12月
道 央						植えつけ	収穫					
道 南					植えつけ		収穫					
道東・道北						植えつけ	収穫					

■ 植えつけ　■ 収穫

植えつけはしっかり暖かくなってから！

　水分が多く体をクールに保ってくれるナスは夏野菜の代表格。夏が大好きな野菜なので、畑に植えつけるときはしっかりと気温と地温が安定するまで待ちましょう。ナスは小さい実のときから紫色で収穫の目安になる色の変化がほとんどありません。品種ごとの収穫の目安まで育ったら、早めに収穫を。かたくなったり、タネが黒く変色することがあるので注意が必要です。

栽培のコツ　ナスは水が大好きなので乾燥に要注意。乾燥させて育てたいトマトとは離した場所に植え、キュウリなど水が必要な野菜のエリアに植えつけると、立派に生長してくれる

栽培基本データ

適正酸度 …… pH6.0～6.5
生育適温 …… 22～30℃
発芽適温 … 30℃前後
病害虫 …… 半身いちょう病、
　　　　　　アブラムシ類、
　　　　　　ハダニ類

畑の準備
植えつけの2週間前までに化成肥料(8-8-8)190g/m²、過リン酸石灰 25g/m²

ベッド（株間と条間）
高さ 10cm、幅 90cm
株間 50cm、条間 60cm
2条植え

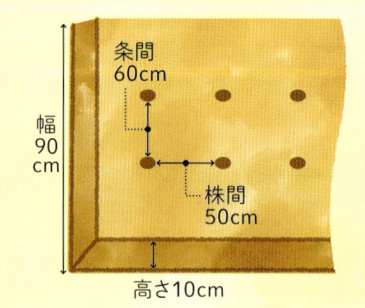

条間 60cm
幅 90cm
株間 50cm
高さ10cm

追肥のポイント
収穫が始まったら、化成肥料(8-8-8)25g/m² を株間にまき、以降、30日ごとに2回同量を与える

① 苗選び

　ナスの苗には接ぎ木苗も出回ります。見つけたら接ぎ木苗の方が安心です。最近の傾向として、ナスはイタリアナスなど品種が増えてきました。生長したときの色や形も様々なので、苗を購入するときは品種をしっかり確認しましょう。

茎や葉、特に生長点にアブラムシがついていない

接ぎ木してある

苗選びのポイント
①葉の色（緑と紫の2色）がきれいで、葉先がピンと上を向いている
②葉や茎（生長点）に病気や虫に食われた痕跡がない
③葉は大きすぎず、節間が狭いもの

②植えつけ・仮支柱

【植えつけ】

　道央圏の場合、6月に入って気温も地温もしっかり上がってから苗を植えつけましょう。植えつける日の早朝、または前日に苗のポットにたっぷりと水を与えて根にしっかり吸水をさせておきましょう。☞ P39〜40

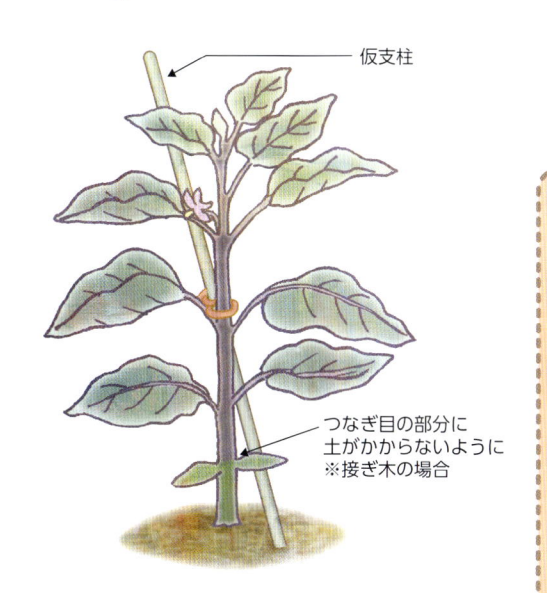

仮支柱

つなぎ目の部分に土がかからないように
※接ぎ木の場合

【仮支柱】

　植えつけたら、仮支柱を立てます。生長をみながら本支柱を立てますが、その本支柱を支えるためにあらかじめ仮支柱は苗に対して斜めに差すと効率的です（上の図参照）。

　苗が根づくまで風よけをすると安心です。

裾に土をかぶせておく

ナス

③整枝・支柱立て

【整枝】

ビギナーでも管理しやすい仕立て方として、主枝のほかに2本の側枝を伸ばす3本仕立てがおすすめです。一番花から一つ下と二つ下のわき芽を残し、それ以下のわき芽はすべて切除します。これで主枝と合わせて枝が3本になります。

【支柱立て】

株が大きくなってきたら本支柱を立てます。主枝に寄り添うように高さ1mほどの支柱を立て、すでに斜めに立ててある仮支柱も利用して、伸ばしている3本の枝をそれぞれどちらかの支柱に結びましょう。

3本仕立て

本支柱
主枝
仮支柱
側枝
一番花
側枝
本支柱と仮支柱の交差するところを結ぶ

Point!

株を大きく育てるため、整枝を終えたら一番花はすぐに取り除こう

④摘心

伸ばす3本の枝は、その後葉のつけ根からわき芽が伸び、花を咲かせます。花が実になり収穫したらその先を摘心します。残った葉からまたわき芽が伸びて花を咲かせるので、同じ要領で収穫と摘心を繰り返します。

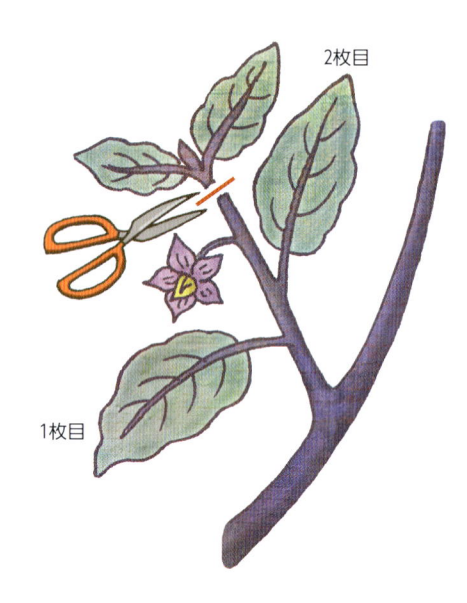

2枚目
1枚目

⑤水やり・追肥

ナスは水が大好きです。晴れが続いているときは水やりをしましょう。開花後、2〜3週間で収穫できるようになります。

追肥のタイミングは68ページの栽培基本データを参考にしてください。

Point!

生長中のナスにまったくつやのない実を見かけたら、それは水不足が原因かも？乾燥させないように管理しているつもりでも、特に実の生長期には思った以上に水分が必要なので、よく観察して管理をしよう

⑥収穫

育てる品種にもよりますが、一般的なナスだと開花後2〜3週間が収穫の目安です。目指す大きさに生長したら、すぐに収穫しましょう。枝につけたままにしていると、見た目の変化はあまりありませんが、皮がかたくなったり、中のタネが成熟して黒くなることがあります。

ナスはヘタに（品種によっては葉にも）するどいトゲがあるので、手や指を傷つけないように注意しましょう。

開花後2〜3週間が収穫の目安

ヘタのトゲに注意し、軍手などをはめて収穫

Point!

○収穫の目安として、タネ袋の表示をしっかりチェックしておこう
○収穫できる大きさまで育ったら、早めに収穫を！

いろいろな種類に挑戦してみよう！

本書では収穫サイズが10〜15cmほどの「千両」など一般的な品種を想定していますが、ナスには30cmぐらいになる長ナスや漬物用の小ナスなど、たくさんの種類があります。

近年、直売所などでもよく見かけるイタリア原産の大きいナスなどは、米ナス同様に実の重量が重く、支柱に工夫が必要です。1株に着果させる実の数も調整して大きく育ててみたいものです。また、皮の色、実のみずみずしさ、大きさなどがそれぞれ個性的なので、どんな料理に使いたいかを考え、珍しい品種にも挑戦してみましょう。肥料の量や植えつけ、収穫期など、タネ袋をよく読むことが大事です。

白やひすい色、斑入りなど見た目もバラエティ豊か

イタリア原産「トンダヴィアンカ」。加熱すると果肉がトロリ

イタリア原産「フィレンツェ」。皮が薄くてやわらかく果肉はきめ細かい

**育てやすさ** ★★★★☆

ピーマン ［ナス科］

原 産 地…中南米周辺の熱帯アメリカ

栽培カレンダー

■ 植えつけ　■ 収穫

	1月	2月	3月	4月	5月	6月	7月	8月	9月	10月	11月	12月
道　央						■	■	■	■			
道　南						■	■	■	■			
道東・道北						■	■	■	■			

次々と収穫！　ビギナーにおすすめの夏野菜

　生長するたびに白い可憐な花が次々と咲きます。花が終わると実がつき、あっという間に大きくなります。トップシーズンには毎日収穫できるほどです。大きな失敗もないので、初心者にはおすすめの野菜といえるでしょう。ただし、肉厚のカラーピーマンは少し手ごわいです。ポイントをおさえて、毎日の観察を欠かさずに挑戦してみましょう。

栽培のコツ

ピーマンは比較的高温を好み、寒さには弱い野菜。しっかりと暖かくなってから植えつけよう。あとは最初の整枝をクリアすれば、その後の管理はとってもラク！

栽 培 基 本 デ ー タ

土壌酸度……pH6.0〜6.5
生育適温……昼 25〜30℃
　　　　　　夜 15〜20℃
発芽適温……30〜33℃
病 害 虫……ウドンコ病、
　　　　　　アブラムシ類

畑の準備

植えつけの 2 週間前までに
化成肥料(8-8-8)125g/m²、
過リン酸石灰 60g/m²

ベッド（株間と条間）

高さ 10cm、幅 90cm
株間 50cm、1 条植え

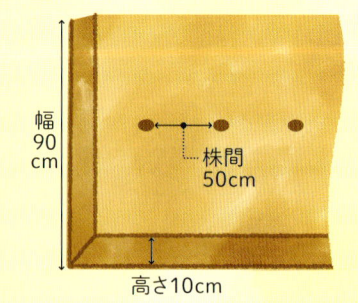

幅90cm　株間50cm　高さ10cm

追肥のポイント

収穫が始まったら、化成肥料(8-8-8)60g/m² を株間にまき、以降 30 日ごとに 2 回同量を与える

① 苗選び

　シーズンになると種苗店やホームセンターなどで苗が出回ります。ピーマンも品種が増えてきました。苗の段階ではどれもそっくりなので、品種名をちゃんと確認しましょう。

葉や茎、特に生長点にアブラムシがついていない

苗選びのポイント
①本葉が 10〜11 枚以上
②葉に病気や害虫の痕跡がない
③一番花のつぼみがついている
④茎がしっかり太くて、節間が間延びしていない

②植えつけ・支柱立て

【植えつけ】

　しっかりと気温と地温が上がるのを待って（道央圏では 6 ／ 5 以降がよいでしょう）、植えつけます。一番花のつぼみがふくらんできたころがベストです。☞ P39〜40

　ピーマンは寒さに弱いので、植えつけ直後はまだ幼い苗を守るため、風よけをつくり、苗を保護してあげましょう。

【支柱立て】

　植えつけるときに、イラストを参考に支柱を立てましょう。

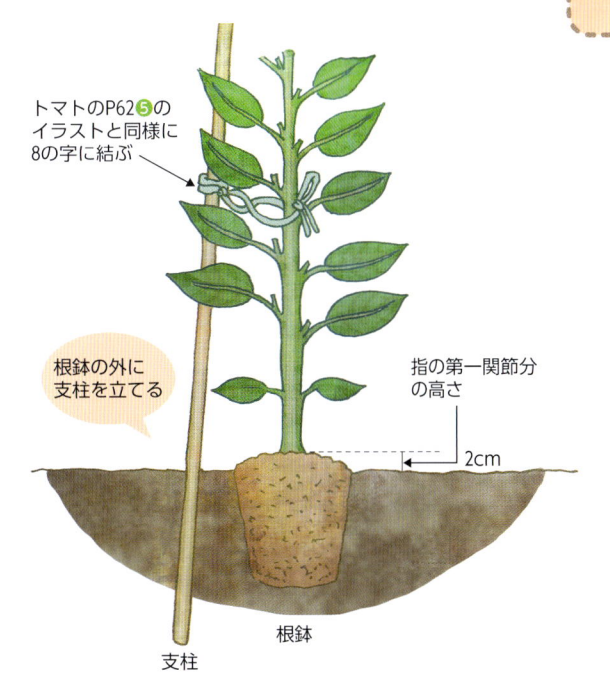

トマトのP62❺のイラストと同様に8の字に結ぶ

根鉢の外に支柱を立てる

指の第一関節分の高さ

2cm

支柱

根鉢

③1回目の整枝

　植えつけ後、一番花が咲いたらわき芽かきをします。一番花は株を大きく育てるために結実させずに摘み取り、そこから下のすべてのわき芽を摘み取ります。

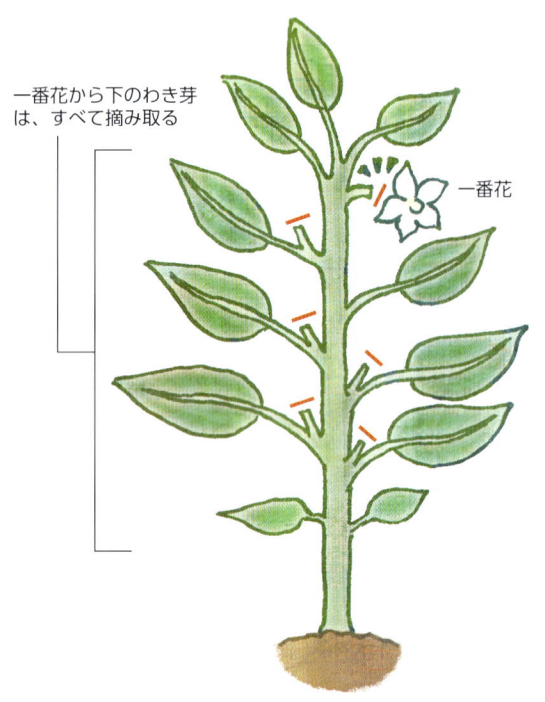

一番花から下のわき芽は、すべて摘み取る

一番花

ピーマンの花

④2回目の整枝・誘引

【整枝2回目】

　ピーマンは花が咲いて二つに枝分かれを繰り返します。一番花は結実させずに、そこから二つに枝分かれをし、さらに花一つ分の枝分かれをさせると、全部で4本の枝になります。この4本を伸ばしていきます。

【誘引】

　それぞれ花が咲いて枝分かれをし、また花をつけ…を繰り返すととても重たくなるので、枝が折れないように支えのひもを張りましょう。P44

　その後、伸びすぎた枝は3節目あたりで摘心します。

二つに枝分かれした部分にひもを張り、枝を支える

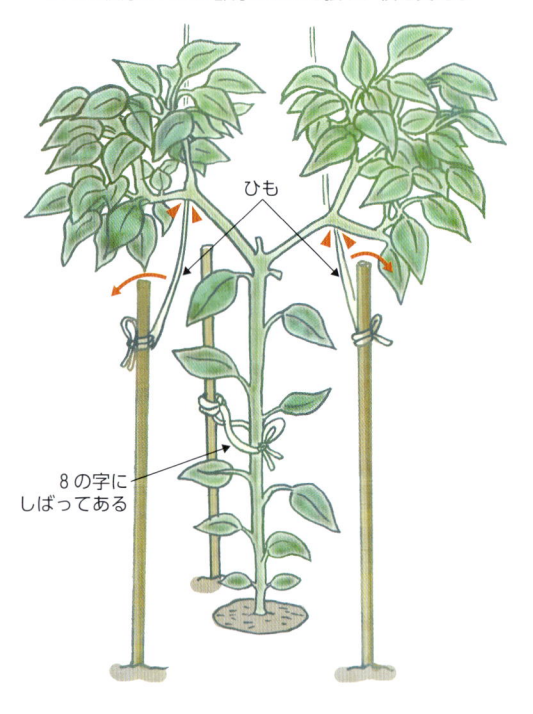

ひも

8の字にしばってある

枝分かれを繰り返すピーマンは、放っておくとすぐに枝が込み合ってきます。内側に伸びた枝は、日光を遮るなどの影響も出てくるので、適度に摘み取り間引きましょう。

開花後約1カ月で収穫が始まります。収穫が始まったら月に一回、追肥をしましょう。追肥のタイミングは72ページの栽培基本データを参考にしてください。

植えつけから約40日後が収穫の目安

熟して赤くなった実も食べられる

Point!

○ピーマンは乾燥や高い湿度に弱いので、必要以上の水やりは禁物。ただ、晴れた日が続いて土が乾いている場合はたっぷりと水を与えよう
○葉や枝が込み合ってきたら、適度な摘心を心がけて

カラーピーマンの注意点

　大型で肉厚のカラーピーマンの場合は、実が大きくなってから色づくまで辛抱強く待たなければなりません。一般的な緑のピーマンと比べると、一つの果実の重さが3〜4倍になり、色づくには時間がかかります。ピーマン同様に実をつけていると、重さで耐えられなくなってしまいます。そのため肉厚のカラーピーマンは、4本に分かれた枝それぞれに2〜3個着果させるつもりで、それ以外のものは摘み取った方が無難です。つまり、1株あたりの目標収穫数が8〜12個になります。

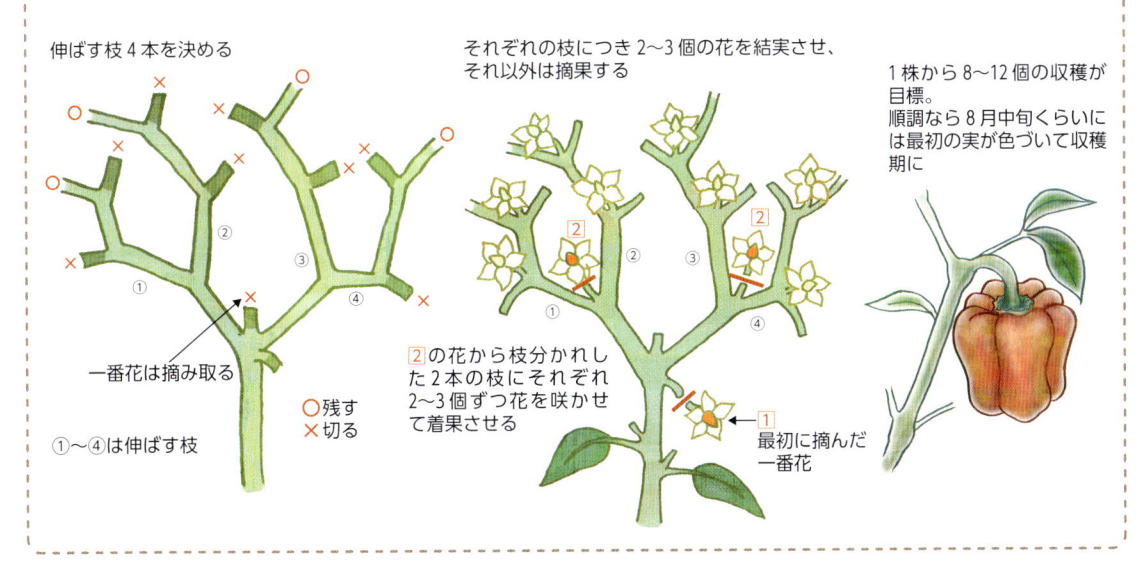

伸ばす枝4本を決める

一番花は摘み取る

①〜④は伸ばす枝

○残す
×切る

それぞれの枝につき2〜3個の花を結実させ、それ以外は摘果する

②の花から枝分かれした2本の枝にそれぞれ2〜3個ずつ花を咲かせて着果させる

最初に摘んだ一番花

1株から8〜12個の収穫が目標。
順調なら8月中旬くらいには最初の実が色づいて収穫期に

シシトウ
タカノツメ ［ナス科］

原 産 地…熱帯アメリカ

栽培カレンダー

		1月	2月	3月	4月	5月	6月	7月	8月	9月	10月	11月	12月
道 央							植えつけ	収穫					
道 南							植えつけ	収穫					
道東・道北							植えつけ	収穫					

■ 植えつけ　■ 収穫

育てやすくてビギナー向け

　シシトウとタカノツメ（唐辛子）は、最初の仕立てさえしっかりできれば、あとはどんどん花を咲かせ実をつけてくれる、初心者にも比較的育てやすい野菜です。タカノツメはキッチンに逆さに干しておくと1年中使えるので、便利でおすすめです。

栽培のコツ

**シシトウは水不足と肥料切れで辛い実ができてしまうので注意しよう
タカノツメは乾燥に弱いので水やりを忘れずに！**

栽培基本データ

土壌酸度 …… pH6.0～6.5
生育適温 …… 昼 25～30℃
　　　　　　　夜 15～20℃
発芽適温 …… 30～33℃
病 害 虫 …… ウドンコ病、
　　　　　　　アブラムシ類

畑の準備
植えつけの2週間前までに
化成肥料(8-8-8)125g/m²、
過リン酸石灰 60g/m²

ベッド（株間と条間）
高さ 10cm、幅 60cm
株間　シシトウ─ 30cm
　　　　タカノツメ─ 40～50cm
1条植え

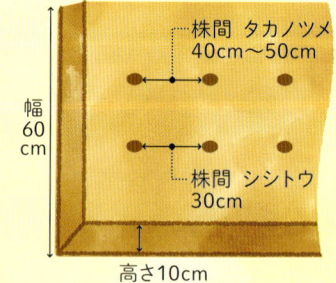

株間 タカノツメ
40cm～50cm

株間 シシトウ
30cm

幅 60 cm

高さ10cm

追肥のポイント
収穫が始まったら、化成肥料(8-8-8)60g/m² を株間にまき、以降30日ごとに2回同量を与える

① 苗選び

育苗期間が長いので北海道の家庭菜園では育苗がうまくいかないケースが多く、苗を購入するのが安心です。

葉や茎、特に生長点にアブラムシがついていない

 **苗選びのポイント**
①本葉が 10 枚ほど
②茎が太い
③一番花のつぼみがついている

② 植えつけ・支柱立て

一番花が開花したらピーマン同様に植えつけ、支柱を立てましょう。👉 P73

タカノツメは仮支柱を立て、生長してきたら 1m ほどの支柱を 1 本立てます。

③ 整枝（仕立て・摘果）

一番花が咲いたら、結実させずに摘み取り、そこから下のすべてのわき芽を摘み取ります。

一番花から二つに分かれた枝はそれぞれ開花し、二つに枝分かれします。この 4 本の枝を伸ばしていきます。
👉 P74 ④

一番花

④ 収穫

シシトウは開花から 2 週間ほどで 5〜7cm に生長します。収穫サイズになったものから順次、摘み取り収穫しましょう。

タカノツメは真っ赤に色づいてきたものから収穫してもいいですし、枝ごとでもいいでしょう。最後は株ごと引き抜き、逆さに吊るして乾燥させましょう。

シシトウ

5〜7cm が収穫サイズ

タカノツメ

色づいたものから、もしくは枝ごと収穫

Point!
〇一番果をつけたままにしておくと株全体の生育が遅れるので、必ず摘果する
〇乾燥に弱いので雨の日以外は水やりをしっかりしよう

シシトウ・タカノツメ

育てやすさ ★★★☆☆

スイカ ［ウリ科］

原産地…アフリカ大陸

栽培カレンダー

■ 植えつけ　■ 収穫

	1月	2月	3月	4月	5月	6月	7月	8月	9月	10月	11月	12月
道央						植えつけ――――収穫						
道南					植えつけ――――収穫							
道東・道北						植えつけ――――収穫						

庭のアーチやバラ用支柱も利用できる

　スイカはカボチャ同様、つるがどんどん伸びて育ちます。広い畑があればいいのですが、貸農園や庭の一部のキッチンガーデンではスペースが狭いので育てるのが困難。でも、小玉品種なら、庭のアーチやオベリスク（バラ用の支柱）など強固な支柱を利用すると栽培も可能です。1株に3玉ほどと個数を決めてチャレンジしてみましょう。

栽培のコツ　畑に植えつける場合は、つるが4～5m伸びることを前提に作付け計画をつくろう。収穫適期を間違わないように、受粉（着果）の日をメモしておくとよい

 ### 栽培基本データ

土壌酸度……pH5.5～6.5
生育適温……25～30℃
発芽適温……25～30℃
病害虫……つる割病、つる
　　　　　枯病、アブラム
　　　　　シ類、ハダニ類

畑の準備
植えつけの2週間前までに
化成肥料(8-8-8)65g/m^2、
過リン酸石灰 125g/m^2

ベッド（株間と条間）
高さ10cm、幅90～100cm
株間 100cm、1条植え

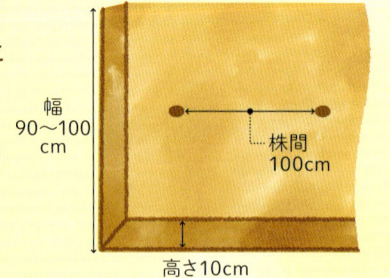

幅90～100cm
株間100cm
高さ10cm

追肥のポイント
実が大きくなり始めたら、化成肥料(8-8-8)50g/m^{2}をつるの先端あたりにまく

① 苗選び

苗選びのポイント
①本葉が4〜5枚、葉が大きく広がっている
②葉や茎に病気の跡や虫食いの跡がない
③接ぎ木苗がおすすめ

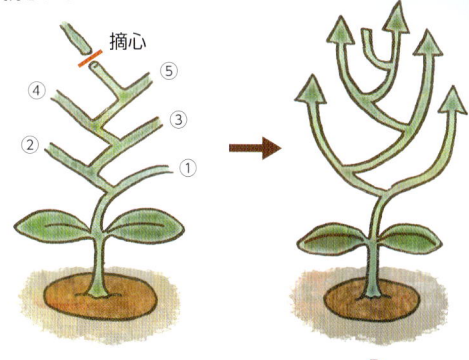

親づるは5〜6節を残してその先を摘心する

摘心

② 植えつけ

　ベッドに植えつける場合は、つるを伸ばしたい方向の反対側の端から20cmほどに穴をあけてポット苗を植えつけます。しっかり根づき、寒さや強風の心配がなくなるまで風よけやトンネルなどで苗を守りましょう。 P40

生長してきた子づるを伸ばしたい方向に誘導する

③ 摘心・整枝

　親づるがふたば（子葉）から数えて5〜6節伸びたら、その先を摘心します。残した5〜6節それぞれから子づるが伸びてくるのでそれを育てます。

　虫などにより受粉して着果しますが、15〜20節の間で着果したものだけを残します。それ以外のところに実がついていたら摘果しましょう。

　支柱を立てて上に伸ばす場合は、子づる3本仕立てにし、子づる1本につき1玉を着果させましょう。

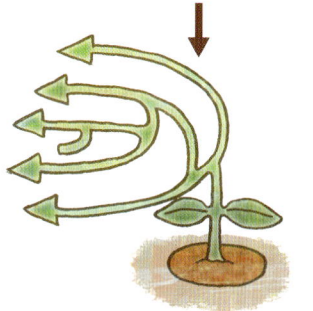

子づるの節から伸びるわき芽（孫づる）は、すべて切り取る

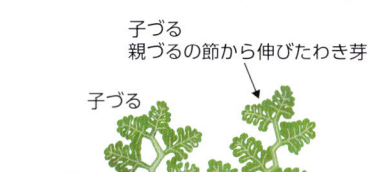
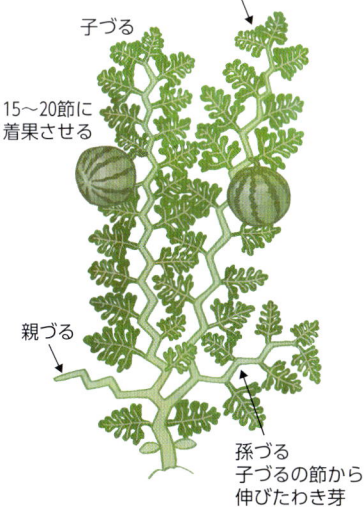

子づる
親づるの節から伸びたわき芽

子づる

15〜20節に着果させる

親づる

孫づる
子づるの節から伸びたわき芽

④ その後の管理・収穫

　着果後に追肥をし、敷きわらなどで実を守りましょう。受粉の日から大玉品種なら45日、小玉品種なら35〜40日が収穫適期です。

Point!

株が充実してくると雌花をたくさん咲かせて着果するが、大玉品種なら1株に1〜2玉、小玉品種なら3〜5玉にしぼるとおいしく育つ

育てやすさ ★★☆☆☆

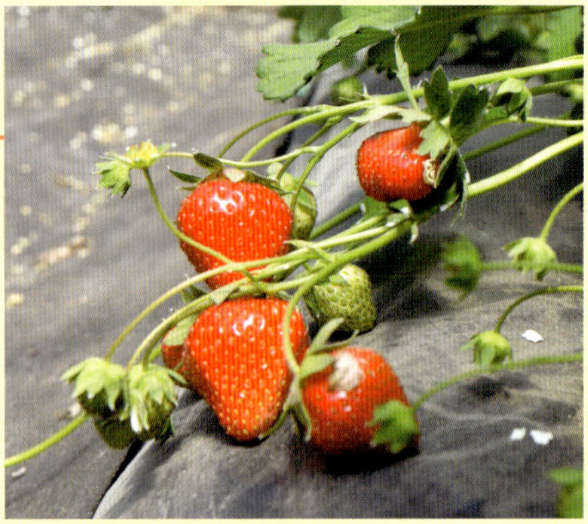

イチゴ ［バラ科］

原 産 地…南米

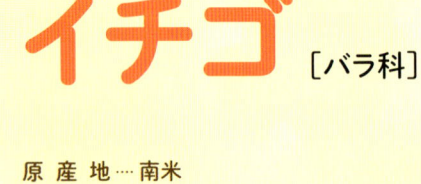

栽培カレンダー

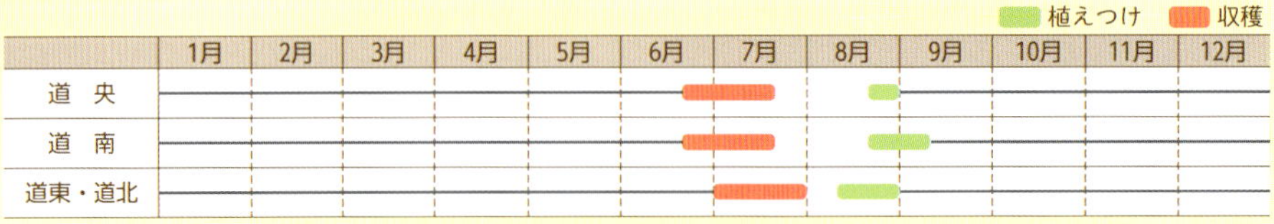

植えつけ
収穫
1月
2月
3月
4月
5月
6月
7月
8月
9月
10月
11月
12月
道 央
道 南
道東・道北

※収穫は翌年以降

収穫期間は短いけれど一季なりがおすすめ

イチゴには「一季なり」品種と「四季なり」品種があります。北海道では日照時間の関係で、一季なり品種の収穫期間は3～4週間と短く、一方で四季なり品種は日照時間に関係なく花を咲かせて結実するので長く収穫を楽しめます。しかし、一季なり品種のほうが味が濃くてとてもおいしいので、家庭菜園では一季なりがおすすめです。

栽培のコツ

8月下旬には翌年分の苗を植えつけ、雪の下で越冬させて翌年の初夏に収穫。秋のうちに翌春の花房の数がおおむね決まるので、植え遅れないようにしよう

栽培基本データ

土壌酸度…pH5.5～6.5
生育適温…18～25℃
病 害 虫…灰色カビ病、ウドンコ病、ハダニ類、いちょう病

マルチ

畑の準備

植えつけの2週間前までに化成肥料(8-8-8)100g/m²

ベッド（株間と条間）

高さ20～30cm、幅90cm
株間30cm、条間30cm
2条植え

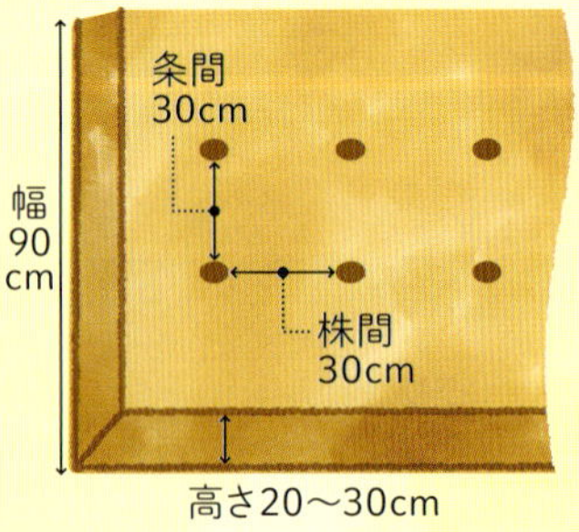

条間
30cm
幅
90
cm
株間
30cm
高さ20～30cm

追肥のポイント

春になり雪がとけて乾いたら、化成肥料(8-8-8)60g/m² を株間にまく

① 苗選び

　初めて植えつける場合は、園芸店などで苗を購入します。一度植えた苗は2〜3年収穫できますが、毎年ランナーを伸ばして翌年用の苗をつくり更新することも可能です。

葉柄が4本以上あり、クラウンが大きい苗を選ぶ

葉柄

クラウン

ランナーの跡。苗によってはわかりにくいものもある

苗選びのポイント
①露地栽培が多い家庭菜園では、「宝交早生（ほうこうわせ）」や「けんたろう」などの一季なり品種を選ぶ
②クラウン（株元の王冠のような形をした部分）が太くてしっかりしている
③本葉が4〜6枚あり、葉が大きく色鮮やか
④葉に病気や虫食いの跡がない

② 植えつけ

　39ページを参考に、ポット内の根に十分に吸水させておきます。根鉢をくずさないように植えつけましょう。

Point!
①ランナー跡の反対側に花（実）をつけるので、収穫などの管理作業をしやすくするため、クラウンをよく見てランナーの跡があれば、それをベッドの内側に向ける
②クラウンが埋まらないように、1〜2cm土よりも高くなるように植えつける

39ページを参考に

クラウン

指1本分の高さ

クラウンを土に埋めないよう浅く植える

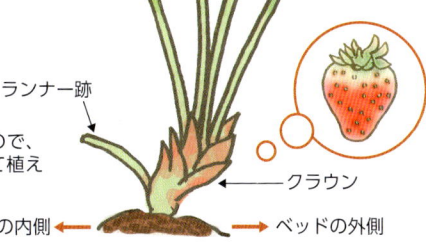

ランナー跡

クラウン

〈ランナー跡がある場合〉
ランナー跡の反対側に花房が出るので、ランナー跡をベッドの内側に向けて植えると、外側に揃って収穫しやすい

ベッドの内側 ← → ベッドの外側

イチゴ

③植えつけ後➡越冬までの管理

　イチゴの植えつけは晩夏ごろなので、植えつけ直後に地温が低くなりすぎることはないでしょう。根づくまで、雨の日以外は毎日水をあげましょう。

　クラウンからランナーが伸びてきたら、しっかり根づいた証拠。この時期には苗づくりは必要ないのでランナーが伸びたらカットします。放っておくと子株に栄養を取られて親株が充実しません。

　雪が降るまで、ランナーと枯れたり傷んだ葉のカット、除草をします。雪が積もったらそのまま雪の下で越冬させます。

古い葉

ランナー

ランナーが出てきたら、その都度カットする
古い葉は根元からきれいにかき取る

Point!

イチゴは9月下旬から翌年の花芽（実の数）がつくられるため、8月中には株を植えつけて根づかせておく

④春の作業

　雪がとけて畑が乾いたら古い葉をきれいに取り、追肥をします。量は植えつけのときの半分程度でいいです。この際、株元の土が下がっているようならクラウンが半分くらいかくれるまで土寄せをします。追肥後、株元に敷きわらを敷きましょう。

雪がとけて土が乾いたら、株のまわりに肥料をまき、わらを敷く

ランナーの切除

古い葉を取る

肥料

敷きわら

⑤雨よけのビニール張り

　ひと月ほど経過すると白い花が咲き始めます。開花から40日ほどが収穫の目安です。余裕があればトンネル資材を設置し、上の部分だけでもビニールを張って実が雨にあたらないようにすると安心です。

透明ビニール

花が咲き始めたら、雨があたらないようにトンネルをつくり、ビニールをかけるとよい

⑥収穫

順調にいくと6月下旬ごろから収穫が始まります。無理に引っ張らず、ハサミを使って収穫しましょう。

垂れ下がってくる

真っ赤に熟してきたら収穫

Point!

収穫期がきたら雨以外の水は極力控える。水をあげすぎると水っぽい味になる

⑦苗づくり

一季なりの品種は花が咲かなくなると、その年の収穫は終わりです。一度植えた株は2〜3年収穫できます。

【株の更新をしない場合】

伸びてきたランナーを切除し続けます。

【新しい株をつくり更新したい場合】

親株から伸びたランナーの二つ目以降の子株を育てます。イラストのように土を入れたビニールポットを用意して根を伸ばし、育ってきたらランナーを切除します。

株の更新は遅くても9月上旬までには行いましょう。

実を収穫したあと、次回の苗づくりをする

ランナーを伸ばしてポットに子株を入れ、根が張ったらランナーを切る

親株

子株1

子株2

親株に近い子株は発育が悪いため、2株目以降を使う

植え場所が決まったら、9月初旬までには植えつけよう

Point!

株を更新しない場合、収穫が終わったら完熟堆肥 2kg/m^2、苦土石灰 100g/m^{2}を株のまわりにすき込む

イチゴ

花を見れば果実の大きさがわかる!?

雪どけとともに世話をして5月に白い花を咲かせる一季なり※のイチゴ。花びらが散ったあとに実が大きくなって色づいてきます。果実（花托）がどのくらい大きくなるのか楽しみに観察する人も多いでしょう。そんなときは、ヘタを見てください。大きな粒になる実は、ヘタも花も特大サイズ。プロの農家さんのなかには、ひと株に4〜5粒しか着果させずに実を大きくする栽培法を実践している人もいるので、実際にはヘタや花の大きさ＝粒の大きさとは一概には言えませんが、ある程度は想像できます。逆に、小さな花しか咲かなくなったら株の更新時期かもしれません。

※イチゴには春から初夏にかけて収穫する「一季なり品種」と、春から秋まで収穫する「四季なり品種」があります。北海道の家庭菜園では、収穫期は短いですがとても甘くなり生食に適した『宝交早生』や『けんたろう』という「一季なり品種」がおすすめです。

ヘタが大きく広がっている花を見つけると世話をする楽しみも倍増

育てやすさ ★★★★☆

カボチャ [ウリ科]

原 産 地…中南米

栽培カレンダー

		1月	2月	3月	4月	5月	6月	7月	8月	9月	10月	11月	12月
	道 央				タネまき	植えつけ			収穫				
	道 南												
	道東・道北												

凡例: ■ タネまき ■ 植えつけ ■ 収穫

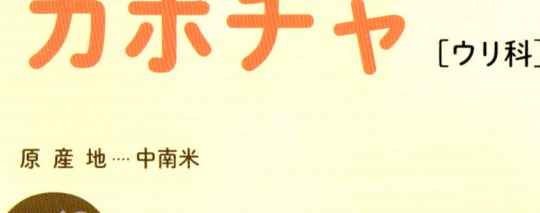

北海道の涼しい夏が甘いカボチャをつくる

　秋から初冬にかけて食卓を彩るカボチャ。ハロウィーンのイメージも加わり秋が旬と思われがちですが、カボチャは8〜9月が収穫期の夏野菜です。生育適温が低めで、平均気温が22℃以下になるとデンプンがたまりやすく甘くなるため、夏が涼しくて短い北海道はおいしいカボチャの産地なのです。

栽培のコツ

スイカ同様、つるがどんどん伸びるので広いスペースが必要。でも手のひらサイズの小さい品種を選び、支柱仕立てにすれば省スペースでも大丈夫！

栽 培 基 本 デ ー タ

土壌酸度 … pH5.6〜6.8
生育適温 … 17〜20℃
発芽適温 … 25〜30℃
病 害 虫 … ウドンコ病

畑の準備

植えつけの2週間前までに
化成肥料(8-8-8)50g/m²、
過リン酸石灰 25g/m²

ベッド（株間と条間）

高さ 10cm、幅 90cm
株間 100cm、1条植え

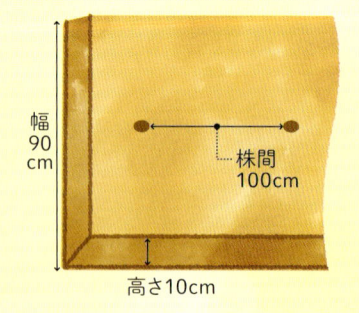

幅90cm　株間100cm　高さ10cm

追肥のポイント

7月下旬〜8月上旬ごろ実が大きくなり始めたら、化成肥料(8-8-8)50g/m²をつるの先端あたりにまく

①苗づくり・苗選び

カボチャは苗づくりが比較的容易なので、たくさん植えつけたい場合はチャレンジしてみましょう。ビニールポットに培養土を入れ、タネを1粒まいて土をかけます。発芽後25日ほどで植えつける大きさになります。苗を購入する場合のポイントは次の通りです。

苗選びのポイント
①本葉が3〜4枚以上になっている
②葉が大きく発色がよい
③病気や虫食いの痕跡がない

② 植えつけ

カボチャは水はけのよい土を好むので、高さのあるベッドをつくります。株間100cmとし、スイカ同様につるを伸ばす方向と反対側に寄せて植えつけましょう。

③ 整枝（摘心・摘果）・追肥

根づいたら、本葉5枚を残して親づるは摘心し、子づるを2本伸ばす2本仕立てにします。株元から数えて3〜5個の雌花は受粉させずに取り除き、それ以降の雌花を着果させます。人工授粉をすると確実です（☞ P87 ❸）。つる1本につき1〜2玉着果するようにし、それよりも先についた実は摘果します。

株元から数えて一つめの実（一番果）が大きくなり始めたら追肥をしましょう。

Point!

収穫後、徐々にデンプンが糖化し、約1カ月でホコホコ感と甘さのバランスがちょうどよい食べごろに。それ以上寝かせるとさらに甘くなるが、ホコホコ感はなくなるので注意

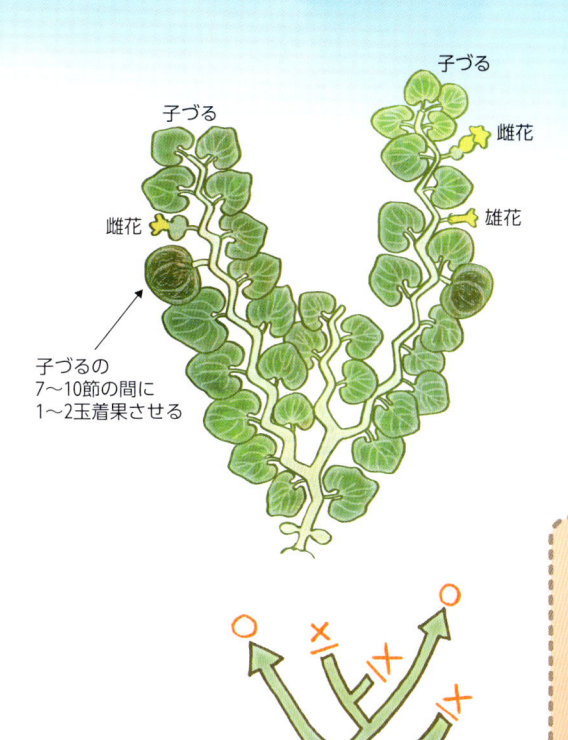

子づる
子づる
雌花
雌花
雄花

子づるの
7〜10節の間に
1〜2玉着果させる

【摘心】
親づるが伸びてきたら、
2番目と3番目の子づる
を残し、それ以外の子づ
るはすべて摘心

カ
ボ
チ
ャ

④ 収穫

一般的な品種で開花（着果）から45〜50日経過し、ヘタのつけ根が茶色くコルクのようになってきたら収穫期です。切り口を乾かし、10日間ほど風通しのいい日陰で寝かせます（キュアリング）。

ヘタの部分から
切り取る

風通しのいい冷暗所
に置く
すのこの上でもいい

ズッキーニ

[ウリ科]

原 産 地 … メキシコ北部・北米西部

栽培カレンダー

凡例：■ 植えつけ　■ 収穫

	1月	2月	3月	4月	5月	6月	7月	8月	9月	10月	11月	12月
道 央					植えつけ	収穫						
道 南					植えつけ	収穫						
道東・道北					植えつけ	収穫						

肥料過多による巨大化に注意しよう

　ズッキーニはカボチャの仲間。ペポカボチャの代表選手で世界中で親しまれていますが、日本でおなじみになったのは平成になってから。くせがなく、焼きものや炒めもの、揚げもの、煮もの、漬物とどんな料理にも使えるので重宝されるようになってきました。1株あたり1m²の広さが必要ですが、1株でも植えておくと十分楽しめます。

栽培のコツ

肥料を好む野菜だが、たくさん与えすぎると葉やつるばかりが巨大化し、実がなりづらくなる。くれぐれも肥料は適量を守ろう

栽 培 基 本 デ ー タ

土壌酸度 … pH6.0〜6.5
生育適温 … 18〜23℃
発芽適温 … 25〜30℃
病 害 虫 … ウドンコ病

畑の準備

植えつけの2週間前までに化成肥料(8-8-8)90g/m²、過リン酸石灰 40g/m²

ベッド（株間と条間）

高さ10cm、幅90cm
株間100cm、1条植え

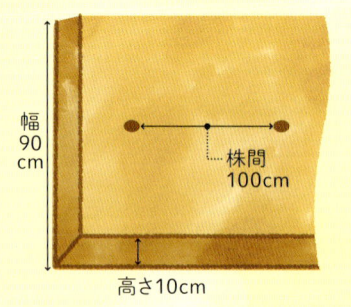

幅 90cm
株間 100cm
高さ10cm

追肥のポイント

収穫が始まったら、化成肥料(8-8-8)25g/m²、以降は2週間おきに同量を株まわりにまく

① 苗選び

ズッキーニの苗を選ぶときのポイントをチェックしておきましょう。

苗選びのポイント
①葉の色がきれいでピンと張っている
②病気や虫食いの痕跡がない
③株元がぐらついていない

② 植えつけ

株間を100cm確保して植えつけます。直後はまだ幼い苗を風と寒さから守るため風よけをすると安心です。P40

③ 人工授粉

虫による受粉があまり期待できない環境なら人工授粉をしましょう。花のつけ根に小指ほどの実をつけているのが雌花。雄花を摘んで花びらを取り除き、雄しべの花粉を雌花の中心部の雌しべにつけます。

④ 支柱立て

ズッキーニはカボチャの仲間ですが、親づるだけが伸びて生長します。太い親づるが大きな葉をたくさんつけて上に伸びていくので、重さで倒れてしまわないように丈夫な支柱を立てて支えると安心です。

老化した株元付近の葉は切り取り、風通しをよくしましょう。

⑤ 収穫

長さ20cmほどになったら株元から刃物でカットして収穫しましょう。受粉不良などで形が悪い実も残さないで収穫します。1日であっという間に大きくなるので毎日管理ができない場合は多少小さくても収穫したほうがいいでしょう。

収穫期のズッキーニ

ズッキーニ

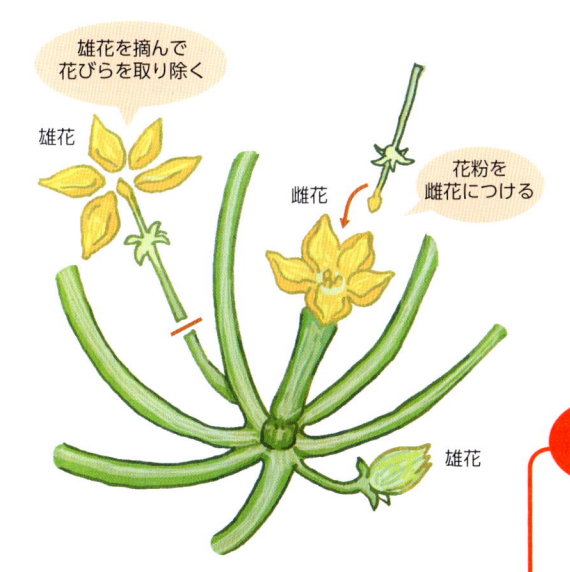

雄花を摘んで花びらを取り除く

雄花

雌花

花粉を雌花につける

雄花

ヘタを刃物で切る

Point!

ズッキーニの花は早朝に咲いて10時ごろには閉じてしまうので、人工授粉をするときは、花びらが開花している朝のうちに作業しよう

オクラ ［アオイ科］

原産地…アフリカ

栽培カレンダー		1月	2月	3月	4月	5月	6月	7月	8月	9月	10月	11月	12月
	全道共通						植えつけ		収穫				

■ 植えつけ　■ 収穫

ハイビスカスのような花もキレイ！

　アオイ科のオクラは、ハイビスカスの仲間。美しい花を咲かせることでも知られています。花の命は短くて、開花後すぐに花が落ち結実します。実になると3日ほどで収穫。次から次へと収穫できるので、開花をむかえると収穫もれがないようにチェックが大変なほどです。

　寒さには弱いので早植えをせず、しっかり暖かくなるまで植えつけを我慢しましょう。

栽培のコツ

オクラは必ず2本一緒に植えつけよう

栽培基本データ

土壌酸度 … pH6.0〜6.5
生育適温 … 昼 25〜30℃、
　　　　　　夜 20〜23℃
発芽適温 … 25〜30℃
病害虫 … ウドンコ病、
　　　　　ワタアブラムシ

畑の準備

植えつけの2週間前までに化成肥料(8-8-8)120g/m²、過リン酸石灰 50g/m²

ベッド(株間と条間)

高さ 10cm、幅 90〜100cm
株間 20cm、条間 50cm
2条植え

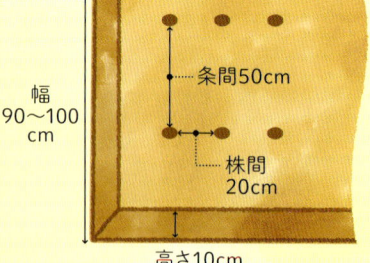

幅 90〜100cm
条間50cm
株間 20cm
高さ10cm

追肥のポイント

収穫が始まったら、化成肥料(8-8-8)25g/m² を株間にまき、以降2週間ごとに同量を与える

① 苗選び

オクラはタネからもつくれますが、寒さ対策や間引きの手間がかかるので、ビギナーはポット苗を購入して育てるのがおすすめです。

オクラのポット苗は通常2〜3本1ポットで売られている

苗選びのポイント
①ポットに2〜3本の株が元気に伸びている
②葉の色が鮮やか
③葉と葉の間の節間が間延びしていない

② 植えつけ

本葉が5枚以上になったら畑に植えつけましょう。土をくずさないようにポットから苗を取り出し、2本立ての状態のまま、植えつけます。

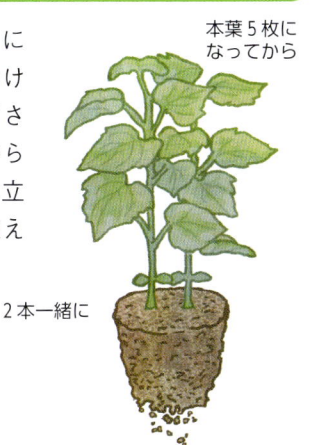

本葉5枚になってから

2本一緒に

Point!

オクラは暑い環境が大好きなので、くれぐれも寒さにあてないように植える時期を見極めよう

③ 収穫

花が咲くとすぐに結実します。結実後は、5〜6cmに生長したころが収穫時。実の生長がとても速いので、放っておくとぐんぐん大きく、かたくなってしまいます。

毎日管理できない場合は、少し小さくても収穫してしまいましょう。

実のつけ根をハサミでカット

オ
ク
ラ

④ 下葉かき

収穫のときに、収穫する実の一つ下の葉を残し、それより下部にある葉をすべて摘んでしまいます。

オクラが生長すればするほど、株は茎だけが土からニョキニョキと伸びているようなイメージです。

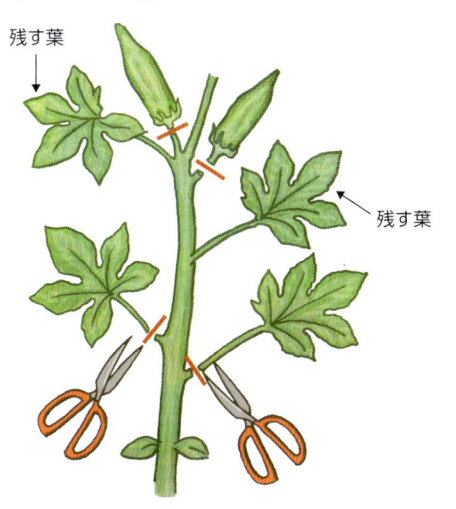

残す葉

残す葉

収穫する実の下の葉を1〜2枚残し、それ以下の葉は切り落とす

サヤインゲン サヤエンドウ ［マメ科］

原産地…… インゲン　中南米
　　　　　エンドウ　東部地中海沿岸からイランあたりまでの西アジア

栽培カレンダー

写真はモロッコインゲン

		1月	2月	3月	4月	5月	6月	7月	8月	9月	10月	11月	12月
道央	インゲン												
	エンドウ												
道南	インゲン												
	エンドウ												
道東・道北	インゲン												
	エンドウ												

■ タネまき　■ 収穫

品種はさまざま、好みを探して！

　インゲンには大きく分けて、つるありと、つるなしがあります。つるの伸びる平サヤの「モロッコインゲン」や「ささげ」、つるが伸びず支柱の必要がないつるなし種で丸サヤの「ドジョウインゲン」などがあります。またエンドウには、「キヌサヤ」や「スナップエンドウ」、「グリーンピース」などがあります。

栽培のコツ　マメ類は連作を嫌うので、前シーズンと同じ場所での栽培はやめよう。また、移植もさけたほうがいいので、タネを直まきして育てよう

栽培基本データ

土壌酸度…… インゲン pH6.0〜6.5
　　　　　　エンドウ pH6.0〜6.5
生育適温…… 20℃前後
発芽適温…… インゲン 20〜23℃
　　　　　　エンドウ 8〜18℃
病害虫…… インゲン—灰色カビ病、タネバエ
　　　　　エンドウ—ウドンコ病、ナモグリバエなど

■ マルチ

追肥のポイント
エンドウのみ—収穫が始まったら、化成肥料(8-8-8)25g/m² を株まわりにまく

畑の準備
植えつけの2週間前までにインゲンは化成肥料(8-8-8)110g/m²、エンドウは化成肥料(8-8-8)50g/m²、過リン酸石灰75g/m²、硫酸カリ 10g/m²

ベッド（株間と条間）
インゲン—高さ 10cm、幅 90cm
　　　　　株間 40cm、1条植え
エンドウ—高さ 10cm、幅 50〜60cm
　　　　　株間 20cm、1条植え

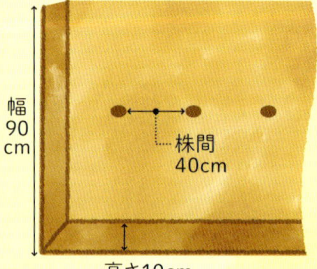

※インゲンの場合
幅90cm
株間40cm
高さ10cm

① タネまき

インゲン類は 40cm、エンドウ類は 20cm 間隔にそれぞれ 2〜3 粒ずつタネをまき、軽く土をかぶせたら、たっぷりと水をあげましょう。発芽するまで土が乾かないようにします。

鳥よけのために、タネをまいた部分に半分ほどにカットしたペットボトルをかぶせて囲いましょう。

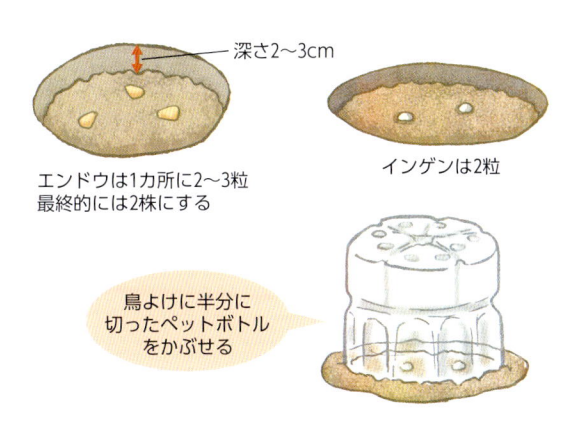

深さ2〜3cm

エンドウは1カ所に2〜3粒
最終的には2株にする

インゲンは2粒

鳥よけに半分に
切ったペットボトル
をかぶせる

② 支柱立て

発芽して本葉が出てきたら鳥よけのペットボトルをはずし、それぞれの株に 2m ほどの高さの支柱を立て、直立式支柱にします（2 条植えの場合は合掌式支柱）。下から 20cm 間隔で誘引テープを張り、ひげがつかまるところをつくります。ひげが支柱の上まで届いたら摘心しましょう。側枝が伸びて花をつけます。

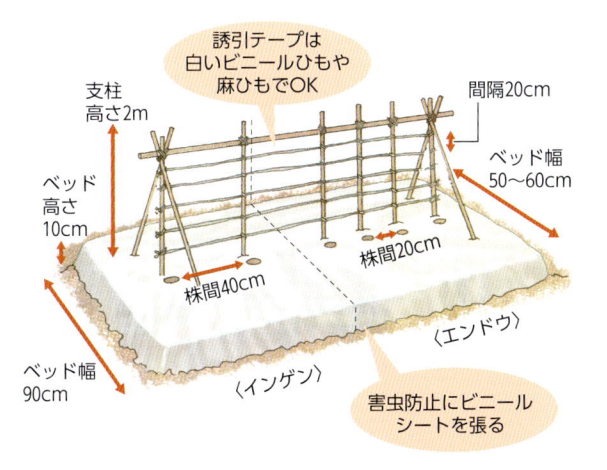

誘引テープは
白いビニールひもや
麻ひもでOK

支柱
高さ2m

間隔20cm

ベッド幅
50〜60cm

ベッド
高さ
10cm

株間40cm

株間20cm

ベッド幅
90cm

〈エンドウ〉

〈インゲン〉

害虫防止にビニール
シートを張る

③ 誘引

インゲンは自ら巻きつくので誘引は不要です。エンドウはつるが伸びたら、ところどころ支柱に結んであげましょう。

エンドウのつるの誘引

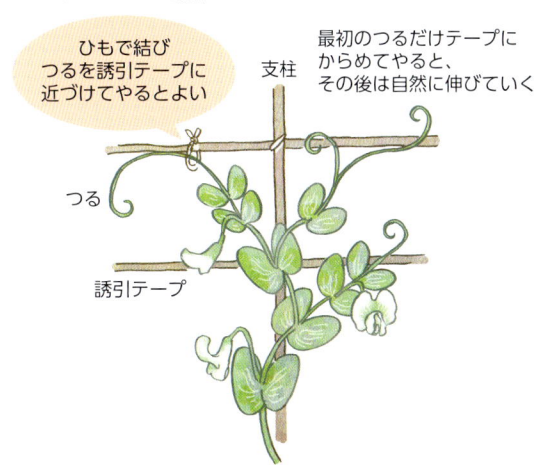

ひもで結び
つるを誘引テープに
近づけてやるとよい

最初のつるだけテープに
からめてやると、
その後は自然に伸びていく

支柱

つる

誘引テープ

④ 収穫

未熟なうちに収穫します。生長しすぎるとかたくなるのでとり遅れないようによくチェックしましょう。エンドウは収穫が始まったら一度だけ追肥を与えます。

インゲン
開花後 10〜15 日
で収穫

エンドウ
開花後、実がふくらみ
始めたら収穫適期

生長しすぎると
実がかたくなるので、
とり遅れないよう
注意

未熟なうちに
収穫

Point!

「つるなし」のインゲンは支柱は不要。
生長して株が不安定になったら土寄せを
して株が倒れないようにするとよい

エダマメ ［マメ科］

原 産 地 … 中国北部

栽培カレンダー

	1月	2月	3月	4月	5月	6月	7月	8月	9月	10月	11月	12月
道 央					■タネまき			■収穫				
道 南				■タネまき				■収穫				
道東・道北					■タネまき			■収穫				

■ タネまき　■ 収穫

「野菜」なのか「マメ（穀）類」なのか

　エダマメを適期に収穫しないでおくと、大豆になります。エダマメで収穫すると「野菜」、大豆にして収穫すると「マメ（穀）類」に分類されます。大豆の生産が盛んな北海道は、エダマメもよく育ちます。みんな大好きなエダマメ。家庭菜園では欠かせない野菜の一つですね。

栽培のコツ

春に畑に未熟な堆肥や有機物を入れると、タネバエの被害にあうので注意しよう

栽培基本データ

土壌酸度 … pH6.0〜6.5
生育適温 … 20〜25℃
発芽適温 … 25〜30℃
病 害 虫 … タネバエ、ハト

畑の準備

植えつけの2週間前までに化成肥料(8-8-8)25g/m²、過リン酸石灰 45g/m²、硫酸カリ 12g/m²

ベッド（株間と条間）

高さ 5〜10cm、幅 90cm
株間 20〜30cm
条間 40〜50cm、2条植え

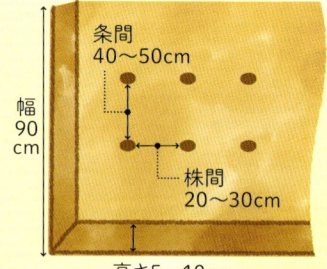

条間 40〜50cm
幅 90cm
株間 20〜30cm
高さ5〜10cm

追肥のポイント

追肥は不要

① タネまき

畑の準備を整え、地温15℃以上になったら、タネの直径の3倍ほどの深さのくぼみをつくり、タネを3粒まいて土をかけます。

タネが見えなくてもハトやカラスなどに掘りおこされることがあるので、ペットボトルなどで鳥害対策をしておくと安心です。

本葉が出るまでは、そのままにしておきましょう。

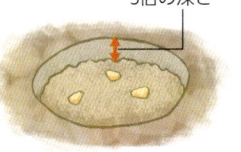
一つの穴に3粒タネをまく
タネの厚みの3倍の深さ
少しずつ離してまく

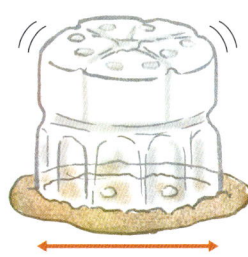
ビンや缶、ペットボトルなどを使って鳥害対策
5〜7cm

Point!

タネまきを10日おきにずらすと、その分、収穫を長く楽しめる

② 間引き

本葉が出揃ったら、発芽した苗のうち元気で素直に育っているもの2本を残し、残りの1本は根元からハサミで切ります。手で抜くと残したい苗の根がからんで痛めてしまうので、抜かずに切りましょう。

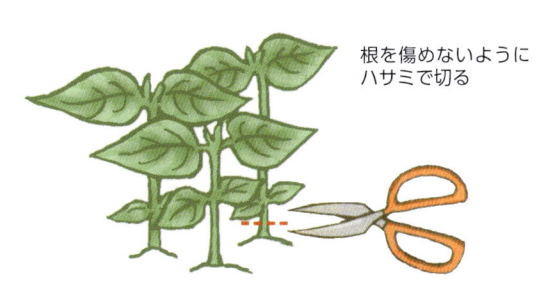
根を傷めないようにハサミで切る

③ 土寄せ

株全体の高さがひざ下くらいまで生長したら、倒伏防止のために土寄せをしてあげると安心です。

倒伏防止のため、膝下（約30cm）ほどの高さになったら、ふたばがかくれるくらいまで土寄せをする

④ 収穫

一般的な品種で、開花後40〜50日で収穫期をむかえます。サヤの厚みが5〜7mmくらいが収穫適期です。

収穫は株ごと抜き取ると手間がかからずおすすめですが、同じ1株のなかでも実の成熟具合が異なるので、適期をむかえたものから順次ハサミなどで収穫してもいいでしょう。

鮮度がすぐ落ちるので収穫後は早く食べよう

Point!

エダマメがうまく育たない畑は、窒素分が多すぎるのかも。窒素が多いと茎や葉ばかりが旺盛に育ち実がつきにくくなるので、窒素分の少ないマメ用の肥料を与えよう

育てやすさ ★★★☆☆

ソラマメ ［マメ科］

原産地…北アフリカから西南アジア

栽培カレンダー

凡例：■タネまき　■低温処理　■植えつけ　■収穫

	1月	2月	3月	4月	5月	6月	7月	8月	9月	10月	11月	12月
全道共通			タネまき・低温処理	低温処理・植えつけ			収穫					

雪どけ前、春一番に始まります！

　ソラマメは一度寒さにあたらないと花がつきません。本州では秋に植えつけて、そのまま越冬させて寒さにあて、春暖かくなると同時に生長し実をつけます。北海道では冬の寒さが厳しすぎるため越冬させられません。そのため、春一番にタネまきをして、発芽後まだ寒いうちに外において寒さにあてる作業が必要です。

栽培のコツ　ビニールポットでの苗づくりが必要。発芽後にひと月ほど外に出して寒さにあてることが大切。タネまき後は、25℃以上にならないように注意して

栽培基本データ

土壌酸度…pH5.5〜6.0
生育適温…15〜20℃
発芽適温…20〜25℃
病害虫…モザイク病
　　　　（アブラムシが媒介）

 マルチ

畑の準備
植えつけの2週間前までに化成肥料(8-8-8)140g/m²、過リン酸石灰 50g/m²

ベッド（株間と条間）
高さ15cm、幅70〜80cm
株間30cm、1条植え

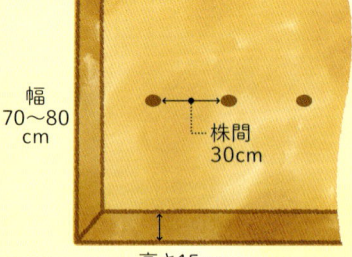
幅70〜80cm
株間30cm
高さ15cm

追肥のポイント
サヤが肥大し始めるころ、化成肥料(8-8-8)50g/m²を株間にばらまく

① 苗づくり・タネまき

ソラマメはあまり苗が出回らないので苗づくりが必要です。3月下旬ごろ、直径9cmほどのビニールポットに培養土を入れ、タネの黒いスジ（お歯黒）が下になるように植えます。このとき、1/3くらいが土から頭が出るようにしましょう。3〜4日で発芽します。発芽後は、ポットのまま屋外に出し、ひと月ほど3〜5℃の低温にあてます。

お歯黒を下にし、1/3ほど出るように土に差し込む

お歯黒

新聞紙をかけ、さらにビニールで覆う

温度が上がるようであればビニールを取り、25℃以上にならないようにする

下までしっかりかける

② 植えつけ

5月上旬、準備を整えた畑に植えつけます。このとき、本葉が2〜3枚になっているのが理想です。苗が幼いうちは、トンネル資材を利用して不織布やビニールなどを張り、保温してあげると安心です。

植えつけ苗

保温対策のトンネル

③ 整枝・支柱立て・追肥

やがて、株元から側枝がどんどん伸びてきますが、元気のいいものを4〜5本残し、ほかはすべてカットします。

草丈が70cmを超えたら風で倒れるのを防ぐため、ベッドの周囲に支柱を立て、ビニールひもで囲いましょう。6月ごろに開花、結実します。

サヤが肥大し始めたら一度追肥をします。

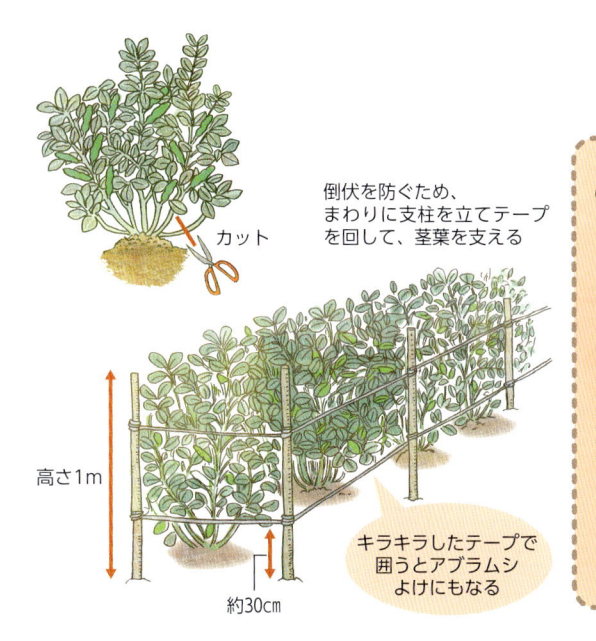

カット

倒伏を防ぐため、まわりに支柱を立てテープを回して、茎葉を支える

高さ1m

約30cm

キラキラしたテープで囲うとアブラムシよけにもなる

ソラマメ

④ 収穫

ソラマメのサヤは若いうちは上向きに生長します。肥大化し、収穫期が近づいてくると、上に向かっていたサヤは少しずつ下向きになります。水平よりやや下がり、サヤを触ってマメのふくらみが感じられたら収穫の目安です。

サヤが水平よりやや下向きになったら収穫どき

スジが黒ずみサヤにツヤが出てきたら食べごろ

育てやすさ ★★★☆☆

ラッカセイ

［マメ科］

原 産 地 …… 南米アンデス山脈の麓

栽培カレンダー 🪣

		1月	2月	3月	4月	5月	6月	7月	8月	9月	10月	11月	12月
	全道共通					■タネまき	■植えつけ				■収穫		

凡例：■タネまき ■植えつけ ■収穫

品種選びが重要

　栽培期間が短い北海道では、収穫までの生育期間の長いラッカセイの栽培は不向きと思われていました。しかし、通常の品種よりも早く収穫できる大きさまで成長する「極早生」の品種が出回るようになり、家庭菜園でも楽しむ人が増えてきました。「落花生」そのもののマメ科らしくない生長を楽しみましょう。

栽培のコツ　「郷の香」や「タチマサリ」などの極早生品種を選ぶこと。生育適温が高めなので、トンネルなどの資材を使って保温を心がけ、元肥は窒素成分を少なめに

栽 培 基 本 デ ー タ

土壌酸度 …… pH6.0〜6.5
生育適温 …… 15〜30℃
発芽適温 …… 15℃以上
病 害 虫 …… 灰色カビ病、
　　　　　　　アブラムシ類、
　　　　　　　ハダニ類

畑の準備

植えつけの2週間前までに化成肥料（8-8-8）40g/m²、過リン酸石灰 40g/m²、硫酸カリ 15g/m²

ベッド（株間と条間）

高さ 10cm、幅 90cm
株間 30cm、条間 40cm
2 条植え

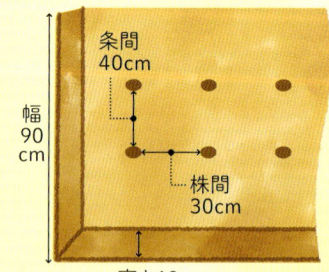

条間 40cm
幅 90cm
株間 30cm
高さ10cm

追肥のポイント

マルチシートをはがすとき葉の色が黄変していたら、化成肥料（8-8-8）25g/m² を株のまわりにまく

① 苗づくり

　ゴールデンウィーク以降に直径 9cm のビニールポットに培養土を入れ、タネを 1 粒 1〜2cm の深さに横置きし、土をかけます。1 週間ほどで発芽、その後約 2 週間かけて本葉が 3 枚になるまで育てましょう。

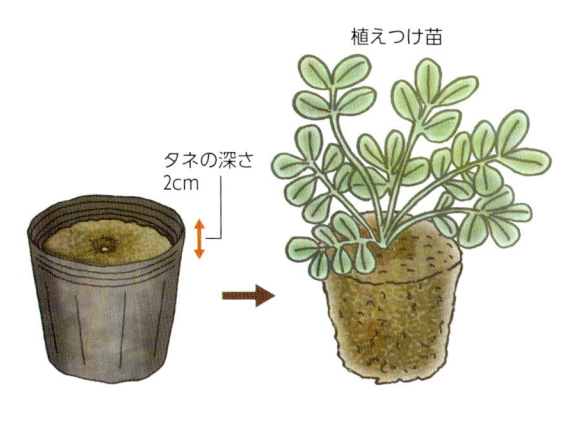

植えつけ苗

タネの深さ
2cm

Point!

土寄せは株元に半径 10〜15cm、高さ 5cm くらいになるように！

③ 収穫

　開花から 80 日（9 月下旬ごろ）が収穫の目安です。茎葉が黄ばみ、下葉が枯れ始めたら試し掘りをしてみましょう。サヤの網目がはっきり出ていたら収穫です。株ごと抜き取ります。

　茹でラッカセイを楽しむ場合はすぐに調理し、ピーナッツにしたい場合は 10 日ほど天日干しして乾燥させましょう。

収穫期がきたら
株ごと抜き取る

② 植えつけ

　地温がしっかり高くなってから植えつけます。

　植えつけ後は、しばらくの間トンネル資材や不織布のべたがけなどで保温しましょう。

　花が咲き、子房柄（しぼうへい）が伸びてきたらマルチシートを取り除き、土寄せを同時に行います。

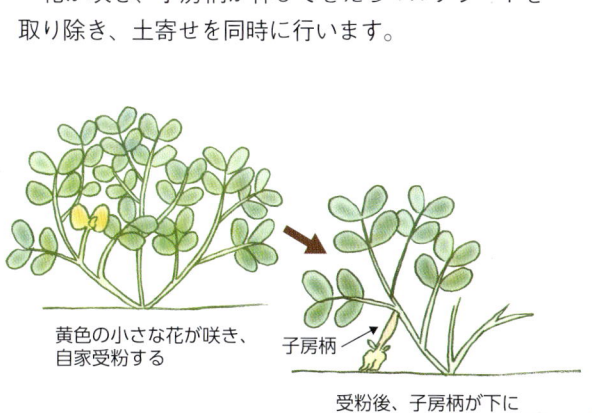

黄色の小さな花が咲き、
自家受粉する

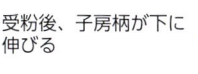
子房柄

受粉後、子房柄が下に
伸びる

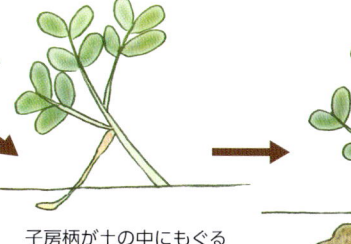

子房柄が土の中にもぐる

子房柄の先端がふくらんで、
サヤができる

ラッカセイ

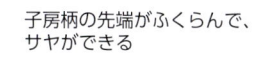

育てやすさ
★★★★☆

トウモロコシ
（スイートコーン）[イネ科]

原 産 地 … 中南米熱帯地方

栽培カレンダー

	1月	2月	3月	4月	5月	6月	7月	8月	9月	10月	11月	12月
道 央					■タネまき			■収穫				
道 南					■タネまき			■収穫				
道東・道北					■タネまき			■収穫				

（凡例）■タネまき　■収穫

※道央・道南は5/20以前にタネまき、道東は5月中のタネまきの場合、マルチシートを張る

早どりする場合は、地温に注意！

　もぎたての甘くておいしいトウモロコシを頬ばれるのは家庭菜園の醍醐味ですね。このおいしさをシーズン中何度でも楽しみたいものです。植える時期をずらしながら長く収穫期を楽しむのもいいでしょう。地温が発芽適温の15℃を保てるように、早いうちならマルチシートを張って温度を確保しましょう。

栽培のコツ

受粉の成功率を高めるためと倒伏防止のため、1条植えではなく必ず2条植えにする。スイートコーン以外の品種（ポップコーンやデントコーンなど）を近くに植えないこと

栽培基本データ

土壌酸度 … pH5.5〜7.0
生育適温 … 22〜30℃
発芽適温 … 32〜36℃
病害虫 … 黒穂病、
　　　　　アブラムシ類、
　　　　　アワノメイガ

畑の準備
植えつけの2週間前までに化成肥料（8-8-8）90g/m²、過リン酸石灰 100g/m²、硫酸カリ 12g/m²

ベッド（株間と条間）
高さ 5〜10cm、幅 90cm
株間 50cm、条間 30cm
2条植え

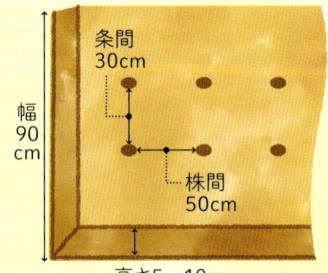

条間 30cm
幅 90cm
株間 50cm
高さ5〜10cm

追肥のポイント
本葉が 10〜12 枚ほどになり中心部に雄花が見えてくるころ、化成肥料（8-8-8）60〜70g/m² を株間にまく

① タネまき

　スイートコーンは移植を嫌うので、畑に直まきすると安心です。地温が15℃に達したらタネをまきます。道央圏でおおむね5月20日以降が安心ですが、その前に植えたい場合はマルチシートを張り、しっかり地温が上がっているのを確かめましょう。

　準備の整ったベッドに深さ2〜3cmのくぼみをつくり、2〜3粒まきます。土をかけた後、鳥よけ対策もしましょう。

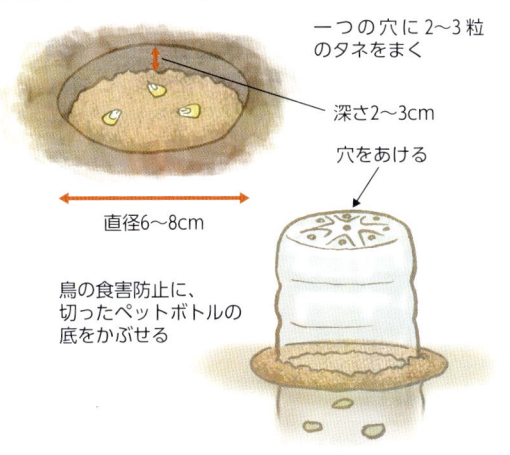

一つの穴に2〜3粒のタネをまく

深さ2〜3cm

穴をあける

直径6〜8cm

鳥の食害防止に、切ったペットボトルの底をかぶせる

② 間引き・追肥

　発芽後、本葉が4枚程度になるころに全体の生育が揃うよう1本に間引きます。残す株を決めたら、根を傷めないようにハサミなどで切りましょう。

　本葉が10枚以上になり中心部に雄花が見えてきたらマルチシートをはずし、追肥を与えて土寄せします。

本葉4枚ほどになったら、1本だけ残してほかの2本は根元からハサミなどでカットする

③ 受粉

　タネまきから10週ほどで先端に雄穂がつき、腰の高さのあたりの葉の根元に実になる雌穂がつきます。雌穂の先から絹糸が伸びてきたら、雄穂をゆすって花粉を落とし、受粉させます。

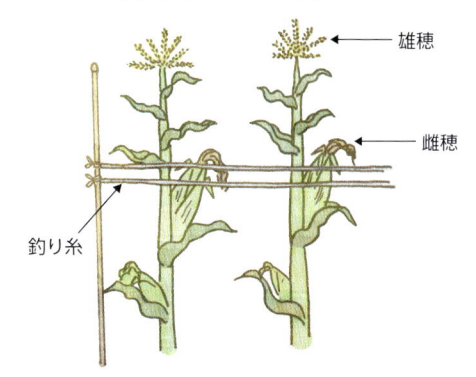

雄穂

雌穂

釣り糸

支柱を立てて、一番上の実の高さに釣り糸を張る

④ 鳥害対策・収穫

　実が大きくなってくると鳥害防止のため、ベッドの四隅に支柱を立て、実の高さになるように釣り糸を張るといいでしょう（上図）。雄穂が出てから23〜25日経過し、実が太ってきたら収穫です。

先端を握ってみて、とがっていたら未熟、太っていたら収穫しよう

×　〇

Point!

一般的に一番上の穂が粒揃いで大きくなり、2番目以降はあまり立派には育たないのでヤングコーンとして食べるのがおすすめ。放置してもOK

ダイコン

[アブラナ科]

原 産 地 … 地中海沿岸から中央アジア周辺

栽培カレンダー

	1月	2月	3月	4月	5月	6月	7月	8月	9月	10月	11月	12月
道 央				▦▦ タネまき		▰▰ 収穫						
道 南					▦▦			▰▰				
道東・道北				▦▦				▰▰				

（凡例：タネまき／収穫）

できるだけ深く耕そう

　ダイコンを代表とする根菜は、根が出たあとに土の中で根や茎の一部が肥大しながら生長する作物です。生長過程で障害物があるとそれをさけながら伸びるので、二股や曲がりなどの原因になります。畑をよく耕し、のびのびと生長できるようにしてあげましょう。また、ダイコンの葉を有効利用できるのも家庭菜園の醍醐味です。

栽培のコツ　春まき用、夏まき用、秋まき用と品種によってタネまきの時期が異なるので、北海道（寒冷地）でのタネまき時期にあっているかタネ袋をよく確認しよう

栽培基本データ

土壌酸度 … pH5.5〜6.8
生育適温 … 17〜20℃
発芽適温 … 15〜35℃
病 害 虫 … バーティシリウム黒点病、軟腐病、ダイコンバエ、タネバエ、キスジトビハムシ

マルチ

追肥のポイント
追肥は不要

畑の準備
植えつけの2週間前までに化成肥料(8-8-8)65g/m²
※できるだけ深くしっかりと耕し、土の中の異物は取り除いておく

ベッド（株間と条間）
高さ10cm、幅90cm
株間30cm、条間60cm
2条植え

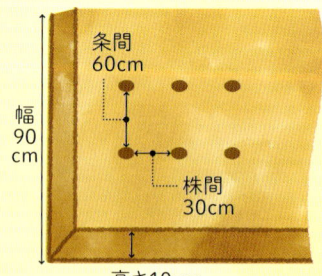

条間60cm
幅90cm
株間30cm
高さ10cm

① タネまき

ダイコンは移植を嫌うので畑に直接タネをまきます。直径 6cm ほどのくぼみをつくり、2〜3粒ずつまき土をかけます。

一つの穴に 2〜3 粒まいて、土をかける

手のひらで土をギュッとおさえる

ギュッ

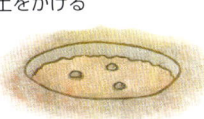

Point!

アブラムシが媒介する病気を防ぐため、マルチシートはシルバーのタイプがおすすめ。ベッドまわりはキラキラ光るテープを張ろう

② 間引き

発芽後、本葉が3枚くらいになるまでに間引きし1本にします。間引いた葉は食べられます。間引きのときに根元がぐらつくようなら軽く土寄せをしましょう。

本葉 3〜4 枚になったら、1 本にする

ふたばが開いたら、1 本抜く

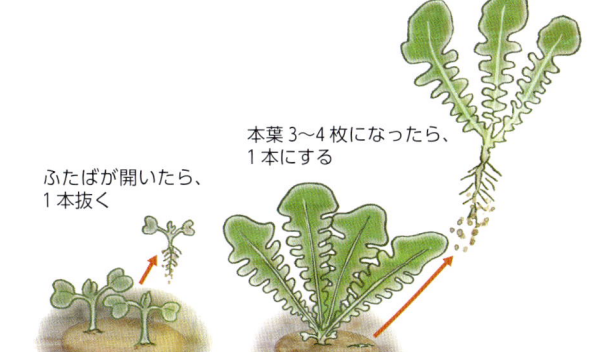

③ 収穫までの管理

6月中旬以降にタネまきをした場合、タネまきから約3週間たったら、高温による生理障害をさけるためマルチをはずします。

雑草対策として、時々、株まわりの土を指でかき、雑草が増えるのを防ぎましょう。生長とともに土から首を出してきますが土寄せの必要はありません。追肥も不要です。

はずすとき、葉がひっかからないように気をつけて

スポッ

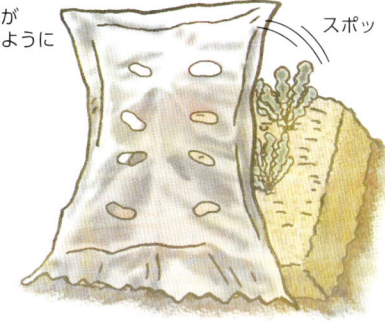

④ 収穫・保存

一般的な品種でタネまきから 60〜80 日で収穫です。株元の首の部分が直径 7cm 前後になったら1本試し掘りをしてみましょう。

収穫後、保存したい場合は、葉に栄養が取られないように生長点を含めた根元を切り落としましょう。

生長点を残さないこと！

葉に栄養が取られないよう、根元を切る

ダイコン

育てやすさ
★ ★ ★ ★ ★

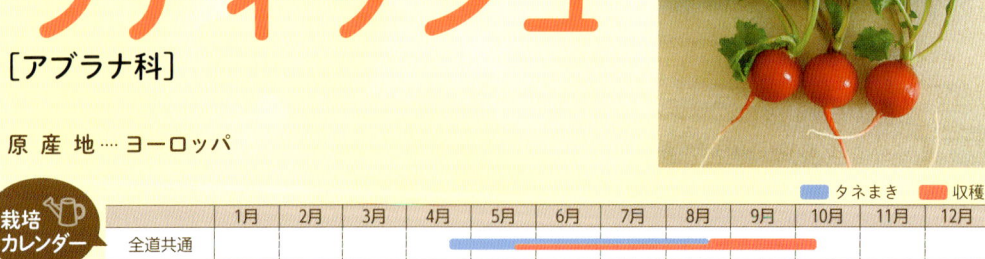

ラディッシュ

[アブラナ科]

原産地… ヨーロッパ

栽培カレンダー

	1月	2月	3月	4月	5月	6月	7月	8月	9月	10月	11月	12月
全道共通				███ タネまき ███ 収穫								

■ タネまき ■ 収穫

育てやすさナンバーワン！

　タネまきから収穫までの生育期間が短いラディッシュは、病害虫に悩まされる前に収穫できるため、ビギナーでも失敗が少なくおすすめです。プランターなど、畑以外の場所でも栽培が容易なので、リーフ類などと寄せ植えにしてベランダ菜園にも挑戦してみましょう。

栽培のコツ
大きくなると割れるので、収穫適期を守りどんどん収穫しよう！ たくさんタネをまきすぎると発芽後の間引きが大変なので、まきすぎないようにしよう

栽培基本データ

土壌酸度… pH5.5～6.8
生育適温… 10～20℃
発芽適温… 15～20℃
病害虫… コナガなど

畑の準備
植えつけの2週間前までに化成肥料(8-8-8)65g/m²

ベッド（株間と条間）
幅90cm、株間4～5cm、条間10cm、1条でも複数でもOK
※畝に高さをつけなくてよい。ただし、水がたまる場合は高さ5cmのベッドをつくる

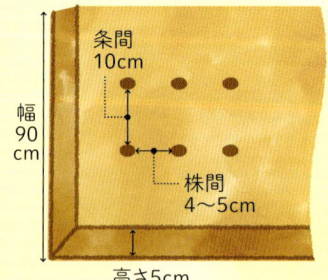

条間
10cm
幅
90
cm
株間
4～5cm
高さ5cm

追肥のポイント
追肥は不要

① タネまき

省スペース栽培が可能なので、ダイコンのベッドなどの空きスペースを利用してもいいでしょう。指や支柱などで深さ1cmほどの溝をつくり、タネが重ならないようにスジまきし、軽く土をかぶせます。

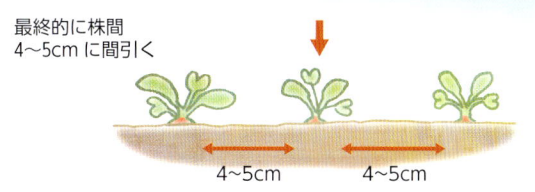

最終的に株間
4〜5cmに間引く

4〜5cm　　4〜5cm

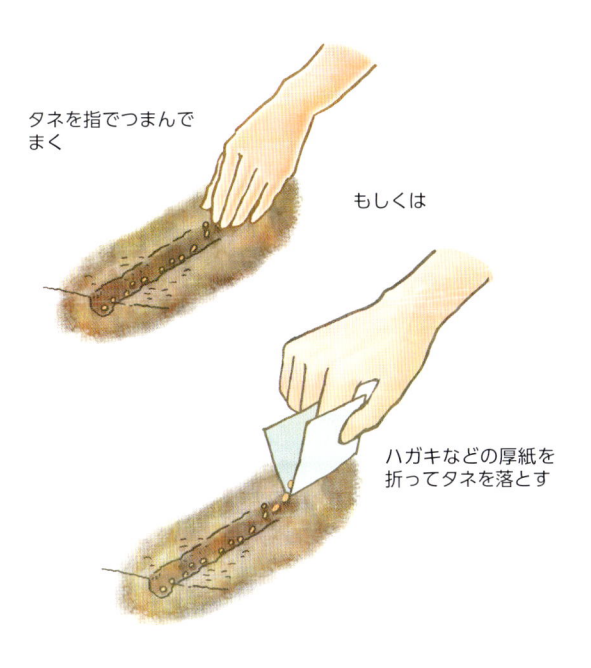

タネを指でつまんで
まく

もしくは

ハガキなどの厚紙を
折ってタネを落とす

③ 収穫

品種によりますが、タネまきから3〜4週間で収穫期です。食用になる赤い部分の根が土から顔を出し、直径3cmを超えたものから順に収穫します。

赤い部分が3cmになったら収穫する

ラディッシュ

② 間引き

ラディッシュは2回に分けて間引きするといいでしょう。1回目は発芽してふたばが開いたタイミングで、隣の株と葉が重ならないように間引きます。残す株は倒れやすいのでやさしく土寄せしましょう。

本葉が3〜4枚になったら2回目の間引きです。株間を4〜5cm間隔で1本にします。

発芽したら

ふたばが触れ
合わないよう
に間引く

> ### Point!
>
> 高温期に栽培すると、形が悪くなる場合があるので注意しよう

育てやすさ
★★★★☆

白カブ ［アブラナ科］

原産地… ヨーロッパ・中央アジア

栽培カレンダー

■ タネまき　■ 収穫

	1月	2月	3月	4月	5月	6月	7月	8月	9月	10月	11月	12月
道央												
道南												
道東・道北												

生食でも焼いても、煮ても美味！

　本来、白カブは冬野菜ですが、積雪のある北海道では冬に栽培できないため、春先や秋などシーズン中でも比較的涼しい季節が旬となります。浅漬けなどの生食のほか、オリーブオイルで焼いたり、ダシで煮含めてもおいしいですね。栽培は比較的簡単なので、ビギナーにおすすめの根菜です。

栽培のコツ

タネが小さいので、たくさんまきすぎないように注意しよう。発芽するまではできるだけ毎日水をあげること。間引きが遅れると肥大に影響するので、とり遅れないようにしよう

栽培基本データ

土壌酸度 … pH5.5〜7.0
生育適温 … 15〜20℃
発芽適温 … 15〜20℃
病害虫 … 根こぶ病、べと病、キスジトビハムシ、コナガ、アオムシ、ヨトウムシ

畑の準備

植えつけの2週間前までに化成肥料（8-8-8）150g/m²

ベッド（株間と条間）

高さ10cm、幅90cm
株間10cm、条間30cm
3条植え

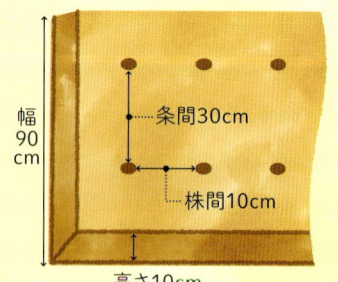

幅90cm
←条間30cm→
←株間10cm→
高さ10cm

追肥のポイント

追肥は不要

① タネまき

畑の準備が整ったら、ダイコン同様(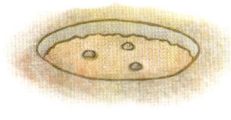 P101)にタネをまきましょう。10cm 間隔で直径 6cm ほどのくぼみをつくり、2〜3 粒まき、土をかけて手のひらでおさえます。水をやさしくたっぷり与えましょう。

一つの穴に 2〜3 粒まいて、土をかける

手のひらで土をギュッとおさえる

ギュッ

Point!

葉も食べられるので、できるだけ害虫はさけたいもの。防虫ネットで囲い、キラキラと光るテープでアブラムシの飛来を防ごう

② 間引き

発芽してふたばが開き、本葉が出始めたら、生育の悪いものを間引き、1 カ所につき 1 株にします。

本葉が出るころに間引く

間引きの際、残す株がぐらつくようなら少し土寄せをすると安心です。

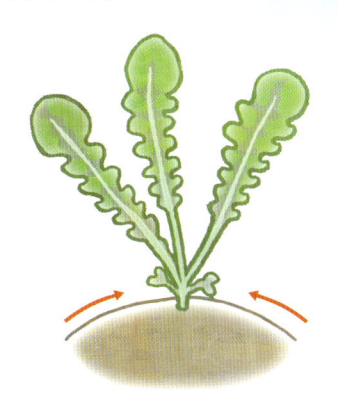

土寄せや中耕のときは、葉を折らないように注意しよう

③ 収穫

収穫の目安は品種によって異なるので、タネ袋を確認し、収穫適期の大きさにあわせて試し掘りしてみましょう。大きくなりすぎると割れたり、すが入るのでとり遅れないように注意しましょう。

直径7cm

根径が 7cm ぐらいになったら収穫する

とり遅れに注意!

白カブ

赤カブ ［アブラナ科］

原 産 地…地中海沿岸から中央アジア

栽培カレンダー

タネまき　収穫

	1月	2月	3月	4月	5月	6月	7月	8月	9月	10月	11月	12月
道 央							タネまき			収穫		
道 南							タネまき			収穫		
道東・道北							タネまき			収穫		

ご当地の漬物には欠かせない伝統野菜

　カブの品種はじつに多彩。大陸から日本に紹介されその後各地に広がっていきましたが、土地に合わせて形状や食味などが変化していきました。その多くが漬物用として現在も作付けされています。各地で継承されている「伝統野菜」の一つといえるでしょう。北海道では大野紅カブが有名です。

栽培のコツ　　大きく育てるため、株間と条間をしっかり確保しよう

栽培基本データ

土壌酸度…pH5.5〜7.0
生育適温…15〜20℃
発芽適温…15〜20℃
病 害 虫…根こぶ病、
　　　　　ヨトウムシ

畑の準備
植えつけの2週間前までに
化成肥料(8-8-8)150g/m²

ベッド（株間と条間）
高さ10cm、幅45cm
株間20cm、条間30cm
2条植え

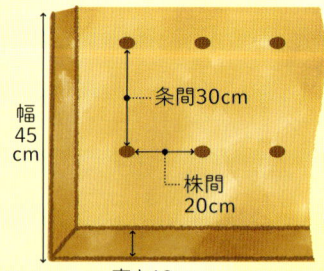

幅45cm　条間30cm　株間20cm　高さ10cm

追肥のポイント
追肥は不要

① タネまき

基本的な栽培方法は白カブ（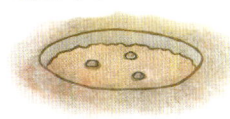 P105）同様ですが、異なるのは株間です。最終的に 20cm 以上になるようにタネをまきましょう。

一つの穴に 2〜3 粒まいて、土をかける

手のひらで土をギュッとおさえる

ギュッ

Point!

○赤カブは生長期に暑くなる季節をさけてタネをまき、晩秋に収穫期がくる「夏まき品種」がほとんど。タネまきは 7 月下旬からお盆ごろにすませよう

○千枚漬けで有名な聖護院カブもお盆ごろにタネをまいて、降雪直前の晩秋に収穫する。カブを大きくするため、株間は 20〜30cm 確保し、晩秋に直径が 20cm くらいになったら収穫

② 間引き

本葉が 3 枚ほどになるまでに、2 回に分けて間引きしましょう。最終的に 20cm 間隔で 1 株ずつにします。間引きの際に株元がぐらつくようなら軽く土寄せをしてあげます。

白カブと比べると収穫まで時間がかかります。雑草取りを頻繁に行いましょう。

本葉が出始めたころ、発育の悪いものを抜いて 1 穴 1 本に

土寄せや中耕のときは、葉を折らないように注意しよう

③ 収穫

根の直径が 10cm を超えたら収穫です。試し掘りをして大きさを確かめて雪が降る前に収穫しましょう。

根の直径が 10cm 以上になったら収穫

葉の根元を持ちゆすりながら引き抜く

こんなカブにも挑戦してみよう!

最近は彩りのキレイなカブが人気です。白から紫のグラデーションが印象的な「あやめ雪」は、皮もやわらかいので、むかずにそのままサラダや浅漬けにするのがおすすめです。茎葉も株元周辺が紫色で上にむかって緑色のグラデーションになります。株間を調整すると好みのサイズで収穫できるので、家庭菜園にはおすすめです。全体がピンク色の「もものすけ」なども注目です。また、ラディッシュにも紫やピンク、黄色などの赤以外の色つき品種が出てきました。使い方を工夫して、色のバリエーションを楽しむのもいいですね。

葉の色も特徴的な「あやめ雪」カブ。栽培方法は白カブと同じ

育てやすさ ★★★☆☆

ニンジン

[セリ科]

原 産 地 … アフガニスタンあたりの中近東

栽培カレンダー

		1月	2月	3月	4月	5月	6月	7月	8月	9月	10月	11月	12月
	道 央				■■	■■■			■■■	■■■	■■		
	道 南				■■	■■■			■■■	■■■	■■		
	道東・道北				■■	■■■			■■■	■■■	■■		

■ タネまき　■ 収穫

紫や黄色などカラフルな品種にも挑戦しよう

　最近は黄色や紫などオレンジ以外の色も増えてきました。珍しい品種にもトライしてみましょう。また、スーパーなどでは葉つきニンジンはほとんど見かけませんが、ニンジンの葉は天ぷらにするとおいしいし、野菜ダシの材料にもなってとても役に立ちます。家庭菜園ではそんなニンジンの葉を思う存分使えるのがうれしいですね。

栽培の コツ　一番のポイントは「発芽」。うまく発芽させることができればひと安心。失敗の最大の原因は乾燥なので、発芽がちゃんと揃うまで、細かいタネが流れないように、やさしくこまめな水やりを！

栽 培 基 本 デ ー タ

土壌酸度 … pH5.5〜6.5
生育適温 … 18〜21℃
発芽適温 … 20〜25℃
病 害 虫 … 黒葉枯病、
　　　　　根腐病、
　　　　　キタネコブセン
　　　　　チュウ

畑の準備
タネまきの2週間前までに
化成肥料(8-8-8)150g/m²

ベッド(株間と条間)
高さ10cm、幅90cm
株間10cm、条間30cm
3条植え

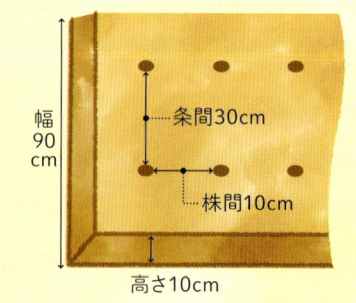

幅90cm — 条間30cm — 株間10cm — 高さ10cm

追肥のポイント
追肥は不要

① タネまき

ニンジンはタネがとても細かいため、多くまきすぎたり、タネまき後の水やりで流されてしまうなどの失敗がよくあります。ベッドの準備が整ったら、指先などで深さ1〜1.5cmほどのスジをつくり、ハガキなどの厚紙を利用して、少しずつまきます。薄く土をかけ、手のひらで軽くおさえます。その後、タネが流れないように何回かに分けて水をたっぷり与えます。

発芽が揃うまで乾燥させないようにしましょう。

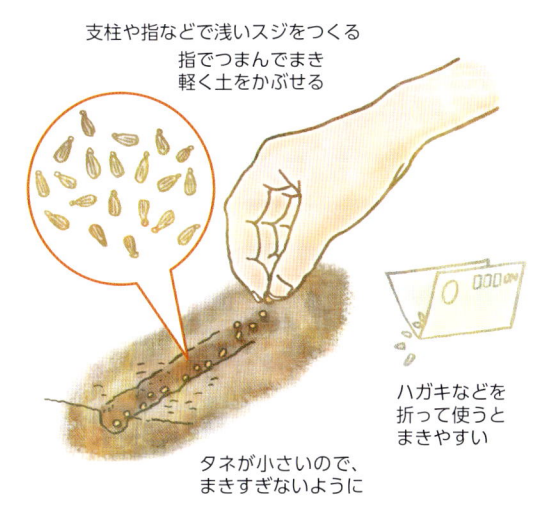

支柱や指などで浅いスジをつくる
指でつまんでまき
軽く土をかぶせる

ハガキなどを
折って使うと
まきやすい

タネが小さいので、
まきすぎないように

Point!

成功のカギは「発芽」。温度を維持し、乾燥を防ぐことがポイント。タネまき後に、もみ殻など保水効果のあるものをベッドにばらまくのもおすすめ

② 間引き

発芽適温でタネまきをすると、10日から2週間ほどで発芽します。

本葉が2〜3枚になったら間引きを始め、本葉が4枚になるころまでには株間を10cm間隔になるようにします。

また間引き作業の際には雑草取りも忘れずに。

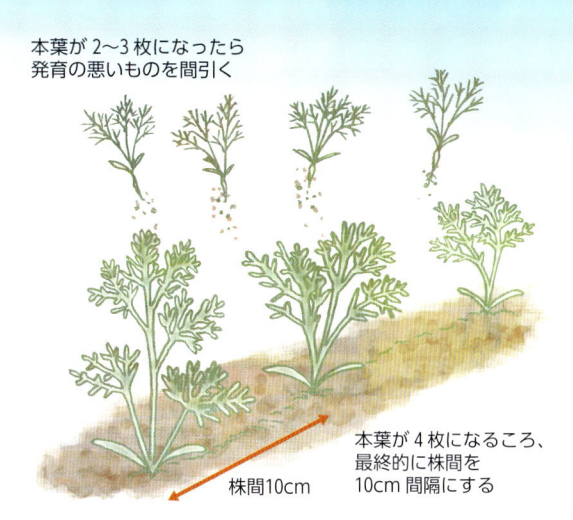

本葉が2〜3枚になったら
発育の悪いものを間引く

本葉が4枚になるころ、
最終的に株間を
10cm間隔にする

株間10cm

③ 土寄せ

生長していくにつれて、食用になる根の部分が顔を出してきます。そのままにしておくと日にあたり緑化してきます。食味が悪くなるので時々、土寄せをしましょう。

土を両脇から寄せて
根の部分をかくす

④ 収穫

タネまきから約4カ月で収穫できるサイズに生長します。試し掘りをして適期と判断できたら収穫しましょう。

長期保存したい場合は生長点をカットし、乾燥を防ぐために土つきのまま厚手のビニール袋や箱などに入れて冷暗所で保存しましょう。

生長点
カット

葉の
根元を切る

土つきのまま
冷暗所で保存

ニンジン

育てやすさ ★★☆☆☆

ナガイモ

[ヤマノイモ科]

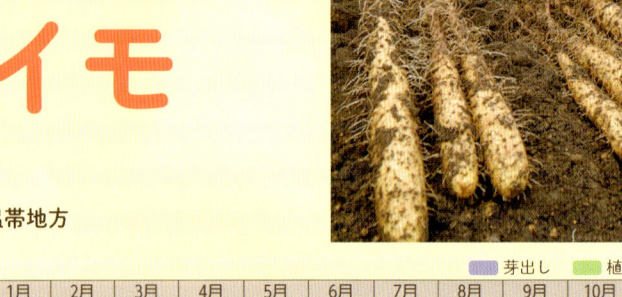

原産地…東アジア温帯地方

栽培カレンダー

凡例：■ 芽出し　■ 植えつけ　■ 収穫

	1月	2月	3月	4月	5月	6月	7月	8月	9月	10月	11月	12月
道央				芽出し	植えつけ						収穫	
道南				芽出し	植えつけ						収穫	
道東・道北				芽出し	植えつけ						収穫	

深く掘るのが困難な場合はパイプなどを利用

　ナガイモは土深く伸びる根菜なので、スコップ1本分ほどの深さを掘り、耕さなければなりません。畑の土がふかふかならば可能ですが、人力だけではなかなか難しいもの。そんなときはパイプなどの便利な道具を利用するのも一つの手。頭をフル回転させて自分なりの栽培法を生み出すのも楽しいですね。

栽培のコツ　タネイモを手に入れてから植えつける状態にするまで約1カ月かかるので、5月中旬の植えつけに間に合うように4月中旬から準備を始めよう

栽培基本データ

土壌酸度 …… pH5.5〜6.0
生育適温 …… 17〜25℃
芽出し適温 …… 25℃前後
病害虫 …… 根腐病、褐色腐敗病、青カビ病、えそモザイクウイルス病

畑の準備
植えつけの2週間前までに化成肥料(8-8-8)185g/m²

ベッド（株間と条間）
高さ20cm、幅90cm
株間30cm、条間40cm
2条植え

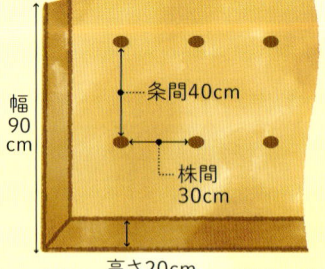

幅90cm
条間40cm
株間30cm
高さ20cm

追肥のポイント
7月中旬に一度、化成肥料(8-8-8)60g/m²をベッドの肩あたりにまく

① タネイモの準備

　ホームセンターなどでタネイモとしてナガイモ1本まるごと販売されています。100g ほどの大きさになるように切り分けて切り口を乾かしコルク状にします（キュアリング）。

タネイモをそれぞれ 100g ぐらいに切り分ける

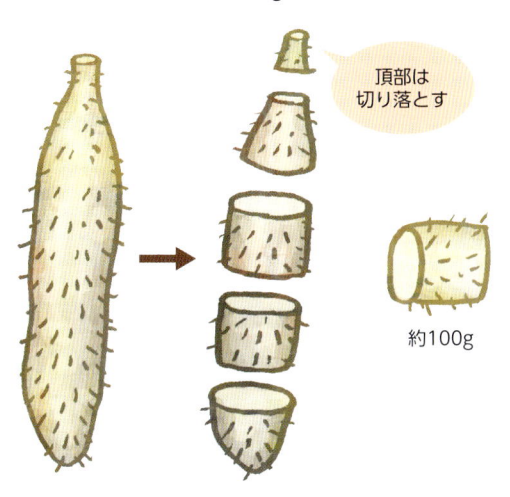

頂部は
切り落とす

約100g

ザルなど通気性のいいものにのせて
切り口を乾燥させる

室温 20℃くらいで乾燥気味にし、
風通しのいい状態で 10 日ほど放置する

② 芽出し

　切り口が乾いたら、おがくずなどを詰めた発泡スチロールに埋めます。ぬれた新聞で覆い、フタをして温度 25℃、湿度 80％に近い環境で 20〜22 日ほど芽出しを行います。

ぬれた新聞紙をかけて
フタをする

温度や湿度を上げるため
発泡スチロールなどに移す
適温 25℃
適湿 80％

③ 畑の準備（ベッドづくり）

　高さ 20cm のベッドをつくり、ベッドに平行に深さ 40〜50cm の溝を掘ります。

高さ 20cm のベッドに
深さ 40〜50cm の溝を掘る

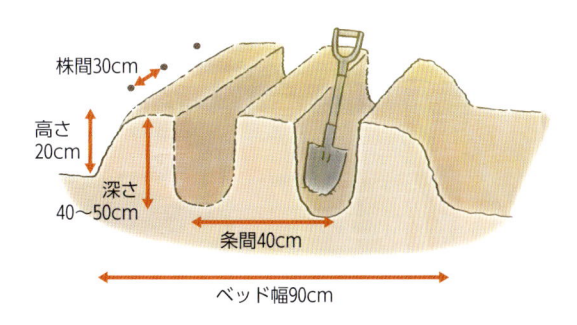

株間30cm

高さ
20cm

深さ
40〜50cm

条間40cm

ベッド幅90cm

④ パイプの設置・植えつけ

　ナガイモ栽培に便利なクレバーパイプは、ナガイモを横向きにまっすぐ生長させるための道具です。パイプに土を入れて深さ20cmほどの土の中に置き、パイプの先を下向きに設置します。パイプの受け皿の中心に目印となる案内棒を垂直に立てておきます。

　次に、芽が出たタネイモを案内棒の脇5cmほどの土中に埋めます。このとき、発芽点を棒側の斜め下にして地面に対し水平に置き、土をかぶせます。

　芽は上に伸び、根は下に伸びてパイプの中で肥大します。

⑤ 支柱立て・追肥

　地上部に芽が出てきたら、そばに2mほどの高さになる支柱を立てます。複数のつるが伸びてきたら1本に間引きます。1株につき1本の支柱を使い、向かい合う支柱を結んで合掌式にします。20cm間隔で横にひもを張り、伸びてきたつるを誘引します。

　7月中旬に一度ベッドの肩あたりに追肥をします。

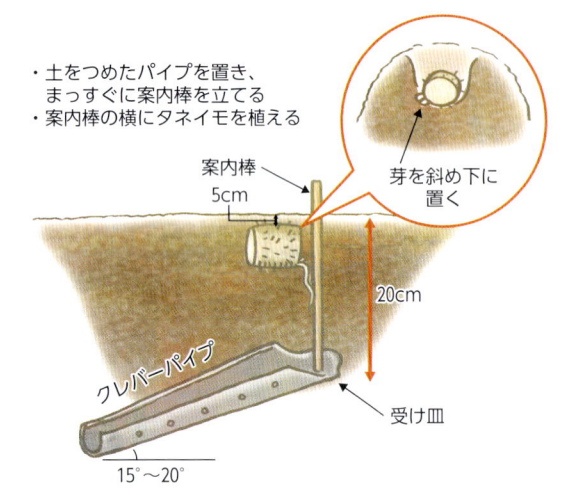

・土をつめたパイプを置き、まっすぐに案内棒を立てる
・案内棒の横にタネイモを植える

案内棒

5cm

芽を斜め下に置く

20cm

クレバーパイプ

受け皿

15°〜20°

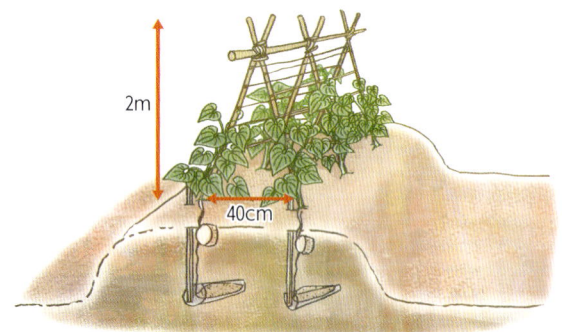

2m

40cm

地上部が2mほどの高さになる支柱を使い、つるを誘引する

政田自然農園のクレバーパイプによるナガイモ栽培

　1978年の発売以来、累計で1300万本以上のクレバーパイプを販売している山口県の政田自然農園。ナガイモのパイプ栽培の先駆者です。その政田自然農園のパイプを使った栽培法を紹介します。パイプはネット通販でも購入できます。

①土入れ
パイプの下部を手でおさえ、先端をスコップのように使って、パイプの6〜7割まで土を入れる

②溝堀り
深さ30〜40cm、幅約25cmを目安に、パイプ埋設用の溝を掘る

③パイプを埋める
受け皿の間隔を約30cmとり、10〜15度の角度をつけ、まっすぐ上を向くようにパイプを埋める（写真左）。次に受け皿の上に、パイプの中の土と同じ土を盛り、中心に案内棒を立てる（写真右）

⑥ 収穫

10月下旬ごろになると地上の葉が黄色く枯れてきます。このタイミングで一度試し掘りをしましょう。いいサイズになっていたら、支柱を撤去し、地際から5cmほど残してそれより上部の茎葉をすべて刈り取ります。

そのまま1週間ほどおいてから収穫です。案内棒に沿って土の中からパイプを掘りおこし収穫します。このとき、イモを傷つけないように注意しましょう。

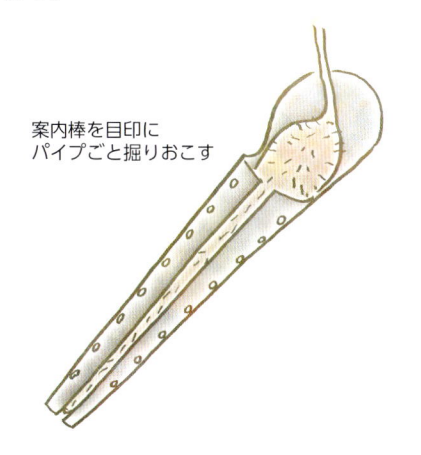

案内棒を目印に
パイプごと掘りおこす

⑦ 保存・春掘り

収穫したナガイモは土を軽く落としておがくずなどを入れた箱に埋め、涼しい場所に置いておくと長持ちします。また、秋にとりきれなかったものがあれば、翌春に、畑の土が乾いたら収穫しましょう。目安は4月の中旬ごろです。

ムカゴを食べる

秋になると葉のつけ根の部分にたくさんのムカゴがつくので、落ちる前に収穫し、豆ごはんの要領で炊いてみましょう。

葉のつけ根にできたムカゴ

ナガイモ

---

④土をかける
パイプと案内棒の上に20cmほど土を盛る（写真左）。かまぼこ型のベッドをつくる（写真右）

⑤タネイモを植える
案内棒の脇を5cmほど掘り（写真左）、パイプに対して水平にタネイモを植えていく。タネイモの発芽点を案内棒に正確に合わせ（写真右）、土を戻す

⑥支柱立て
地上部に芽が出てきたら丈夫な支柱を立て、キュウリ栽培用などのネットを張る。追肥を一度行い、つるが完全に枯れるまでゆっくり育てて収穫する

政田自然農園株式会社
山口県柳井市柳井 5458-19
TEL 0820-22-2222
インターネット通販サイト
https://www.jinenjyo.net/

育てやすさ ★★★★☆

ジャガイモ

[ナス科]

原 産 地 … アンデス中央高地

栽培カレンダー

		1月	2月	3月	4月	5月	6月	7月	8月	9月	10月	11月	12月
	道 央					植えつけ				収穫			
	道 南				植えつけ				収穫				
	道東・道北					植えつけ			収穫				

■ 植えつけ　■ 収穫

冷涼な気候を好むので北海道は栽培適地

　夜間の気温が高い地域では質のいいジャガイモは育たないといわれています。日中の気温が高くなっても夜はそれなりに気温が下がる北海道はジャガイモ栽培の好適地。最近は品種も増えて、色や形など様々な種類がお目見えしています。種類の異なる品種を植えて食べ比べてみるのも楽しいですね。

栽培のコツ　タネイモの芽出しがポイント。植えつけ後、生長して土から顔を出しているイモを見つけたら、すぐに土をかぶせて緑化を防ごう

栽 培 基 本 デ ー タ

土づくり P58

土壌酸度 … pH5.5〜6.0
生育適温 … 昼 20〜24℃、
　　　　　　夜 8〜12℃
芽出し適温 … 15〜20℃
病 害 虫 … 疫病、
　　　　　　黒あざ病、
　　　　　　そうか病

畑の準備

植えつけの 2 週間前までに化成肥料(8-8-8)100g/m²、過リン酸石灰 55g/m²

ベッド（株間と条間）

幅 120〜130cm、株間 30cm
条間 70〜75cm、2 条植え

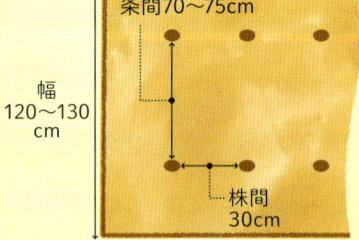

条間70〜75cm

幅
120〜130
cm

株間
30cm

追肥のポイント

追肥は不要

① タネイモの準備（芽出し）

　ホームセンターなどでタネイモ専用として販売されているものを購入します。タネイモ専用のものはウイルスなどの病気におかされていないので安心です。食用のジャガイモはタネイモとしては適さないので使用しないように。植えつけ予定日の3週間ほど前になったら、眠っているタネイモを光のあたる場所に広げて芽出しをさせます。タネイモにまんべんなく光があたるよう、時々、向きを変えましょう。

② 植え溝を掘る

　畝の場所を決めたら、深さ15cmほどの植えつけ用の溝を掘ります。溝と溝の間隔（条間）を70〜75cmあけるようにします。

　畑の準備と植えつけを同時に行う場合は、❸の要領で植えつけます。

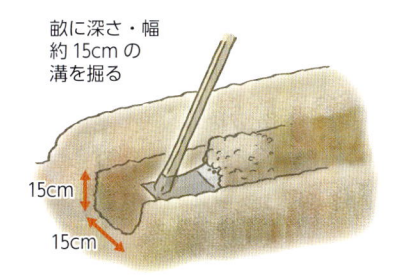

畝に深さ・幅約15cmの溝を掘る

15cm
15cm

あらかじめ、畑の準備が整っている場合は、深さ10cmにタネイモを植えつける

③ 植えつけ

　掘った溝に野菜用の肥料をまき、その上に6〜7cmほど土をかぶせます。太くて元気のよさそうな芽を上に向けて、30cm間隔で置きます。タネイモをすべて並べたら、5〜6cmの深さになるように土で覆います。植えつけが終わったら軽く足でおさえておきましょう。

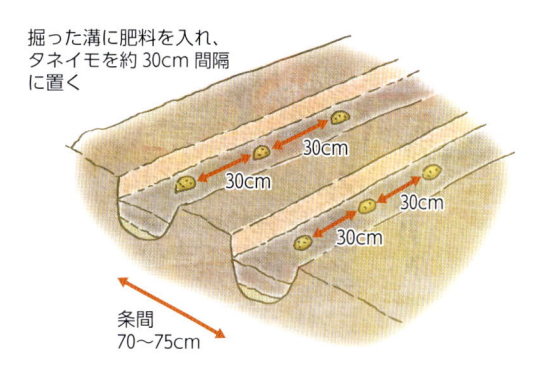

掘った溝に肥料を入れ、タネイモを約30cm間隔に置く

30cm
30cm
30cm
30cm

条間70〜75cm

〈植え溝と植えつけの側面図〉

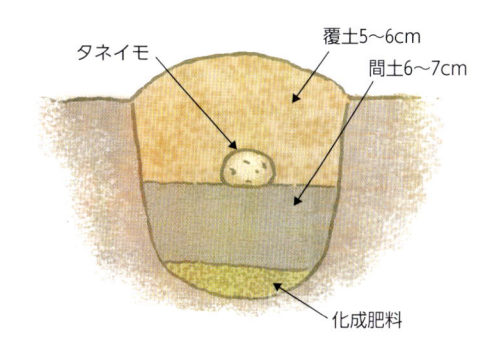

タネイモ
覆土5〜6cm
間土6〜7cm
化成肥料

ジャガイモには石灰の使用を控えよう

土壌改良やpH調整のためにまく石灰。基本はどの作物にも推奨されていますが、ジャガイモには必要ありません。石灰をまきpHの数値を高めると、ジャガイモ特有の病気「そうか病」を発症してしまう危険性が高くなるからです。そうか病はpH6.5くらいになると発生しやすくなるといわれています。表皮にしみのような病斑がつく病気で、皮をむけば食べるには問題ありませんが、症状の重いものは食味が落ちるので気をつけたいですね。

ジャガイモそうか病
写真提供：農研機構北海道農業研究センター

④ 土寄せ（2回）

【土寄せ1回目】

　植えつけたイモがほぼすべて土から芽を出し10日〜2週間ほど経ったら、1回目の土寄せをします。芽がすべてかくれるくらいに土をかぶせます。

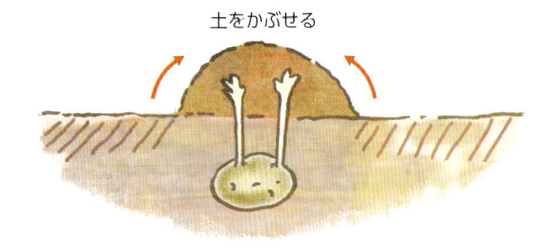

通路の土を芽が見えなくなるくらいにかぶせる

土をかぶせる

【土寄せ2回目】

　さらに1カ月弱経過し、草丈が25cmほどになったら2回目の土寄せをします。通路の土をクワで軽く耕し、株元にさらに5〜6cmほどの厚みになるように土をかぶせます。2度の土寄せで高さが25〜30cmになります。

　2回目の土寄せはジャガイモの露出による外皮の緑化や株全体の倒伏の防止、排水をよくして病気を防ぐことが目的です。

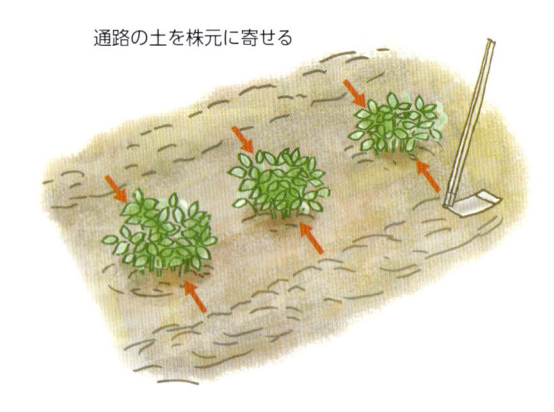

通路の土を株元に寄せる

⑤ 収穫・保存

【収穫の目安】

　品種にもよりますが、晩夏ごろから葉が黄色くなり始めます。ジャガイモは葉が枯れたころが収穫適期です。品種ごとの収穫適期の目安は下表を参考にしましょう。

　晴天が2〜3日続いたあとに収穫作業をします。

　肥料が多い場合、茎葉の生育が旺盛となり枯れる時期が遅くなります。また、イモの形も悪くなります。

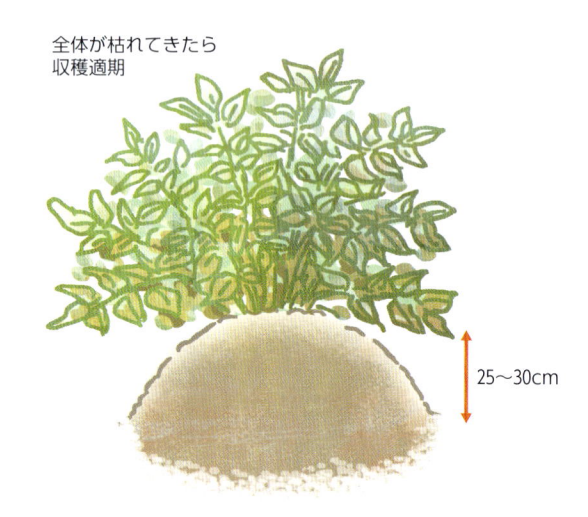

全体が枯れてきたら収穫適期

25〜30cm

ジャガイモの品種別収穫期の目安
（道央圏で5月上旬に植えつけた場合）

	8月	9月	10月
インカのめざめ			
ダンシャク			
キタアカリ			
メークイン			
ホッカイコガネ			

【収穫】

晴天が2〜3日続いたら、土の中のイモを傷つけないように周囲をスコップで軽く持ち上げるように土を動かします。両手で株ごと抜き取り、取り残しがないか土の中を確認して小さなイモもすべて取り出します。

土に水分が多いと収穫しづらいので晴れが続いた日を選びましょう。

【乾燥・保存】

掘り出したばかりのイモを新聞紙やブルーシートに広げて表面を乾かします。ある程度乾いたら畑から出し、暗くて直射日光のあたらない場所で2〜3日乾かし、カゴなどの通気性のいい容器に仮貯蔵します。

3週間ほど経過したら一度チェック。腐ったり皮が緑色に変色しているイモを取り除き、本貯蔵します。温度4〜5℃、湿度90〜95%が理想の貯蔵環境です。リンゴを一緒に入れると芽が出にくくなります。

スコップを差し込み、持ち上げてもOK

株元を持って、株ごと引き抜く

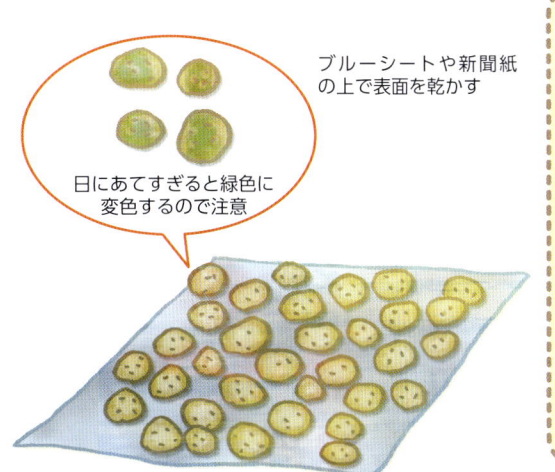

ブルーシートや新聞紙の上で表面を乾かす

日にあてすぎると緑色に変色するので注意

ジャガイモ

Point!

肥料のバランスや量が不適切だと、秋になっても葉が黄変せず枯れないことも。そんなときは、収穫期がきたら掘り出すこと。放っておくと二次生長をして形が悪くなるので注意！

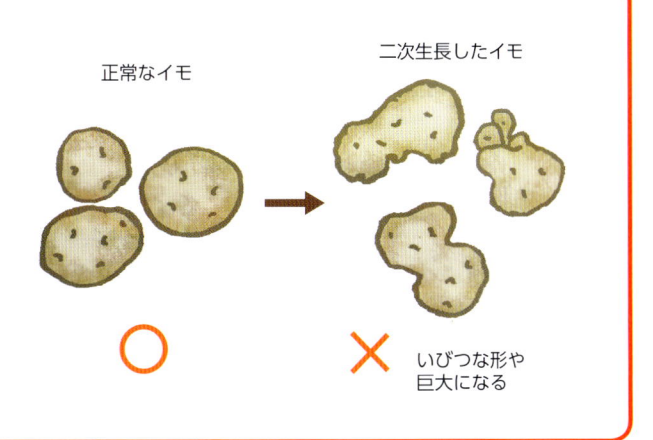

正常なイモ

二次生長したイモ

○

✕　いびつな形や巨大になる

★ ☆ ☆ ☆ ☆

ショウガ

[ショウガ科]

原 産 地… 熱帯アジア・インド周辺

栽培カレンダー

■ 芽出し　■ 植えつけ　■ 収穫

	1月	2月	3月	4月	5月	6月	7月	8月	9月	10月	11月	12月
全道共通				芽出し		植えつけ				収穫		

工夫次第で北海道でも栽培可能

　ショウガは本来、栽培期間を長く確保できる暖地が栽培適地なので北海道では難しいと思われてきましたが、ひと手間かければ北海道でも栽培が可能です。容易ではありませんが、成功すれば絶品の自家製ジンジャーエールを味わえます。スペースに余裕があればチャレンジしてみましょう。

栽培のコツ

植えつけ前に室内でタネショウガを芽出しさせておく。植えつけ後は温度をキープ！

栽培基本データ

土壌酸度 …… pH5.5〜6.0
発芽適温 …… 25〜30℃
病 害 虫 …… 根茎腐敗病、
　　　　　　　ウイルス病、
　　　　　　　アワノメイガ、
　　　　　　　ヨトウムシ

畑の準備

植えつけの2週間前までに化成肥料(8-8-8)80g/m²、過リン酸石灰 90g/m²

ベッド（株間と条間）

高さ 5〜10cm、幅 60cm
株間 25〜30cm、1条植え

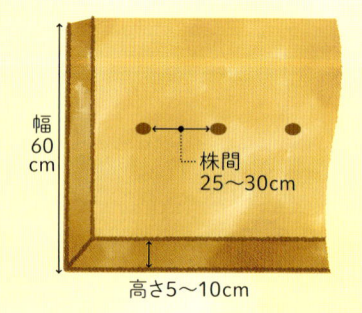

幅60cm

株間25〜30cm

高さ5〜10cm

追肥のポイント

気温が高くなる7月中旬ごろに化成肥料(8-8-8)60g/m²をベッドの肩あたりにまく

① タネの入手

　種苗会社やホームセンターなどでタネ用のショウガ（タネショウガ）を購入します。つやがあり、色がきれいなもの、根が充実したものを選びましょう。

② 芽出し

　ショウガは、地温15℃以下で生育が停止し、13℃を下回ると腐敗が始まる寒さに弱い作物です。さらに、収穫までそれなりの期間が必要なので、北海道では室内で芽出しをし、地温が上がったらすぐに植えつけられるように準備をしておきます。

　芽出しにはひと月ほどかかるので、植えつけ予定日（地温が15℃以上に達するころ）のひと月前から作業を始めましょう。

　室温が20℃以上の場所で、タネショウガを一片あたり100gくらいになるように切り分けてトレーなどに並べ、湿らせた新聞紙で覆います。乾燥しないようにこまめに霧吹きをかけ湿らせておきましょう。

一つ100g程度に切り分ける

乾燥しないようにこまめに霧吹き

芽が出たら植えつけ

20℃以上の場所でトレイに並べ、湿らせた新聞紙で覆う

③ 植えつけ

　6月に入り、地温が15℃以上になってから植えつけます。ベッドをつくったら透明のマルチシートを張り地温を確保しましょう。

　深さ10cmあたりに、しっかり芽が出たタネショウガを植えつけ、土をかけます。植えつけ後も低温から守るためにしばらくはトンネル資材などを利用すると安心です。

　乾燥していると、塊茎*の肥大に影響するので、水やりはこまめに行います。

＊塊茎…地下茎の一部。ごつごつしたかたまり

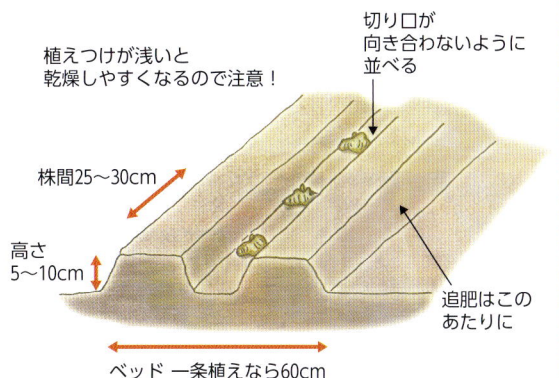

切り口が向き合わないように並べる

植えつけが浅いと乾燥しやすくなるので注意！

株間25〜30cm

高さ5〜10cm

追肥はこのあたりに

ベッド 一条植えなら60cm

トンネル用の支柱をベッドの外側に差し込み、ビニールをかぶせる

ショウガ

Point!

植えつけは地温をしっかり確認してから。安定して15℃以上を確保できるようになるまで待つこと。北海道ではビニールハウス栽培が最適なので家庭菜園でも近い環境を準備しよう

④ 土寄せ・追肥

　一つの株から芽が4〜5本出てきたら株元に厚さ4〜5cmの土をかぶせます。このときに追肥を与えます。

⑤ 収穫

　ショウガはどの段階で食したいのかによって収穫期が変わります（下表を参照）。どの場合も、根元をしっかり握り、まっすぐ上に引き上げて収穫します。地温が13℃以下になると腐敗が始まるので、霜がおりる前に掘りあげましょう。

厚さ4〜5cmの土をかける

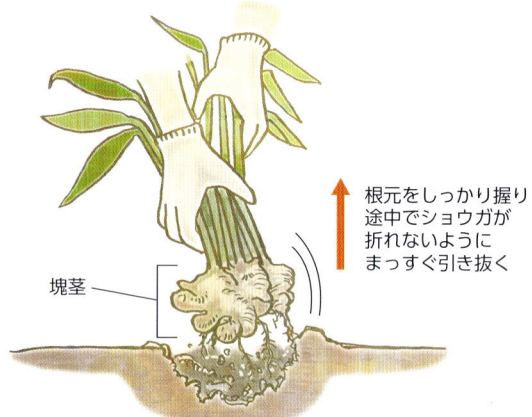

塊茎

根元をしっかり握り途中でショウガが折れないようにまっすぐ引き抜く

みんな同じショウガです

　北海道でもショウガが栽培されるようになり、チャレンジしている人も多いでしょう。ビニールハウスで温度を確保しながら栽培するプロの農家は1株1kg超というビッグサイズで収穫しますが、露地栽培がメインの家庭菜園ではそうはいかないと思います。いっそのこと、筆ショウガとして利用してみるのも一つの手。植えつけが遅くなり、育ち切らないかも…という場合も、葉ショウガや筆ショウガとしてなら利用できそうです。筆ショウガとは、塊茎が大きくなる前に収穫して主に甘酢漬け（はじかみ）として利用する場合のショウガをさします。さらに塊茎が肥大し始めたころに葉つきで収穫した小生姜を葉ショウガとして区別しています。

主な食べ方と収穫期

食べ方	収穫のタイミング
はじかみ（筆ショウガ）	葉が3〜4枚伸びてきて塊茎が肥大する前
葉ショウガ	葉が5〜6枚開いて塊茎が肥大し始めるころ
一般的な根ショウガ	塊茎が十分に肥大する晩秋ごろ

プロがつくると1株1kgを超える大きさに

この状態で収穫したものが「葉しょうが」

葉ショウガよりもさらに小さい「筆ショウガ」。はじかみにして

菜園で出会うかわいらしい花々

野菜畑にいると、野菜たちが見せてくれる様々な姿に日々驚き、感動します。野菜の花を見るのもその一つ。シーズンになると次々と可憐な花を咲かせ、そして出産ラッシュがやってきます。そんな野菜たちの健気な姿を見ていると、収穫のときは感謝の気持ちでいっぱいに。元気に育って、おいしくなってくれて本当にありがとう！

  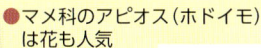

●マメ科のアピオス（ホドイモ）は花も人気

●チャイブ（西洋アサツキ）の花もネギの香りがするのでスープのトッピングに使える

●キク科のアーティチョークは開花前のつぼみを食用にする。開花した姿はゴージャス！

●紫色のソラマメの花

●イチゴは花が大きいと実も大きくなる

●ニラは花びらにも香りがあるのでスープなどに浮かべるのもおすすめ

●ついたばかりのズッキーニの雌花。花の中にチーズなどの詰め物をして実ごと食べる

＊アピオスとアーティチョークは一般的ではないため本書では栽培方法についての紹介はしていませんが、北海道でも育つ作物です。菜園キャリアを積んでぜひ挑戦してみましょう！

Happy birthday!!

花が咲いたあとに顔を出す結実したばかりの実の姿もお見逃しなく。シーズンがくるとキュートな赤ちゃんが続々誕生する出産ラッシュがやってきます。

●インゲン　●オクラ　●ナス

●キュウリ　●ミニトマト　●メロン

次世代にタネをつなぐ──生命力に感動

いつもは食用部分である肥大した葉の一部しか目にすることのないタマネギ。伝統的な品種などはタネを自家採取して翌年の植えつけに使います。タネを取るためには、花を咲かせて結実させなければなりません。普段はあまり見ることのない、開花したタマネギの姿からタネになるまでの姿を見てみましょう。

①花茎が伸びて花が咲く　②花びらは散り、結実する　③実がやがて熟してくる　④タネになる

育てやすさ
★ ★ ★ ☆ ☆

サツマイモ

［ヒルガオ科］

原 産 地 … 中央アメリカ

栽培カレンダー

■ 植えつけ　■ 収穫

	1月	2月	3月	4月	5月	6月	7月	8月	9月	10月	11月	12月
全道共通												

積算温度を記録してみよう！

　北海道でもサツマイモ栽培を楽しむ人が増えてきました。暖かいところの食べ物という印象がありますが、北海道でも十分に栽培が可能。一つ注意点をあげるとすれば、おいしくなる条件の一つが植えつけから収穫までの毎日の平均気温がトータル2400度を超えること。毎日の最低気温と最高気温を記録して積算温度を確かめましょう。

栽培のコツ　つるが旺盛に伸びるので、作業性を考えてレイアウトすることが大切。高さのあるベッドをつくろう

 栽培基本データ

土壌酸度 … pH5.5〜6.0
生育適温 … 30℃
植えつけ時地温 … 18℃以上
病 害 虫 … コガネムシ類、
　　　　　　ハリガネムシ類、
　　　　　　アブラムシ類

追肥のポイント
追肥は不要

畑の準備
植えつけの2週間前までに化成肥料(8-8-8)40g/m²、過リン酸石灰 35g/m²、硫酸カリ 15g/m²

ベッド（株間と条間）
高さ 20〜30cm、幅 50cm
株間 30cm、1条植え

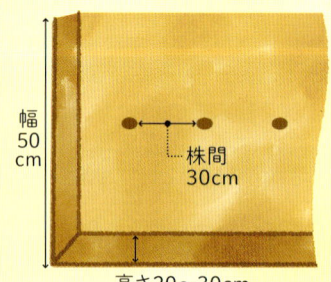

幅50cm
株間30cm
高さ20〜30cm

① 苗の入手

植えつけの適期が近くなると、ホームセンターや種苗店で苗が出回るので入手しましょう。つる苗とポット苗の2種類あります。ポット苗の場合は、葉を4枚ほど残して摘み取ると、残した葉のつけ根からわき芽が伸びるので植えつけ予定の2〜4日前に、先端から7節ほどで摘み取り、つる苗として利用します。

つる苗

できるだけ植えつけの
直前に購入するとよい

② 植えつけ

サツマイモは寒さが苦手なので地温がしっかり上がったのを確認してから植えつけしましょう。地温は18℃以上が必要で、道央圏は6月に入ってから。

箸などの棒を利用して、ベッドの中心に30cm間隔で20cmほどの深さで斜め下に穴をあけます。その穴に苗（つる苗）の切り口を下にして差し込みます。このとき水をたっぷり与えましょう。

斜めの切り口を下に

③ その後の管理

植えつけ後はしっかり雑草取りをしましょう。株元が盛りあがってくるようならイモが顔を出さないように土寄せします。

つるが伸び、ベッドはあっという間につると葉で覆われ、通路まで伸びます。邪魔になるようなら植えつけたベッドの方におさまるように誘引してあげましょう。

④ 収穫・キュアリング

植えつけから4カ月を経過したら収穫期です。株を抜き取り、土の中のイモをすべて掘りおこしましょう。軽く土を落とし、直射日光をさけ風通しのいい場所で2〜3日休ませます（キュアリング）。

切り口がコルク状になったら13〜15℃で1〜2カ月貯蔵すると甘くなり、食べごろです。

掘り残しのないように
ベッド全体を掘りおこす

Point!

収穫後、しっかりキュアリングをすると日持ちする。切り口が乾いたら、1〜2カ月ほど眠らせてデンプンを糖化させないと甘くならないので注意！

サツマイモ

育てやすさ ★★★★☆

ヤーコン

[キク科]

原 産 地 … 南米アンデス山脈東部

栽培カレンダー

凡例：■ 芽出し　■ 植えつけ　■ 収穫

	1月	2月	3月	4月	5月	6月	7月	8月	9月	10月	11月	12月
道央				芽出し		植えつけ				収穫		
道南				芽出し	植えつけ						収穫	
道東・道北					芽出し	植えつけ				収穫		

天然のフラクトオリゴ糖が甘さの秘密

　ヤーコンは甘み成分であるフラクトオリゴ糖を含むやさしい甘みのある根菜です。腸内の善玉菌を増やして腸内環境を整える働きをしてくれる健康野菜。水にさらしてアクを抜き、生食もできます。甘さがあるのできんぴらにしてもおいしいですね。

栽培のコツ

深めに耕して土をふかふかにしておくといいヤーコンが育つ
霜がおりるのを待ってシーズンラストの収穫を楽しもう！

 **栽 培 基 本 デ ー タ**

土壌酸度 … pH5.0〜6.0
生育適温 … 15〜23℃
発芽適温 … 15〜23℃
病 害 虫 … アブラムシ類、
　　　　　　ダニ類など

畑の準備
植えつけの2週間前までに
化成肥料(8-8-8)200g/m²

ベッド（株間と条間）
高さ10cm、幅90cm
株間50cm、1条植え

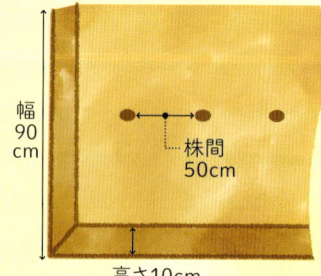

幅90cm
株間50cm
高さ10cm

追肥のポイント
生育が悪ければ、化成肥料(8-8-8)25g/m²をベッドの肩あたりにまく

① 芽出し・苗づくり

シーズンになったらホームセンターなどで苗が販売されるので入手しましょう。自分で苗をつくる場合は、食用になる塊根(かいこん)の付け根に出てくる塊茎(かいけい)を、培養土を入れたビニールポットの深さ1cmほどに置き、土をかけて芽出しをさせます。本葉が4〜5枚になったら畑に植えられます。

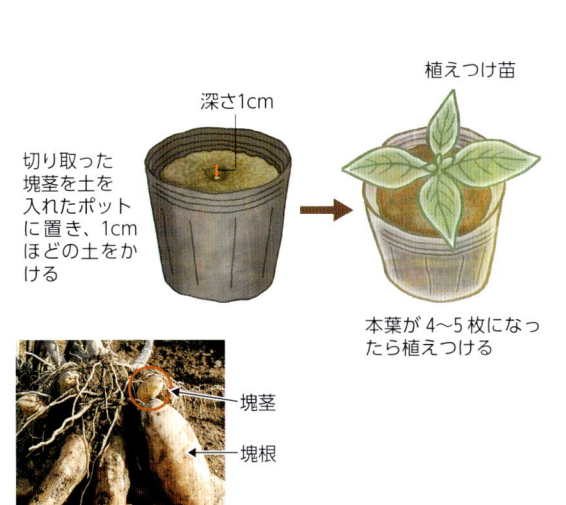

深さ1cm

植えつけ苗

切り取った塊茎を土を入れたポットに置き、1cmほどの土をかける

本葉が4〜5枚になったら植えつける

塊茎

塊根

② 植えつけ

早い時期に植えたい場合はマルチシートを張り地温を上げてからにしましょう。しっかり地温が上がるまで植えつけを待てる場合はマルチシートは必要ありません。

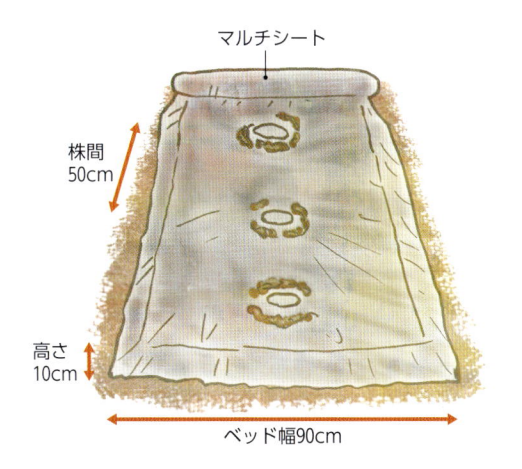

マルチシート

株間50cm

高さ10cm

ベッド幅90cm

③ 収穫

初霜がおり、葉が枯れてきたら収穫期です。葉が完全に枯れるまでイモの部分は肥大しフラクトオリゴ糖も増え続けます。収穫したらビニール袋などに入れ乾燥を防ぎましょう。

葉が完全に枯れるまでじっくり待つ

お茶もおすすめ

ヤーコンの茎葉は、煎じてお茶としても楽しめます。葉が茂り始めたら間引くように葉を摘み、きれいに洗ってから天日干しします。茎は根を収穫するときまで切れないので、収穫の際に葉と同様に茶葉にします。それらを煮出したものがヤーコン茶です。血糖値の上昇をおさえ、中性脂肪が分解しやすくなるなど生活習慣病予防の効果が期待されています。

ヤーコンの茶葉

煮出したお茶

ヤーコン

育てやすさ ★★★☆☆

キャベツ

[アブラナ科]

原 産 地 … ヨーロッパ沿岸・地中海沿岸諸国

栽培カレンダー

		1月	2月	3月	4月	5月	6月	7月	8月	9月	10月	11月	12月
						■タネまき	■植えつけ	■収穫					
道　央													
道　南													
道東・道北													

品種による生育日数の違いを知ろう

　キャベツは初夏から降雪直前まで収穫できる葉野菜ですが、時期によって栽培できる品種は異なります。初夏に収穫する小さくて葉のやわらかいタイプは生育日数が85日程度、漬物用の大きくて葉のかたい札幌大球は130〜150日もかかります。いつ、どんなキャベツの収穫を目指すのか、品種選びが重要です。

栽培のコツ

夏に食べるキャベツは春まき用のタネを、秋〜初冬に食べる場合は夏まき用のタネを使うこと。防虫ネットを正しく使用し、害虫チェックはまめにしよう！

栽 培 基 本 デ ー タ

土壌酸度 … pH6.0〜6.5
生育適温 … 15〜20℃
発芽適温 … 15〜20℃
病 害 虫 … 根こぶ病、軟腐病、黒腐病、アブラムシ類、コナガ、アオムシ、キスジトビハムシ、ヨトウムシ

畑の準備
植えつけの2週間前までに化成肥料(8-8-8)200g/m²

ベッド（株間と条間）
高さ10cm、幅90cm、株間40〜50cm、条間60cm
2条植え

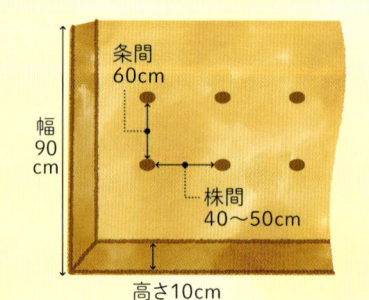

条間
60cm

幅
90
cm

株間
40〜50cm

高さ10cm

追肥のポイント
中心部の葉にピンポン玉ぐらいの結球が始まったら、化成肥料(8-8-8)70g/m²を株間にまく

① 苗づくり・苗選び

【苗づくり】

　苗をつくる場合はビニールポットに培養土を入れて 1cm ほどの深さになるようにタネを置き土をかけます。土が乾かないようにしながら 15〜20℃で管理します。

　本葉が 4 枚ほどになったら畑に植えつけます。

【苗選び】

　販売されている苗を購入してもいいでしょう。

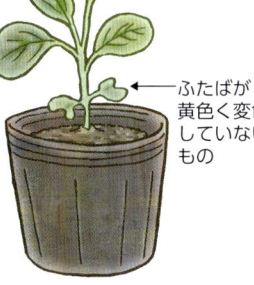

タネの深さ1cm

ふたばが黄色く変色していないもの

苗選びのポイント
①虫食いの跡がない
②節間が間延びしていない
③葉の緑色がしっかり出ている
④ふたばが黄変していない

② 植えつけ・追肥

　本葉が 4〜5 枚になったら、ベッドにビニールポットと同じ大きさの穴を掘ります。根鉢をくずさないようにポットから苗を取り出し穴に植えつけます。植えつけ後は水を静かにたっぷりとあげましょう。

　防虫対策にトンネル資材を使い、ネットを張ります。ネットの裾も隙間なくしっかりと土でおさえましょう。

　中心部が盛り上がってきて結球が始まったら追肥を与えます。防虫ネットをはずし、株間にまきましょう。

札幌大球の場合
株が大きくなるので株間を 100cm とり、90cm 幅のベッドなら 1 条植え

地面と同じ高さに植える →

植えてから水をたっぷり与える

← ネットを張って防虫対策

Point!

害虫対策が成功の秘訣。卵が産みつけられていないか、アオムシがいないか毎回チェックし、見つけたらその場で処分！食欲旺盛なヨトウムシは気温の高い日中は土にもぐるので早朝にチェックを。雑草対策のマルチングも有効

③ 収穫

　品種ごとの生育日数を見て、収穫期が近づいてきたら玉を軽くおしてみます。かたくしまってきて、葉に光沢が出てきたら収穫です。

　収穫後は病気を防ぐため、根を完全に抜き取り畑の外に持ち出し処分しましょう。

ザクッ

球の基部を包丁などで切る

Point!

収穫が遅れると肥大しすぎたり、雨にあたって玉が割れるので注意して

ハクサイ

［アブラナ科］

原産地…中国北部

栽培カレンダー

		1月	2月	3月	4月	5月	6月	7月	8月	9月	10月	11月	12月
道央								タネまき			収穫		
道南								タネまき			収穫		
道東・道北							タネまき			収穫			

■タネまき ■収穫

※畑に直接、タネまきする場合

寒くなるほどおいしくなる

「冬」が旬のハクサイ。寒くなると芯の部分を中心に甘さを感じるようになります。ハクサイは生食もできるうえ、漬物、炒め物、鍋、お浸し、シチューなど料理のバリエーションが豊富です。体内の塩分を排出する働きをするカリウムも多く含まれている健康野菜なのでたくさん収穫できるとうれしいですね。

栽培のコツ　害虫対策が重要。放っておくと穴だらけに。害虫チェックをまめにし、見つけたらその場で処分！ 秋遅く収穫する場合は外葉をしばって寒さ対策をすれば初冬まで大丈夫

栽培基本データ

土壌酸度 … pH6.5～7.0
生育適温 … 20℃前後
発芽適温 … 発芽まで20℃で管理
病害虫 … 根こぶ病、軟腐病、黒斑病、アブラムシ類、コナガ、アオムシ、キスジトビハムシ

☀ 💧 マルチ

畑の準備
植えつけの2週間前までに化成肥料(8-8-8)200g/m²

ベッド（株間と条間）
高さ10cm、幅90cm
株間50cm、条間45～50cm
2条植え

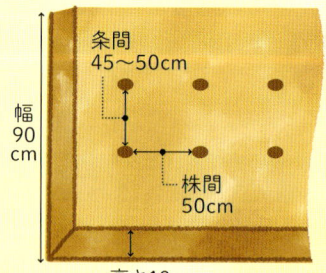

条間 45～50cm
幅 90cm
株間 50cm
高さ10cm

追肥のポイント
中心部の葉にピンポン玉ぐらいの結球が始まったら、化成肥料(8-8-8)75g/m²を株間にまく

① タネまき

　ハクサイの苗はあまり出回らないので直接畑にタネをまきましょう。

　指定の株間と条間を確保して直径7〜8cmほどのくぼみをつくります。1cmの深さに、一つのくぼみにつき5〜6粒まきます。軽く土をかけ手のひらでしっかりおさえ、水を静かにたっぷりと与えましょう。発芽するまで、土が乾かないように注意しましょう。

一つのくぼみに5〜6粒タネをまく

Point!

畑に直接タネをまく場合は、まく時期が7月中旬以降なので、夏まき用品種を選ぶこと

② 防虫ネット張り

　発芽したらトンネル資材を使用して網目が0.8〜1mmのネットをかぶせます。このとき、ネットの裾もしっかりと土の中に埋め、風で飛ばされたり虫が侵入しないようにしましょう。このあとの間引き作業や雑草取りなどもあるので、片側はレンガなどの重石でおさえ、開閉できるように工夫するといいでしょう。

トンネル用の支柱をベッドの外側に差し込み、ネットをかぶせる

③ 間引き・追肥

　発芽後、本葉が2〜3枚になったら一番元気で素直に生長しているものを残し、ほかはすべて抜き取って1カ所1株にします。タネまき後、30〜40日で結球が始まります。

　ピンポン玉くらいになったら株間に追肥用の肥料をまきましょう。

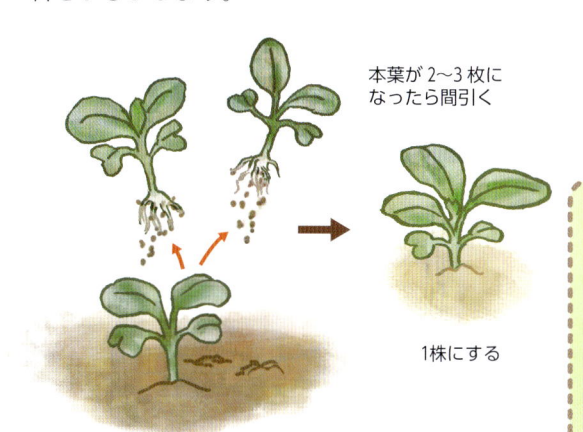

本葉が2〜3枚になったら間引く

1株にする

④ 収穫

　タネ袋に表示されている生育日数に近くなってきたら玉を上から軽くおさえてみましょう。弾力を感じるようになったら収穫期です。

　キャベツ同様、収穫後は根も抜き取り処分しましょう。

外葉をおし下げ球を斜めにおし、株元を包丁などで切り取る

129

育てやすさ
★★★☆☆

レタス ［キク科］

原 産 地 … 中国・インドから地中海沿岸

栽培カレンダー

		1月	2月	3月	4月	5月	6月	7月	8月	9月	10月	11月	12月
道 央													
道 南													
道東・道北													

■ タネまき（セルトレイの場合）　■ 植えつけ　■ 収穫

酷暑に弱く、涼しい環境でよく育つ

　20℃以上で長く育てると形が悪くなったりとう立ちしやすくなる暑さが苦手な野菜。北海道の涼しさが栽培には適しています。新鮮なレタスは切り口から白い乳状の液がしみ出してきます。これはラクチュコピクリンと呼ばれるポリフェノールの一種。安息効果が得られることでも知られていますが、食べすぎると睡眠を誘うこともあるようなのでほどほどに。

栽培のコツ
苦み成分のあるキク科の植物なので害虫被害は意外に少ない。キャベツと交互に植えると害虫忌避にも効果的という事例もあるが生育期間や追肥に差があるので注意して

栽 培 基 本 デ ー タ

土壌酸度 … pH6.2～6.8
生育適温 … 15～20℃
発芽適温 … 15～20℃
病 害 虫 … 軟腐病

畑の準備
植えつけの2週間前までに
化成肥料（8-8-8）150g/m²

ベッド（株間と条間）
高さ10cm、幅90cm
株間30～40cm、条間30cm
3条植え

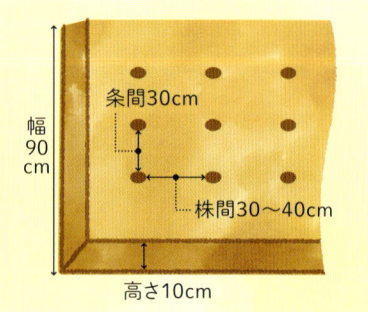

条間30cm
幅90cm
株間30～40cm
高さ10cm

追肥のポイント
追肥は不要

① 苗づくり

ビニールポットやセルトレイなどにタネをまき、苗を育ててから植えつけると栽培が容易です。

一つのセルの穴が2〜3cmのセルトレイを用意して培養土で覆います。底穴からしみ出してくるまで水やりをしましょう。土が落ち着いたら2〜3粒ずつタネを落とします。発芽後に間引きをして1本にしましょう。レタスのタネは光に反応して発芽が促進されるので、タネを落としたあとはごく薄く土をかける程度にします。

本葉が3〜4枚になるまで15〜20℃の環境で管理しましょう。

セルトレイで1穴に2〜3粒まく
（コート種子なら1粒）

ふたばが開いたら、1穴に1本になるように間引く

発芽までは涼しい場所に置き、新聞紙をかけておく

Point!

セルトレイは卵のパックなどでも代用可能。キリなどで底に穴をあけるとよい

② 植えつけ

タネまき後30日程度で本葉が3〜4枚になります。準備を整えた畑に植えつけましょう。

セルトレイの底から棒状のもの（割りばしなど）で静かにおし上げて苗を出します。植えつける場所に穴をあけ、苗を置きます。

本葉3〜4枚になったら、畑に植えつけ

下穴から棒でおすとはずしやすい

植えたあとは指で周囲の土を寄せておさえるように固めます。すべての苗を植えつけたら水をたっぷり与えましょう。

キュッ

ベッドの土に指で穴をあける

周囲の土を寄せてしっかりおさえる

Point!

レタスは暑さが苦手なので地温を高めるためのマルチシートは不要。ただし、白やシルバーのマルチシートは地温の上昇をある程度おさえられるので、真夏には効果的

レ
タ
ス

③ 収穫

品種にもよりますが、一般的な玉レタス（結球するタイプ）の場合は植えつけ後、2カ月ほどで収穫期です。手で上からおさえて弾力が出てきたら収穫しましょう。株元に包丁を入れてスパッと切ります。

根も抜き取り畑の外に持ち出して処分しましょう。

結球の下に包丁を入れて切る

切ったときに白い汁が出るので、ぬらしたティッシュなどでふき取る

ホウレンソウ

［アカザ科／ヒユ科 APGiii］

原 産 地 … 中央アジア

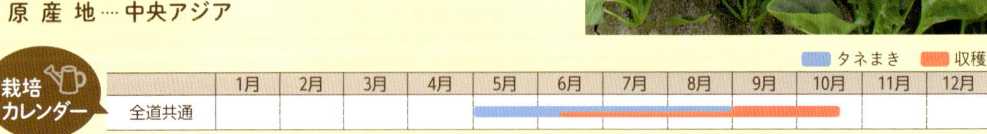

栽培カレンダー		1月	2月	3月	4月	5月	6月	7月	8月	9月	10月	11月	12月
	全道共通												

■ タネまき　■ 収穫

ほんのり赤く染まる根元が格別

　ホウレンソウは1年中出回りますが、最もおいしくなるのは寒い季節です。寒さにも比較的強いので、トンネル資材を利用して不織布などで覆えば霜がおりるころまで栽培できます。真夏はさけて、晩秋から初冬にかけて収穫できるようにタネをまいてみましょう。ミズナなどほかの葉野菜の後作にも最適です。

栽培のコツ

暑さに弱く25℃以上が続くと発芽率が低下し生育も悪くなるため、夏をさけて栽培するのが無難。日の長さに応じてとう立ちが始まるので、春まき品種と夏まき品種を間違えないように

 栽培基本データ

土壌酸度 … pH6.0～6.5
生育適温 … 15～20℃
発芽適温 … 15～20℃
病害虫 … いちょう病、立枯病、ホウレンソウケナガコナダニ

追肥のポイント
追肥は不要

畑の準備
植えつけの2週間前までに化成肥料(8-8-8)110g/m²、過リン酸石灰 35g/m²

ベッド(株間と条間)
高さ 5～10cm、幅 90cm
株間 7～10cm、条間 30cm
3条植え

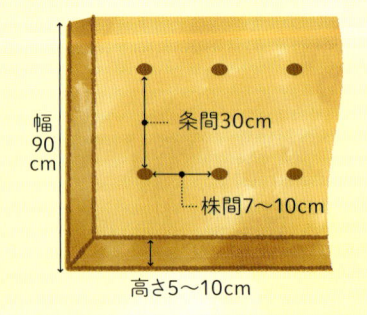

幅90cm
条間30cm
株間7～10cm
高さ5～10cm

① タネまき

　ベッドをつくったら指定の条間を確保して深さ1cmくらいのスジをつくり、タネをまきます。できるだけ重ならないようにまきましょう。タネをまき終えたら軽く土をかけて手のひらでしっかりおさえ、水をやさしくたっぷり与えます。発芽が揃うまで土の乾燥に注意しましょう。

7〜10cm

根元がぐらつくようなら、
生長点をかくさないように土寄せする

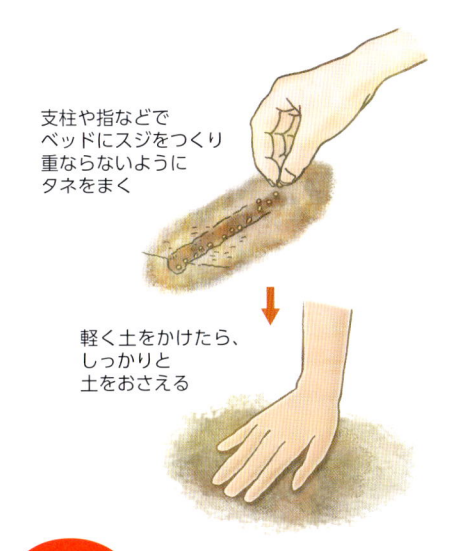

支柱や指などで
ベッドにスジをつくり
重ならないように
タネをまく

軽く土をかけたら、
しっかりと
土をおさえる

Point!

しっかりぬらしたキッチンペーパーなどにタネを置いておくと一日ほどで白い根が見えてくる。畑にまくときはこの状態のものを使うと発芽が揃いやすい

② 間引き・雑草取り

　発芽が揃い、本葉が3〜4枚になるまでに何回かに分けて間引きます。最終の株間が7〜10cmになるようにします。素直に伸び元気のいいものを残し、細く間延びしたような苗を抜きましょう。

　残した株の根元に軽く土を寄せ、倒れないようにします。

　間引きの際には雑草も取りましょう。根元の周辺の土を動かすだけでも、雑草が根づくのを防ぐことができます。

③ 収穫

　草丈が20〜25cmになったら収穫です。株元の土の中にハサミの先を入れ、根元を2cmほど残してカットしましょう。

手で抜くと、茎が折れてしまうので注意

Point!

葉野菜(特にホウレンソウ)は、朝よりも夕方の方が水分が抜けて養分の濃度が高くなるので、夕方に収穫したものの方が栄養価が高い

おいしいコツ
ホウレンソウは、根の赤い部分が一番甘くておいしいところ。根もよく洗って食べましょう

気をつけて！
ホウレンソウのアクの成分シュウ酸は、大量に摂取すると体内のカルシウムと結合して結石になる場合も。シュウ酸は水に溶け出すので、下茹でなどの下処理を忘れずに

ホウレンソウ

育てやすさ ★★★★☆

シュンギク

[キク科]

原 産 地 …地中海沿岸

栽培カレンダー

■ タネまき　■ 収穫

	1月	2月	3月	4月	5月	6月	7月	8月	9月	10月	11月	12月
道 央					■■■	■■■■■■	■■■■	■■■	■■■■			
道 南				■■■■	■■■■	■■■■	■■■	■■■	■■			
道東・道北					■■■	■■■■	■■■	■■■				

貧血や骨粗しょう症予防にも！

　100g あたりのβカロテン含有量がカボチャより多い栄養価の高い葉野菜です。特にカルシウムは牛乳以上、そのほかのミネラル類も豊富で、骨粗しょう症などの予防に効果的です。香りの成分はペリルアルデヒド。せき止めや胃腸を健康に保つ効果があります。

栽培のコツ

> 収穫のとき、株ごと抜き取る「抜き取り式」と、育った葉だけを順次収穫し長く楽しめる「摘み取り式」がある。間引き後の株間が違うので注意しよう

栽 培 基 本 デ ー タ

土壌酸度 …… pH6.5
生育適温 …… 15〜20℃
発芽適温 …… 15〜20℃
病 害 虫 …… 炭疽病、べと病、
　　　　　　アブラムシ類、
　　　　　　ナモグリバエ、
　　　　　　ヨトウムシ

畑の準備

植えつけの 2 週間前までに
化成肥料(8-8-8)190g/m²

ベッド(株間と条間)

高さ 5〜10cm、幅 90cm
株間 5〜20cm、条間 20cm
4 条植え

幅90cm

条間20cm

株間5〜20cm

高さ5〜10cm

追肥のポイント

摘み取り式のみ追肥。摘み取るときに、化成肥料(8-8-8)40g/m² を株間にまく

① タネまき

　畑の準備が整ったら、タネをまきます。条間を20cm確保し、深さ1cmのスジをつくります。指先や適当な大きさの板などを使うといいでしょう。そのスジにタネを落とし、薄く土をかけたらやさしく水をたっぷり与えます。発芽するまで土の乾燥には十分注意しましょう。

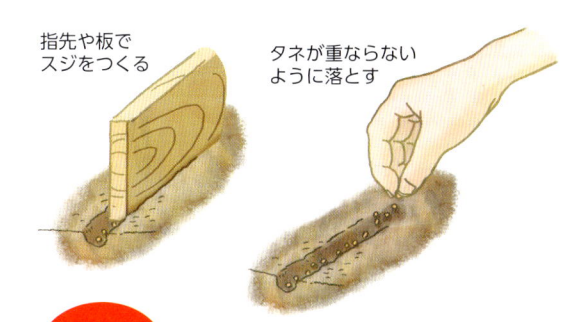

指先や板で
スジをつくる

タネが重ならない
ように落とす

Point!

発芽が確認できるまで土を乾かさないように注意！　毎日確認できない場合は、稲わらを使うなど乾燥を防ぐ工夫を

② 間引き

　発芽したら、本葉が2~3枚になるまでの間に間引きます。株ごと収穫する「抜き取り式」は、最終株間を5cmに、株は抜き取らず複数回収穫する「摘み取り式」は、最終株間を20cmにしましょう。

株間に注意！　抜き取り式…5cm
　　　　　　　摘み取り式…20cm

③ 収穫

　抜き取り式は草丈が20〜30cmになったら、株ごと抜き取り収穫します。摘み取り式は草丈が25cmほどになったら、下から数えて4節を残し、その上の主枝をカットして使います。残した節から新しいわき芽が伸びるので、収穫できるサイズになったら、それぞれ下から2節残し、繰り返し摘み取りましょう。最初の摘み取り時に追肥を与えると長く収穫できます。

〈摘み取り式の場合〉

主枝
4節残して上を摘み取る

1次分枝
分枝が収穫できる長さになったら2節残して摘み取る

2次分枝
2節残したところからさらに分枝が出るので順次摘み取る

シュンギク

育てやすさ
★★★★☆

コマツナ
ミズナ

［アブラナ科］

コマツナ　　　　ミズナ

原産地…日本

栽培カレンダー

		1月	2月	3月	4月	5月	6月	7月	8月	9月	10月	11月	12月
全道共通													

■ タネまき　■ 収穫

数少ない日本原産の葉野菜

　アブラナ科の葉野菜は中国原産でその後各地にひろがり、その土地で独自の変化をたどったとされています。コマツナやミズナもその一つ。コマツナは現在の東京、ミズナは京都が原産地です。ミズナにそっくりで葉が丸い壬生菜も関西が原産で今も伝統野菜の一つとして栽培されています。

栽培のコツ
栽培期間が比較的短く、オクラやソラマメなどの後作に最適。気をつけたいのは害虫による食害。トンネル資材を使い防虫ネットで守ってあげよう

栽培基本データ

土壌酸度 … pH5.5〜6.5
生育適温 … 15〜25℃
発芽適温 … コマツナ 15〜35℃
　　　　　　ミズナ 15〜30℃
病害虫 … 根こぶ病、コナガ、
　　　　　キスジトビハムシ、
　　　　　ハモグリバエ類

追肥のポイント
追肥は不要

畑の準備
植えつけの2週間前までにコマツナは化成肥料(8-8-8)150g/m²、ミズナは化成肥料(8-8-8)110g/m²

ベッド（株間と条間）
高さ 5〜10cm、幅 90cm
株間 5cm、条間 30cm
3条植え

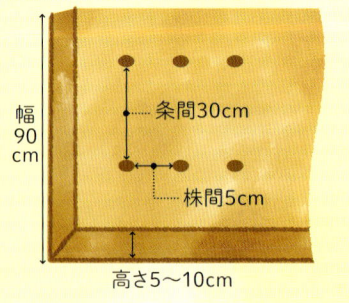

条間30cm
株間5cm
幅90cm
高さ5〜10cm

① タネまき

　畑の準備が整ったらタネをまきます。指や支柱などで深さ1cmほどの溝をつくり、タネを落とします。タネが小さいので二つに折ったハガキなどの厚紙を使ってできるだけ重ならないように落としていきましょう。まき終えたら土をかぶせて手のひらでおさえます。やさしく、しっかり水をあげましょう。

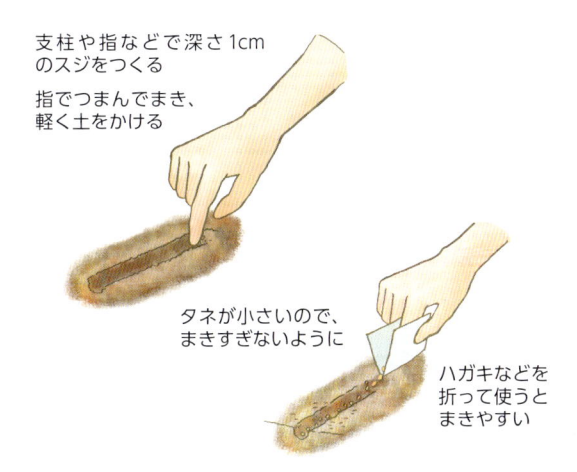

支柱や指などで深さ1cmのスジをつくる

指でつまんでまき、軽く土をかける

タネが小さいので、まきすぎないように

ハガキなどを折って使うとまきやすい

② 防虫ネット張り

　防虫対策にはトンネル資材が便利です。網目0.8mmのネットがいいです。雑草取りや間引きなど収穫までの管理作業があるのでネットの両端は土に埋めず、レンガや材木などでおさえましょう。

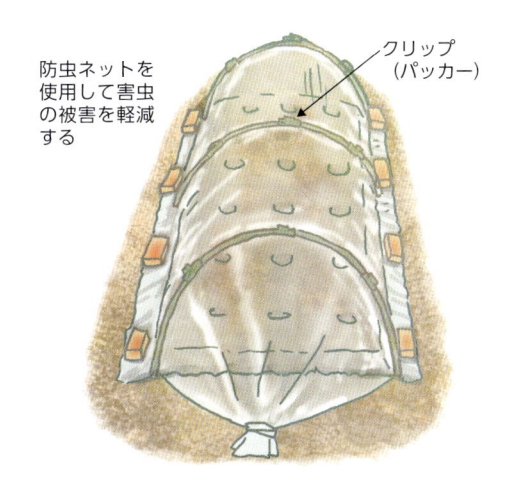

防虫ネットを使用して害虫の被害を軽減する

クリップ（パッカー）

③ 間引き・収穫

　発芽後、本葉が2枚ほどになったら間引き作業を始めます。最終的に本葉が4枚になるころまでに株間を5cmほどにしましょう。間引き作業の際に雑草が根づかないように中耕します。

　コマツナは草丈が15〜20cm、ミズナは30〜40cmほどに育ったら収穫です。土の中にハサミの先をもぐらせて、茎がバラバラにならないように根の部分を少し残してカットしましょう。

本葉が2枚になったら、株間が5cmになるよう間引く

5cm間隔

根元がぐらつくようなら、軽く土寄せをする。
ミズナを大きな株に育てたい場合は、株間を10〜15cmにする

ハサミでカット

引き抜いてもOK

Point!

　ミズナは、セルトレイにタネをまいてひと月ほど育てたものを植えつけると、畑での栽培期間が一カ月弱と短くなるので畑の有効活用になる。

　例えば、夏野菜を9月中旬ごろまで楽しみ、その間にセルトレイで育てておいた苗を9月下旬に畑に植えつける、といったスケジュールでも間に合う

コマツナ・ミズナ

育てやすさ ★★★★☆

チンゲンサイ

［アブラナ科］

原 産 地 …… 中国華北〜華中

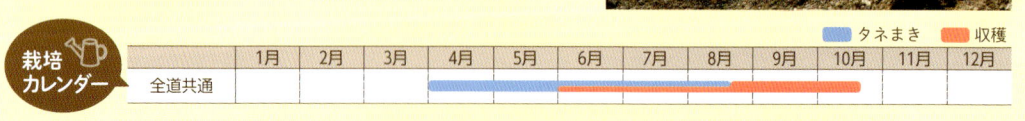

栽培カレンダー

		1月	2月	3月	4月	5月	6月	7月	8月	9月	10月	11月	12月
	全道共通				■タネまき		■収穫						

中国野菜に挑戦してみよう！

チンゲンサイはコマツナやハクサイと近縁種で、中国で独自の変化をとげて今の形になりました。中国野菜というだけで難しそうですが、栽培はコマツナやハクサイとほぼ同じ。意外と上手に仕上がるので、ぜひチャレンジしてみましょう。

栽培のコツ

アブラナ科の葉野菜は、葉がやわらかくて虫も大好き。防虫対策はしっかりと！
草丈はあまり伸びないので、不織布で覆うべたがけをすると生育も早くなりおすすめ

 栽培基本データ

土壌酸度 …… pH5.5〜6.5
生育適温 …… 15〜25℃
発芽適温 …… 20〜25℃
病 害 虫 …… 根こぶ病、軟腐病、コナガ、アオムシ、ヨトウムシ

畑の準備
植えつけの2週間前までに
化成肥料(8-8-8)190g/m²

ベッド（株間と条間）
高さ10cm、幅90cm
株間15〜20cm、条間20cm
5条植え

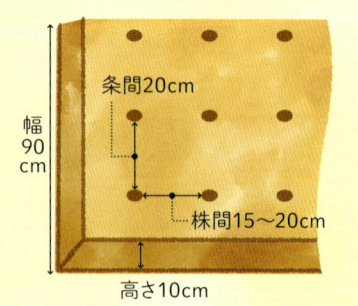

条間20cm
幅90cm
株間15〜20cm
高さ10cm

追肥のポイント
追肥は不要

① タネまき・苗づくり

　セルトレイなどで1カ月ほど苗を育ててから畑に植えつけましょう。植えつけ後、トンネル資材や不織布で保温します。

　発芽温度が高めなので、畑に直接タネをまく場合は6月に入ってからがいいでしょう。

　直まきする場合は、コマツナ同様（P137）にスジまき、もしくはハクサイ同様（P129）に点まきをします。点まきの場合は株間を15cm確保するなど注意しましょう。

点まきの場合

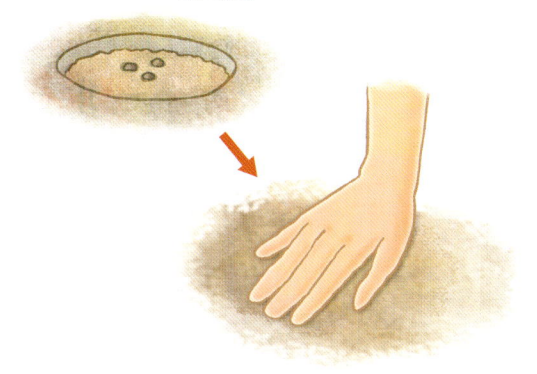

一つの穴に3粒ずつまき、軽く土をかけて手のひらでおさえる

Point!

タネまき後、一定期間低温にあたってしまうと、とう立ちしやすくなるので、セルトレイの苗が小さいうちは室内管理が無難。畑に直接タネをまく場合は6月以降にしよう

② 防虫ネット張り・間引き

　発芽が揃ったら（もしくは苗を植えつけたら）、防虫対策をします。トンネル資材を使用し網目0.8mmの防虫ネットを張るか、不織布のべたがけもいいでしょう。草丈がそれほど大きくなく、ほかの葉野菜と比べると葉が太くて丈夫なので、べたがけでも葉が折れる心配はありません。

　発芽が揃い、本葉が1〜2枚になったら株間15〜20cmに間引きます。

防虫対策にネットを張る

本葉が1〜2枚になったら間引く

③ 収穫

　タネまき後、順調に育てば50〜60日で草丈が15〜20cmぐらいになります。株元の直径が4〜5cmになりふくらんできたら株ごと引き抜き、根元を包丁やハサミなどでカットします。

　草丈7〜8cmぐらいでミニチンゲンサイとして収穫しても食べられます。この時期は虫の害にあいにくく、やわらかいので生食もできます。

株ごと引き抜く　　ハサミなどの刃物で根を切る

チンゲンサイ

長ネギ 葉ネギ

[ユリ科／ネギ科 APGiii]

原産地……中国西南部

栽培カレンダー

長ネギ　　植えつけ ■　収穫 ■

	1月	2月	3月	4月	5月	6月	7月	8月	9月	10月	11月	12月
道央				植えつけ				収穫				
道南				植えつけ				収穫				
道東・道北				植えつけ				収穫				

葉ネギ　　タネまき ■　収穫 ■

	1月	2月	3月	4月	5月	6月	7月	8月	9月	10月	11月	12月
全道共通				タネまき			収穫					

※葉ネギは好みの大きさで収穫

ビギナーには葉ネギがおすすめ！

　長ネギは軟白に仕立てるのが少々大変ですが、寒さにあたる晩秋から初冬にかけて収穫したものは加熱すると甘みが増し、とろりとした食感が季節を感じる味わいです。

　葉ネギはタネまきから2カ月ほどで収穫適期とされていますが、小さいうちは薬味としても使えるので、こまめに収穫をして生長の過程を味わえるのも楽しいです。

> **栽培のコツ**
> 長ネギは通路の土を使って土寄せを繰り返すので隣の畝との間隔（通路）を広めにとろう。
> 葉ネギはタネまき後、苗を植え替えずに収穫まで育てるのでまめな草取りを心がけて！

栽培基本データ

土壌酸度……pH6.0〜6.5
生育適温……10〜20℃
発芽適温……15〜25℃
病害虫……サビ病、黒斑病、ネギアザミウマ

畑の準備
植えつけの2週間前までに化成肥料(8-8-8)130g/m²、過リン酸石灰 65g/m²

ベッド（株間と条間）
長ネギ（植えつけ用）—
　高さ10cm、幅30cm
　株間5cm、1条植え
葉ネギ—高さ5〜10cm、幅15cm
　株間1cm、1条植え

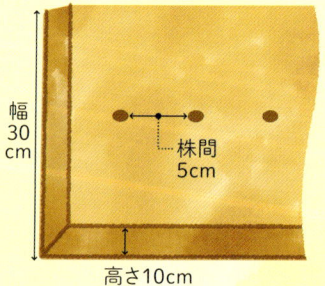
※長ネギ（植えつけ用）の場合
幅30cm　株間5cm　高さ10cm

追肥のポイント
長ネギのみ—植えつけから約50日後の1回目の土寄せ時に、化成肥料(8-8-8)40g/m²を寄せた土の上にまく。その後2回目の土寄せ時に同量をまく

① タネまき（葉ネギ）

畑の準備が整ったらタネをまきます。ベッドの中心部に深さ2cmほどのスジをつけ、タネを1cm間隔で落とします。土をかけ、たっぷりと水を与えましょう。葉ネギはその場所で収穫まで育てます。☞ ❺収穫へ

1cm間隔で1粒ずつタネをまく

② 苗選び・植えつけ（長ネギ）

【苗選び】

長ネギは育苗に2カ月以上かかるので、ホームセンターや種苗店で苗を購入するのがおすすめです。葉が元気で茎が太く、根がしっかり伸びているものを選びましょう。

葉が元気で茎が太い苗

【植えつけ】

畑の準備を整えたら中心線に深さ15cmの溝を掘り、2本を1束にして株間が5cmになるように植えつけ、立てかけるように置きます。このときはまだ溝に土を埋め戻さず、そのままにしておきます。

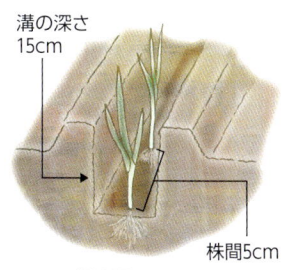

溝の深さ15cm

株間5cm

埋め戻さない

③ 埋め戻し（長ネギ）

葉の生長をみながら2回に分けて溝に土を埋め戻します。太さが5mmほどになったら葉の分岐部分までを埋め（1回目の埋め戻し）、さらにその分岐部分が地際まで伸びてきたら溝を全部埋め戻します（2回目）。

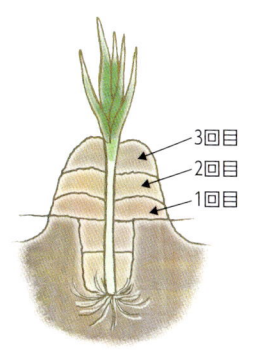

2回目

1回目

④ 土寄せ（長ネギ）・追肥

植えつけから50日後に一度追肥をします。その後、葉の分岐部分が5〜7cm伸びたら、通路の土を葉の分岐の下まで寄せます。さらに伸びてきたら再度、土寄せをし、このときに2回目の追肥をします。土寄せはその後もう1回、計3回行います。

3回目
2回目
1回目

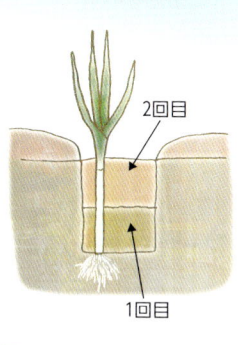

長ネギ・葉ネギ

⑤ 収穫

長ネギは、余裕があれば、収穫日の3週間前までに葉の分岐部分がかくれるまで最後の土寄せをするのが理想ですが、家庭菜園では経験に応じて可能な範囲で挑戦しましょう。太さが2cmほどになったら収穫（抜き取り）です。

葉ネギは、好みの大きさになった時点でいつでも収穫できます。

ネギは株ごと抜き取る

Point!

長ネギのポイントは土寄せ。数回、通路の土を寄せて遮光すると軟白になる。寄せる土を確保するため、通路の幅をしっかりとろう（60cm以上は必要）

タマネギ

［ユリ科／ヒガンバナ科 APGiii］

原産地… 中央アジア

栽培カレンダー

■ 植えつけ　■ 収穫

	1月	2月	3月	4月	5月	6月	7月	8月	9月	10月	11月	12月
道　央				植えつけ				収穫				
道　南				植えつけ				収穫				
道東・道北				植えつけ				収穫				

台所に常備したい野菜ナンバーワン！

　根菜と思われがちなタマネギですが、葉（茎）の一部が肥大した部分を食用とするので「葉茎菜」類です。球の下から根が出るので根菜類ではないこともわかりますね。北海道は栽培適地なので、土づくりさえ間違えなければ家庭菜園でもそれほど手間はかかりません。ただし、春に未熟な堆肥を使うとタネバエの被害にあうことがあるので、発酵が進み完熟した堆肥を使いましょう。

栽培のコツ　植えつけは地温が 8℃以上になってから。一般的にはベッドをつくらなくてもよいが、水はけが悪い場所は 5 ～ 10cm の高さのベッドをつくると安心

 栽培基本データ

土壌酸度 … pH6.3～6.7
生育適温 … 12～20℃
発芽適温 … 15～20℃
病害虫 … タマネギバエ、
　　　　　べと病、乾腐病、
　　　　　白斑葉枯病

畑の準備
植えつけの 2 週間前までに
化成肥料（8-8-8）200g/m²、
過リン酸石灰 170g/m²

ベッド（株間と条間）
幅 90cm、株間 10～12cm
条間 30cm、3 条植え

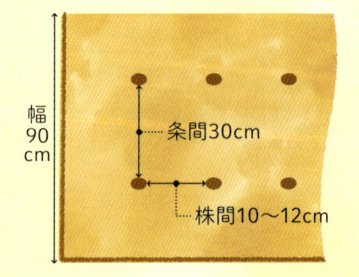

幅90cm
条間30cm
株間10～12cm

追肥のポイント
追肥は不要

① 苗選び

シーズンになるとホームセンターや種苗店で苗が販売されるので購入しましょう。ポット苗ではなく、葉ネギのようなものが束になっています。太くて葉がしっかりしていて根がいきいきとしているものを選びましょう。

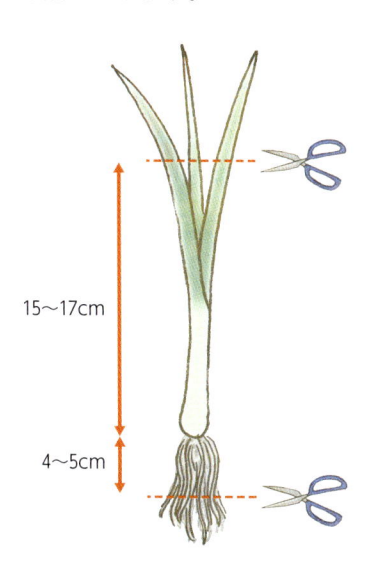

15〜17cm

4〜5cm

苗を購入したら、株元から15〜17cm残して葉の上部を切り、根は4〜5cm残して切ります。

苗選びのポイント
① 1本（一つの株）から葉が3枚伸びている
② 根の数が10本以上ある
③ 苗の太い部分の直径が4〜5mm

② 植えつけ

畑の準備が整ったら、苗を植えつけます。指や支柱などを使い、深さ3cmほどの植え穴を10cm間隔であけます。穴に苗を1本ずつ植えますが、根の先が土の上に出ないように注意しましょう。

植えつけ後、乾燥が続くと生育に影響するので雨が降らない場合は時々水を与えましょう。

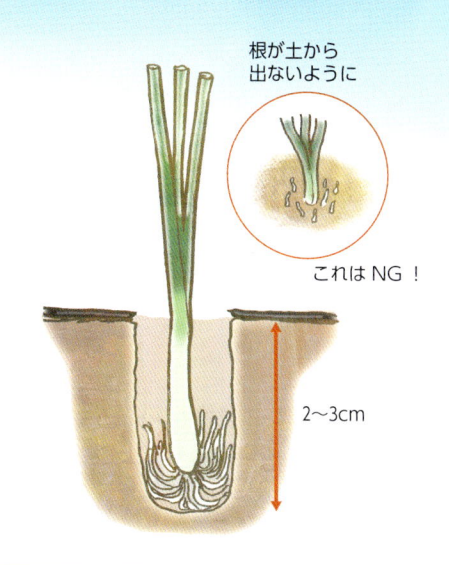

根が土から
出ないように

これはNG！

2〜3cm

③ 収穫

植えつけ後は定期的に雑草を取りましょう。7月上旬ごろから球の肥大が始まり、その後ひと月ほどで葉が倒れ始めますが、倒れた後も光合成をして養分を球に送り続けています。倒れてもそのままにしておきましょう。

やがて葉が完全に枯れ、その後収穫します。葉ごと持ち上げて抜き、頭頂部の葉や根を切り風通しのいいところで乾燥させましょう。

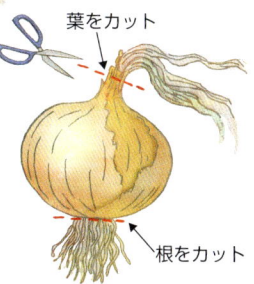

葉をカット

根をカット

Point!

長期保存する場合は、収穫後に乾燥させ、腐ったり傷んだものを除いてダンボールに入れ、できるだけ0℃に近くて湿度が高い（65〜70％が理想）場所に置く

タマネギ

育てやすさ ★★★☆☆

ニ　ラ ［ユリ科／ネギ科 APGiii］

原 産 地 … 中国西部

栽培カレンダー

凡例：タネまき　植えつけ　収穫

	1月	2月	3月	4月	5月	6月	7月	8月	9月	10月	11月	12月
道　央				タネまき	収穫		植えつけ					
道　南				タネまき	収穫		植えつけ					
道東・道北					タネまき　収穫		植えつけ					

※収穫は翌年以降

一度植えつけると数年収穫できる

　多年草のニラは、北海道でも越冬し数年収穫できます。病害虫に悩まされることも少ないので、畑や庭の片隅に植えておくといいでしょう。花芽が上がってくると葉がかたくなるので収穫は終了です。白い可憐な花は花びらもニラの香りがします。また、先端につぼみがついた花茎は花ニラとして中華料理などで使われます。

栽培のコツ

タネまきから始めると、1年目は収穫せずに翌年春から収穫を開始。北海道の露地栽培では、春に収穫し、夏から秋にかけて翌年のために根を充実させて冬を越すことが大事

栽 培 基 本 デ ー タ

土づくり P58

土壌酸度 … pH6.0〜6.5
生育適温 … 20℃前後
発芽適温 … 20℃
病 害 虫 … 白斑葉枯病、
　　　　　ネギアザミウマ、
　　　　　ネギアブラムシ

畑の準備（植えつけの年）
植えつけの2週間前までに化成肥料(8-8-8)130g/m²、過リン酸石灰 170g/m²

ベッド（株間と条間）
高さ5〜10cm、幅15cm
株間20cm、1条植え

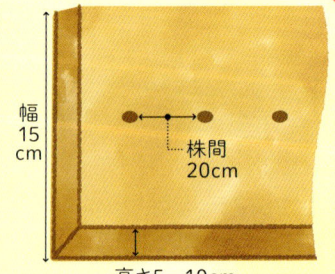

幅15cm　株間20cm　高さ5〜10cm

追肥のポイント（1年目）
植えつけから1カ月後に、化成肥料(8-8-8)100g/m²、さらにその1カ月後に同量を株間にまく

① 苗づくり（タネまき）

　育苗用のベッドをつくります。中心部に支柱などで深さ1cm弱のスジをつくり、1cm間隔でタネを落とします。土をかぶせたらたっぷりと水を与え、発芽まで乾燥しないように管理します。葉が5～6枚になるまで育てましょう。

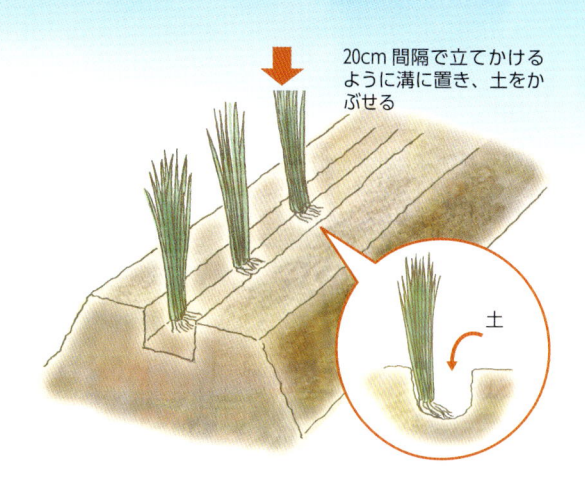

20cm間隔で立てかけるように溝に置き、土をかぶせる

土

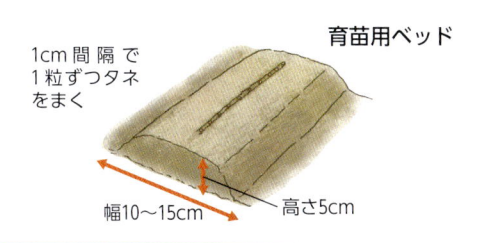

育苗用ベッド

1cm間隔で1粒ずつタネをまく

幅10～15cm　高さ5cm

② 植えつけ

　苗が移植できるサイズになるまでタネまきから約4カ月かかります。植えつける日を決めたら畑の準備をしましょう。

　植えつけの日、ベッドの中心線に深さ15cmの溝を掘ります。育苗用のベッドで1本あたり葉が5～6枚になったら根を傷めないように慎重に掘りおこします。5～6本を束ねて植えつけ用のベッドの溝に立てかけるように置き、土をかぶせます。

葉が5～6枚になったら堀りおこす

5～6本束ねる

③ 収穫・追肥

　収穫は春です。雪がとけて畑に入れるようになったら古い葉などをきれいに片づけて追肥をします。草丈が25cmくらいになったら収穫です。株元を地際から1～2cm残して刈り取ります。5月上旬から6月中旬までの間に2～3回に分けて収穫しましょう。

　最初の収穫の年は、収穫後に1回、さらに8月と9月に1回ずつ、化成肥料(8-8-8)100g/m² を株間にばらまき、そのまま冬を越します。2年目以降は、雪どけ後に元肥として化成肥料(8-8-8)100g/m² を与えます。追肥として最初の収穫後に1回、さらに7月上旬、8月上旬に1回ずつ75g/m² を株間にばらまきます。

地際を1～2cm残して刈り取る

Point!

数年収穫できるが、全体的に葉が細くなり貧弱になってきたら植え替えの合図（目安は4～5年）。植えつける場所を変えよう

ニンニク

[ユリ科／ヒガンバナ科 APGiii]

原 産 地……中央アジアという説が有力

栽培カレンダー		1月	2月	3月	4月	5月	6月	7月	8月	9月	10月	11月	12月
	全道共通							収穫		植えつけ			

植えつけ ■ 収穫

※収穫は翌年

ニンニクは芽も楽しめる

　ニンニクは越冬させ翌年の夏に収穫するので、植える場所を慎重に選ぶことが大切です。春先に畑全体を機械で耕すような場所には不向きです。また、6月の花茎の摘み取りの際に取り除く「ニンニクの芽」は炒め物などに使いましょう。

　コンテナ栽培もできるので、畑のない人でもベランダで育てられます。

栽培のコツ　タネ球は大きい球のニンニクを選ぼう。市販のウィルスフリーのタネが安心。黒いマルチシートを使い地温を上げて安定させると大きい球ができる！

栽培基本データ

土壌酸度……pH6.0〜6.5
生育適温……15〜20℃
球の発育適温……20℃
病 害 虫……ウイルス病、
　　　　　　チューリップサビ
　　　　　　ダニ

マルチ

畑の準備
植えつけの2週間前までに
化成肥料(8-8-8)130g/m²、
過リン酸石灰 85g/m²

ベッド（株間と条間）
高さ10cm、幅90cm
株間15cm、条間30cm
3条植え

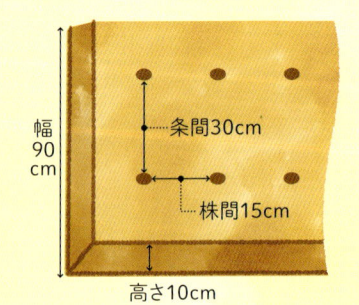

幅90cm
条間30cm
株間15cm
高さ10cm

追肥のポイント
雪どけ後、化成肥料(8-8-8)100g/m² を株間にまく

① タネ球選び

タネにするニンニクを選びます。北海道在来種や寒地系六片種などから球全体が大きくそれぞれの片の大きさが揃っているもの選びましょう。鱗片をばらしてタネ球にします。病気の跡や変色、傷みがないかしっかり確認しましょう。

皮がついたままの鱗片を1片ずつ分ける

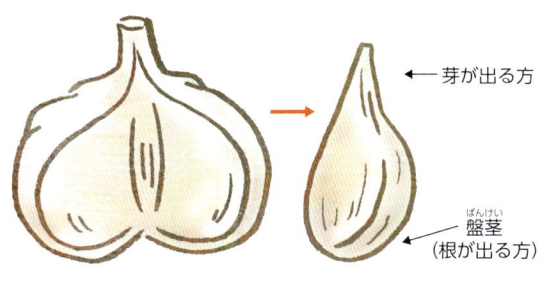

→ 芽が出る方

盤茎（ばんけい）
（根が出る方）

② 植えつけ

ニンニクは9月に入ってから翌年用のタネを植え、そのまま越冬し翌年の7月に収穫します。冬をまたいで使用するのが無理な場所（シーズン契約の貸農園など）では栽培できないので注意してください。

準備の整ったベッドに15cm間隔で指や支柱などを使って深さ6〜7cmの植え穴をあけます。タネ球は皮をむかず芽が出る方を上にしてまっすぐ植えつけます。すべて植え終わったら土をかぶせて軽くおさえます。

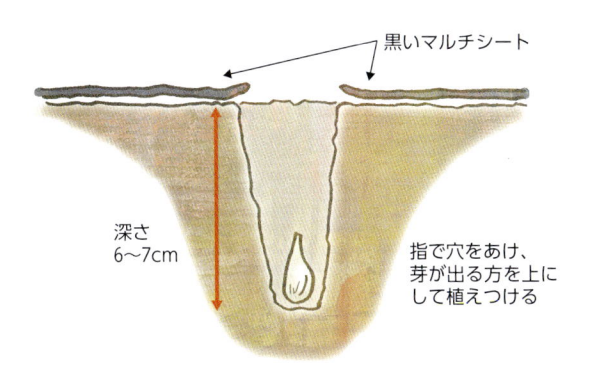

黒いマルチシート

深さ
6〜7cm

指で穴をあけ、
芽が出る方を上に
して植えつける

③ 春の追肥・芽かき

9月に植えつけたあとはそのまま冬をむかえ、雪の下で越冬させます。春に雪がとけて畑に入れるようになったら、前年の枯れた葉や雑草などをきれいに片づけます。このときに株間に追肥を与えます。新芽が伸び始めますが、一つの穴から芽が複数出ている場合は小さいうちに芽かきをします。指先で株元を掘り、密着している部分を静かに引きはがしましょう。

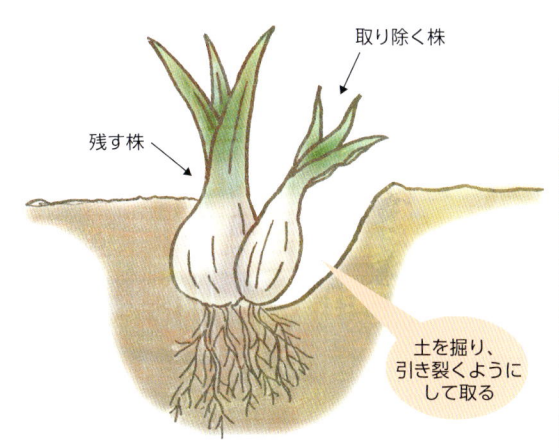

取り除く株

残す株

土を掘り、
引き裂くように
して取る

1株から二つ以上の芽が出てきたら、
状態のいいものを一つ残し、残りは取り除く

追肥の与え方

ニンニクに限らず、すでにマルチシートを張っているベッドで、株間に追肥を与える場合があります。そんなときは、スコップやカッターでシートを少し破り、穴をあけて追肥をまきます。化成肥料なら施肥直後に水やりをしましょう。

④ 花茎摘み

6月に入ると株の先端部分からつぼみが伸びてきます。放っておくと花（タネ）に栄養を取られてしまい球が太らないので、やわらかいうちに摘み取りましょう。摘み取った花茎はニンニクの芽として食べられます。

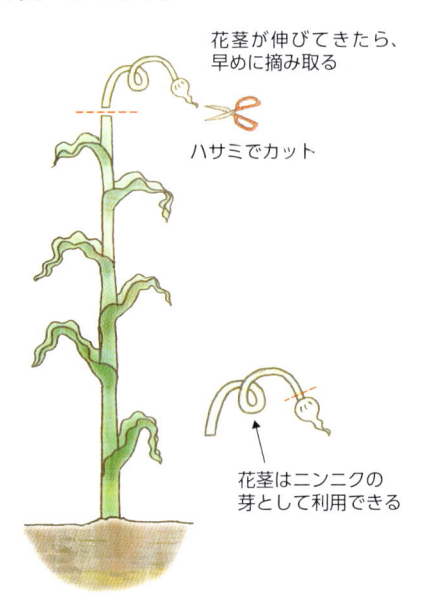

花茎が伸びてきたら、早めに摘み取る

ハサミでカット

花茎はニンニクの芽として利用できる

⑤ 収穫

花茎を摘んでからひと月ほどで葉が黄色く変色してきます。これが収穫の目安です。どれか一つ試し掘りをしてみましょう。球の底部が平らになっていたら収穫適期です。底部がまだ丸いようならもう少し育てます。逆に張りすぎて根の中心部分がへこんできているものは生長しすぎです。収穫後は軽く土を拭いてその場で数時間乾燥させます。

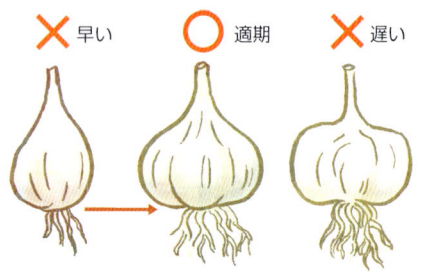

✕ 早い　　◯ 適期　　✕ 遅い

底部が平らになったら適期　　へこんでいるようなら遅い

⑥ 乾燥・保存

表面の土が乾いたら根を切り落とします。何株かまとめてしばって束をつくり、土がついたまま風通しのいい場所に吊るして自然乾燥させましょう。40〜50日で一般的な青果売り場で見かけるような皮が乾燥した状態に仕上がります。

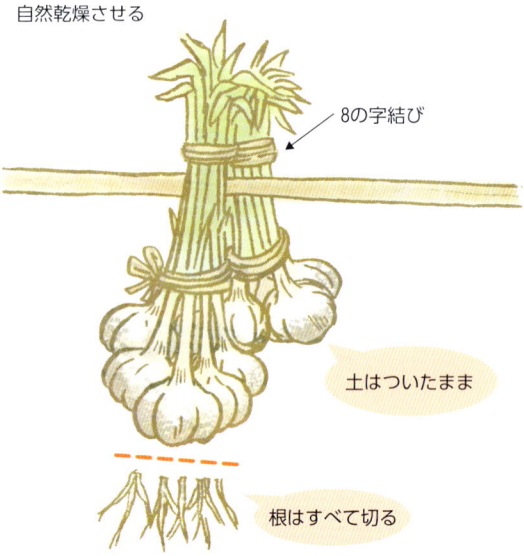

5〜6株ずつ束ねて風通しのいい場所に吊るし、自然乾燥させる

8の字結び

土はついたまま

根はすべて切る

Point!

春先、すくすく育てるためにマルチングがおすすめ。冬の間にシートが破れたり、雑草取りや追肥の作業が困難になる場合ははずしても OK

Let's TRY ♪
鉢植えに植えてみよう !!

　ニンニクはコンテナ（植木鉢など）でも栽培できます。

　深さ30cm以上ある容器に堆肥を入れ、その上に野菜用の培養土を重ねて畑での栽培同様タネ球を植えつけます。基本的な管理は畑での栽培とかわりません。ベランダなど外で越冬させ春に追肥をします。

　土の量（堆肥の量も）に限りがあるので、イラストのような鉢ならタネは1球がいいでしょう。多く植えてしまうと栄養を分けあってしまい、どの株も大きくなりません。

注意！

土の容量が少ないため肥料切れをおこしやすいので注意して。植えつけ時や春先に肥料を多めに与えよう

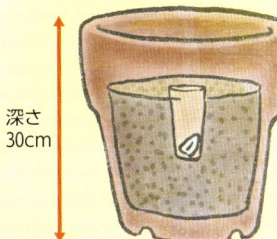

5cmほどあける

深さ30cm

深さ30cm以上の鉢で、野菜用の培養土を使用

副産物もごちそう

　ニンニクを栽培する楽しみの一つが、6月にぐんぐん伸びてくる花芽（花茎）です。

　茎の先にはつぼみがつき、花を咲かせる前に摘み取ってしまうのですが、このとき芽を長めにカットして食用にします。「ニンニクの芽」としてスーパーなどで輸入品が売られていますが、それはニンニクの芽用につくられた品種で、球根を収穫するためのニンニクの芽とは異なります。1株に対して花芽は1本しか伸びないので、本当のニンニクの芽はとても貴重な食材なのです。

　栽培経験のある人はご存知の通り、ニンニクの花芽はくるくるとスクリュー状に伸びるため、まっすぐにはなりません。この芽を3〜4cmにカットして、ニンニクのスライスと一緒に油で炒めます。味つけは塩コショウだけでもおいしいのですが、仕上げに鍋肌に醤油やオイスターソースを少々たらすと香ばしさが増します。晩酌のお供にもおすすめです。

　ニンニクを栽培したら、ぜひこの芽も使いましょう。年に一度のごちそうです。

1株から1本しか取れないニンニクの芽

ラッキョウ

[ユリ科／ネギ科 APGiii]

原産地…中国

栽培カレンダー		1月	2月	3月	4月	5月	6月	7月	8月	9月	10月	11月	12月
	全道共通							収穫	植えつけ				

植えつけ ■ 収穫 ■

※収穫は翌年

植える場所は畑や庭の片隅に

　冬を越して栽培するラッキョウ。それほど場所もとらないので菜園の片隅に植えましょう。産地は鳥取県などの砂丘地が有名ですが、北海道でも比較的容易に栽培できます。自分で育てたラッキョウでつくる甘酢漬けはやみつきになるおいしさ。根菜類と思われがちですが、肥大した葉の一部を食用とするのでタマネギやニンニク同様、葉野菜の仲間です。

栽培のコツ　植えつけ後は雑草に負けないように草取りにはげもう。葉の分岐点の下が常に土に埋まっているように、雑草取りのときは土寄せも欠かさずに

栽培基本データ

土壌酸度 … pH6.0〜6.5
生育適温 … 18〜22℃
病害虫 … ネダニ、
　　　　　アザミウマ類、
　　　　　ウイルス病

畑の準備
植えつけの2週間前までに
化成肥料(8-8-8)120g/m²、
過リン酸石灰 60g/m²

ベッド（株間と条間）
高さ5〜10cm、幅60cm
株間10cm、1条植え

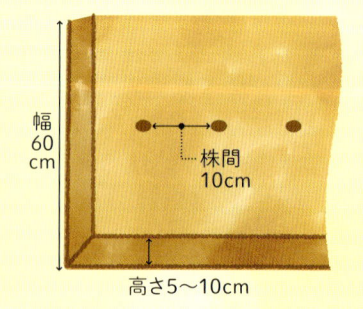

幅60cm
株間10cm
高さ5〜10cm

追肥のポイント
春に芽が伸びてきたら、化成肥料(8-8-8)60g/m²を株間にまく

① タネ球選び

　栽培1年目は、お盆すぎぐらいにホームセンターや種苗店などでタネ球が販売されるので入手しましょう。2年目以降は収穫したラッキョウのなかからいいものをタネにします。育てたもののなかから選ぶときは、重さが7〜10gほどで、白くてかたくしまっているもの、病害虫の痕跡がないものを選びましょう。

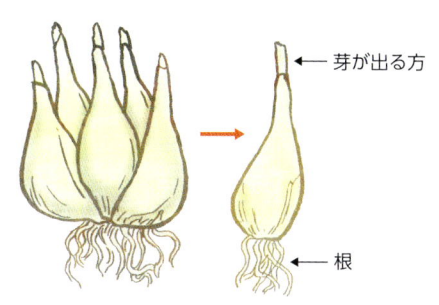

芽が出る方 →

← 根

球根を1球ずつばらして枯れ葉を取り除く

② 植えつけ

　8月下旬になったら植えつけます。畑の準備を整えたら、ベッドの中心線に10cm間隔で深さ6〜7cmの植えつけ用の穴をあけます。ばらした球根を芽が出る方を上に向け、球根の上3cmの厚みになるように土をかけましょう。

芽が出る方を上にして穴に入れ、3cmほどの厚さで土をかける

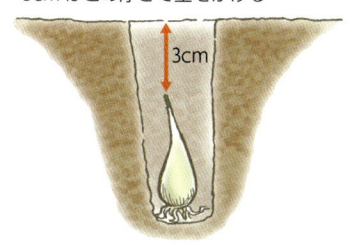

3cm

③ 土寄せ

　植えつけ後は雑草に負けないようにこまめに中耕・草取りを繰り返します。その際、葉の分岐点を埋めないように注意し、株元が常に土で埋まっているように土寄せをします。肥大する部分が光にあたって緑色になるのを防ぎ白く仕上げるためです。

葉の分岐点

生長に合わせて葉の分岐点が埋まらないよう何度か土寄せする

④ 追肥・収穫

　そのまま冬を越し、春に畑に入れるようになったら古い葉を片づけてきれいにしましょう。新芽が出てきたら追肥をし、❸の要領で草取りと土寄せを繰り返します。

　7月下旬ごろ葉が枯れ始めたら収穫です。

球根を傷つけないように掘りおこす

⑤ 翌年用のタネの確保

　翌年用のタネ球は、7月下旬の晴れた日に収穫し、根と葉を切り落とします。当日の作業が終わるまで畑で乾かし、その後は日陰で1カ月ほど保存し、8月下旬に植えつけます。

Point!

収穫期にすべての株を収穫し、そのなかから翌年用のタネ球を確保する。風通しのいい涼しい日陰で紙袋などにいれて1カ月ほど休ませる

ラッキョウ

ブロッコリー カリフラワー

[アブラナ科]

原産地…ヨーロッパ沿岸・地中海沿岸

ブロッコリー　　カリフラワー

栽培カレンダー

	1月	2月	3月	4月	5月	6月	7月	8月	9月	10月	11月	12月
道央												
道南												
道東・道北												

■タネまき　■植えつけ　■収穫

※ブロッコリーのタネまきと植えつけは、それぞれひと月ほど遅くても大丈夫

花蕾を食べる野菜たち

　野生のケールから変異して誕生したブロッコリー。そのブロッコリーのなかから白いものの選抜を続けて生まれたのがカリフラワーといわれています。私たちが食べているのは開花前の花蕾(からい)とよばれるつぼみの部分。また、ブロッコリーのスプラウト(発芽直後の新芽)には抗がん作用があるとされ、スプラウト専用のタネも見かけるようになりました。

栽培のコツ

ブロッコリーもカリフラワーもアブラナ科なので害虫被害に要注意。不織布をべたがけするか、トンネル資材を使い防虫ネットを張って備えよう

栽培基本データ

土壌酸度…pH5.5〜6.5
生育適温…18〜20℃
発芽適温…18〜25℃
病害虫…軟腐病、花蕾腐敗病、アブラムシ類、コナガ、ヨトウムシ、アオムシ

畑の準備

植えつけの2週間前までに、ブロッコリーは化成肥料(8-8-8)50g/m²、過リン酸石灰 55g/m²。カリフラワーは化成肥料(8-8-8)125g/m²、過リン酸石灰 25g/m²

ベッド(株間と条間)

高さ 10cm、幅 90cm
株間 40〜50cm
条間 40〜50cm、千鳥植え

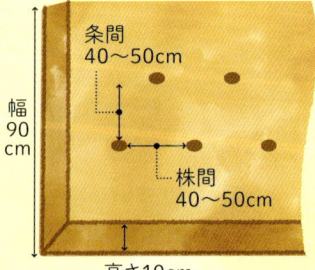

条間 40〜50cm
幅 90cm
株間 40〜50cm
高さ10cm

追肥のポイント

植えつけ後、中心部に花蕾が見え始めたら、ブロッコリーは化成肥料(8-8-8)125g/m²、カリフラワーは100g/m²を株間にまく

① 苗選び・苗づくり

ブロッコリー、カリフラワーともに、4 月下旬ごろにホームセンターなどで苗が販売されるので入手しましょう。タネまきから挑戦する場合はレタスと同様です。 P131

苗選びのポイント
①本葉が 5〜6 枚
②虫や病気の跡がない

葉がいきいきとして、
虫食いの跡がないもの

② 防虫対策・追肥

畑の準備が整ったら、株間を確保するために幅 90cm のベッドなら千鳥植えがいいでしょう。トンネル資材を使い、網目 0.8mm の防虫ネットを張ります。

中心部に食用になるつぼみ（花蕾_{からい}）が見え始めたら、追肥を与えましょう。

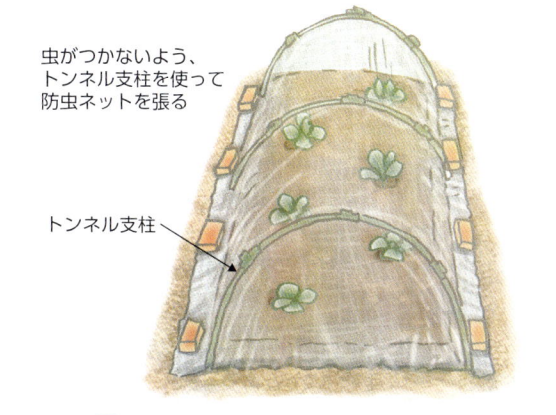

虫がつかないよう、
トンネル支柱を使って
防虫ネットを張る

トンネル支柱

③ 収穫

ブロッコリーは、花蕾の直径が 10cm 以上に生長したら収穫します。花蕾のつけ根の下 5〜6cm のあたりをカットします。収穫後に追肥を与えると、残った茎のわき目から小さな花蕾（側花蕾）ができます。これも食べられます。

カリフラワーは、花蕾が女性の握りこぶしぐらいになったら花蕾周辺の外葉を 5〜6 枚持ちあげてゆるくひもでしばり、花蕾が日光にあたらないようにすると白く仕上がります。花蕾が 10cm 以上になったら収穫しましょう。

ブロッコリー

手のひら大（10cm ほど）
になったら収穫どき

花蕾

包丁などで
切り取る

収穫後に追肥をすると
わきから出てくる側花蕾も食べられる

側花蕾

カリフラワー

防虫対策もかねて
外葉ごとしばる

Point!

暑さが苦手なので、生育期間に 25℃以上の高温が続くと変形や病気を発症する。生育期間が盛夏にあたらないようにした方が無難（植えつけは 6 月末までが理想）

育てやすさ
★★☆☆☆

セロリ（セルリー）[セリ科]

原産地⋯⋯ヨーロッパからインド、西アジア

栽培カレンダー		1月	2月	3月	4月	5月	6月	7月	8月	9月	10月	11月	12月

凡例：■ タネまき　■ 植えつけ　■ 収穫

	1月	2月	3月	4月	5月	6月	7月	8月	9月	10月	11月	12月
道央			タネまき		植えつけ		収穫					
道南			タネまき		植えつけ	収穫						
道東・道北			タネまき		植えつけ			収穫				

軟白栽培ができれば一人前！

　セロリは好き嫌いが大きく分かれる野菜。どちらも理由は独特の香りと食感のようです。小売価格が高い野菜なので好きな人は栽培するのがおすすめですが、自分で育ててみると価格が高い理由がよくわかります。栽培期間が長く、食用になる茎を白くやわらかく仕立てるのが思いのほか難しいからです。上手に育てられたら一人前！ ぜひ挑戦してみましょう。

栽培のコツ
　自分でタネをまいて育苗する場合は3月に入ったら始めよう。5月を過ぎると時間切れ。栽培期間が長いので肥料はトマトの倍以上と多めに与えることが大事

栽培基本データ

土づくり☞ P58

土壌酸度⋯⋯pH5.6〜6.8
生育適温⋯⋯15〜22℃
発芽適温⋯⋯18〜22℃
病害虫⋯⋯軟腐病、アブラムシ類、ヨトウムシ、ナメクジ類

畑の準備
植えつけの2週間前までに化成肥料(8-8-8)380g/m²

ベッド（株間と条間）
高さ10cm、幅90cm
株間40cm、条間40cm
2条植え

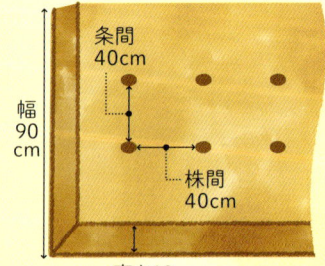

条間40cm
幅90cm
株間40cm
高さ10cm

追肥のポイント
植えつけから20日後に1回目、さらに3週間後に2回目、さらに3週間後に3回目を追肥（計3回）。それぞれ化成肥料(8-8-8)80g/m²を株間にまく

① 苗づくり

9〜12cm のポットに野菜用の培養土を入れ、タネを 10 粒ほどまいたらごく薄く土をかぶせます。タネが流れ出ないように霧吹きなどでたっぷりと水を与えます。発芽するまで土が乾かないように注意しましょう。

光を感じて発芽するので、ぬれた新聞紙などで覆うのは NG。もしも発芽やその後の育苗に失敗したら、市販の苗を探してみましょう。

② 間引き

ポットの本葉が 2〜3 枚になったら間引きを始めます。葉と葉が触れ合うと上にヒョロヒョロと伸び、しっかりした苗になりません。葉が触れ合わないように間引きます。本葉が 6〜7 枚になるまでに 1 ポット 1 本にします。タネまきから植えつけまでの育苗期間が 2 カ月以上かかるので、根気よく世話をしましょう。

タネを 10 粒ほどつまんで中心付近にまき、薄く土をかける

極小なのでまきすぎないように

直径9〜12cmのポット

タネが流れないように霧吹きで、たっぷりと水を与える

本葉が 2〜3 枚になったら葉が触れ合わないように間引く

本葉 6〜7 枚ごろまでに1 本にする

Point!

軟白したセロリに挑戦するときは、黄芯タイプの品種を選ぶこと。育苗期間は気温（室温）が 15℃以下にならないように要注意

セロリ

③ 植えつけ

セロリは肥料が大好き。堆肥はたくさん、野菜用の肥料もトマトの倍くらい与えます。乾燥に弱いので黒いマルチシートを張りましょう。なければ敷きわらなどでもいいです。

本葉が7～8枚になったら根鉢をくずさないように植えつけます。その後は土が乾燥しないように水やりをこまめにしましょう。

根鉢をくずさないようポットから取り出し浅く植えつける

水を欠かさない

黒いマルチシートか敷きわらを使う

高さ10cm

条間40cm

株間40cm

ベッド幅90cm

Point!

セロリは肥料と水が大好きなので、こまめに水をあげよう

④ 芽かき・追肥

植えつけ後、根がしっかり回り生育が進むと、株元からわき芽が伸びてきます。栄養が分散されて育ちが悪くなるので、わき芽が5～6cmのうちに取り除きます。切り口から雑菌が入らないように、晴れた日に行いましょう。

植えつけ後も定期的に追肥をします。植えつけた日から20日目に1回目、以後3週間に1度の割合で計3回与えましょう。

わき芽が出てきたら早めに取り除く

わき芽も食べられる

Point!

カットしたわき芽も食べられる！

コンテナ栽培もOK！スープセロリをつくろう

サラダやスープのトッピングにぴったりのスープセロリ（キンサイ）は栽培期間が比較的短く、リーフ感覚で育てられるのでビギナーにもおすすめです。

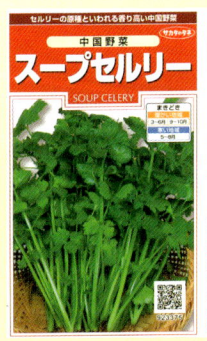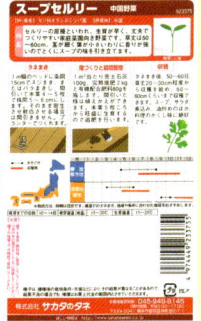

写真提供：サカタのタネ

⑤ 軟白仕立て

露地で栽培すると茎も鮮やかなグリーンのセロリができます。食感もかためです。ワイルドな風味でおいしいのですが、白くやわらかいセロリを育てたい場合は植えつけ後にひと手間かけましょう。

株がある程度大きくなってきたら茎に日光があたらないように新聞紙などで囲います。風通しが悪くなるので病気のリスクは高まりますが、うまくいけば白くてやわらかく仕上がるでしょう。

軟白にしたい場合は、光をあてないように新聞紙で包むとやわらかめに仕上がる

⑥ 収穫

植えつけから約 2 カ月、タネまきから約 150 日で収穫期です。この間、病気や害虫にも耐え収穫できるサイズにまで育てば大成功です。

根元をカマで切り株ごと収穫するのが一般的ですが、外側から順次少しずつ収穫しても OK。ただし、切り口から雑菌が入り病気がつくこともあるので注意しましょう。

霜がおりる前に収穫
（タネまきから 150 日が目安）

根元をカマなどで切り取る

Point!

雑菌が切り口につかないように、清潔な刃物を使おう

セ
ロ
リ

栽培の Point!

● 畑の準備
タネまきの 2 週間前までには、苦土石灰 100g/m²、完熟堆肥 2kg/m²、化成肥料(8-8-8) 80g/m² を目安にすきこみ、土づくりをしておく

● タネまき・間引き
条間 15cm でスジまきし、土はごく薄くかける。乾燥に気をつけて発芽させ、本葉 4〜5 枚になったら株間 5cm に間引く。このときに一度目の追肥を与える

● 収穫
タネまきから約 50 日、草丈 30cm を超えたら、地際を 3〜4cm 残して刈り取る。追肥を与えるともう一度収穫できる

育てやすさ ★★★★☆

アスパラガス

［ユリ科／クサスギカズラ科 APG ⅲ］

原 産 地…南ヨーロッパからロシア南部

栽培カレンダー

■ タネまき　■ 植えつけ　■ 収穫

	1月	2月	3月	4月	5月	6月	7月	8月	9月	10月	11月	12月
道 央				■タネまき	■植えつけ ■収穫							
道 南			■タネまき		■植えつけ ■収穫							
道東・道北				■タネまき	■植えつけ ■収穫							

※収穫は3年目以降

毎年収穫できる春のごちそう

　アスパラガスは一度苗を植えつけると 10 年ほど収穫し続けられる永年作物です。収穫期にはとれたてを味わえるのがうれしいですね。ただし、新芽を食用とするアスパラガスは生長がとても速いので、収穫期には毎日収穫するのが理想。離れた所にある畑よりも、庭など自宅周辺に植えるのがおすすめです。

栽培のコツ　土の高さより深さ 5〜10cm に植えつけること。収穫は 3 年目から。以降は翌年の収穫に備えて指定の収穫日数を厳守すること

栽 培 基 本 デ ー タ

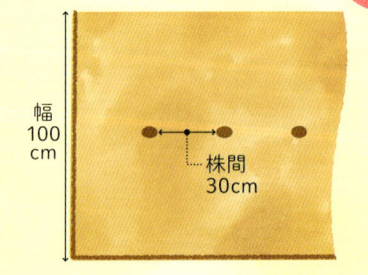

土づくり P58

土壌酸度 … pH6.0〜7.0
生育適温 … 15〜20℃
発芽適温 … 25〜30℃
病 害 虫 … 斑点病、茎枯病、
ジュウジホシクビ
ナガハムシ

畑の準備
植えつけの 2 週間前までに化成肥料(8-8-8)125g/㎡、過リン酸石灰 55g/㎡

ベッド（株間と条間）
幅 100cm、株間 30cm
1 条植え

幅100cm
株間30cm

追肥のポイント（2 年目）
毎年春の収穫前に、化成肥料(8-8-8)65g/㎡。収穫後に堆肥 2kg/㎡、化成肥料(8-8-8)190g/㎡ を株間にまく

アスパラはタネをまいて育苗し、苗を植えつける方法（①）と、根株を購入して植えつける方法（②）があります。

① 苗づくり ➡ 植えつけ

【苗づくり】

タネから育てる場合は4月中旬に直径9cmのビニールポットに培養土を入れ、タネを1粒落として土をかぶせ、水やりをして発芽させます。発芽後2〜3カ月はポットで育てます。この間、保温と湿度を維持しましょう。

タネは1粒だけ

植えつけ苗に育つまで2〜3カ月かかる

【植えつけ】

畑の準備が整ったら1年目だけ黒のマルチシートを張ります。ポットの深さプラス5〜10cmの植え穴を掘り、ポットをはずしイラストのように植えつけます。

植えつけ後に茎数が多くなってきたら、土を埋め戻します。株元から5〜10cmの茎葉は土の中に埋まった状態になります。

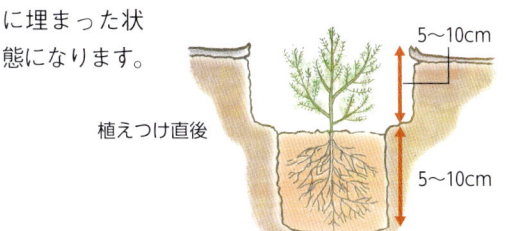

植えつけ直後

5〜10cm

5〜10cm

Point!

収穫後はふさふさの葉が背丈ほど伸びるので、考慮して広めに植えつけよう

② 苗（根株）選び ➡ 植えつけ

【苗（根株）選び】

シーズンになるとホームセンターや種苗店で根株が販売されます。栽培予定の株数が少ない場合は根株を購入して育てるといいでしょう。根株は、畑で1〜2年育てた後に掘りおこしたものです。モップのように根がたくさん伸びていて、株元に芽（鱗芽）が出ています。

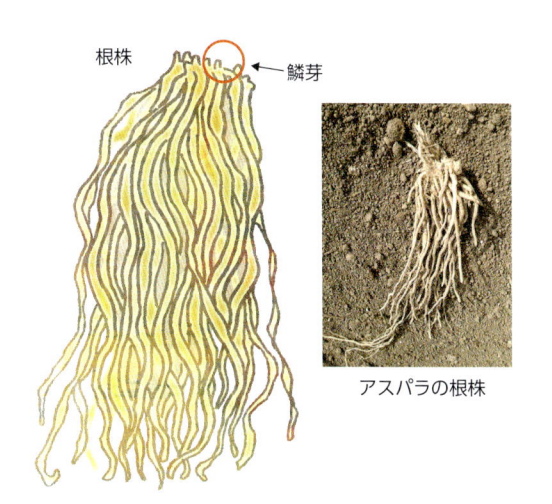

根株

鱗芽（りんが）

アスパラの根株

【植えつけ】

①の苗の植えつけ同様に、根株の鱗芽が土の高さよりも5〜10cm深いところにくるように穴を掘り、根が外に出ないように植えつけます。土を埋め戻すタイミングも①同様です。

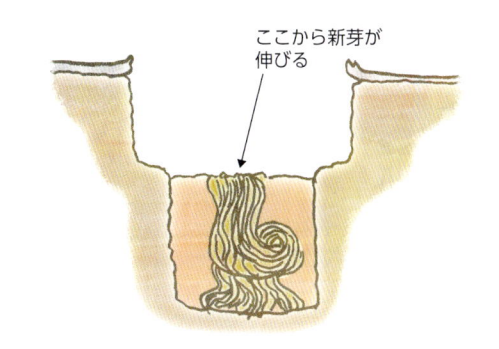

ここから新芽が伸びる

アスパラガス

③ 支柱立て

植えつけた後、アスパラの新芽が伸びてきますが1年目は収穫しません。1m以上に生長するので倒れないように1.5〜2m間隔で支柱を立ててひもを張ります。雪が降る前までこの状態にし光合成させて根に栄養を蓄えます。雪が降るころには支柱を取って、茎を根元から刈り取ります。

倒れないように周囲にひもを張り支える

④ 春の作業

植えつけ1年目にマルチシートを張っていた場合は、雪どけ後にはずします。

2年目以降はマルチングをしません。前年の古い葉などを片づけてきれいにしたら毎年、化成肥料(8-8-8)65g/m^2 をまきましょう。

1年目に張ったマルチシートを
2年目の雪どけ後にはずす

⑤ 収穫・その後の管理

【収穫】

春の作業のあと、新芽がにょきにょきと伸びてきますが2年目の株は1年目同様に収穫せずに根株を育てます。3年目の株は2週間だけ収穫します。翌年以降さらに収穫を充実させるため、下の表の収穫日数を守りましょう。

収穫期間の目安

植えつけ後	収穫期間
3年目	2週間
4年目	40日
5年目以降	50日

【収穫後の管理】

収穫後は化成肥料(8-8-8)190g/m^2、堆肥2kg/m^2 を与え、軽く中耕し、その後に伸びた新芽が倒れないように③と同様に支柱を立てます。

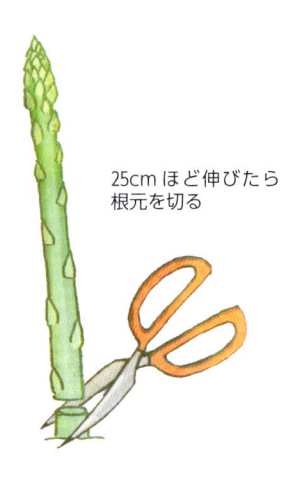

25cmほど伸びたら
根元を切る

Point!

年数によって異なる収穫期間を厳守する

アスパラには雄株と雌株がある？

アスパラには雄株と雌株があり、雌株は花が咲いた後赤い実ができるので、そのときにわかります。果実に養分が取られるので、余裕があれば赤くなる前に摘み取るといいでしょう。また完熟したあと土に落ちて発芽してしまうため、雑草取りの際に根ごと抜き取りましょう。

アスパラガスの花

アスパラガスの実

色違いのアスパラは違う品種なの？

北海道の初夏の到来を告げる風物詩、アスパラガス。「道外の知人に毎年送っているわよ！」という人も多いのでは？

最近はグリーン、ホワイト、ムラサキの3色セットが大人気です。それぞれ異なる品種と思われがちですが、その答えは Yes とも No とも言い切れません。例えばホワイト。ホワイトアスパラは土の中（または完全に遮光されたハウスの中）で生長し、日にあてないため光合成ができずに軟白になります。つまり、芽を日にあてたものがグリーンアスパラになり、品種が異なるわけではありません。栽培方法が異なるだけなのです。

一方、ムラサキアスパラはどうかというと、グリーンやホワイトとは異品種。タネや苗、根株を手配するときには、色をしっかり確認しなくてはなりません。ムラサキアスパラは茎の切り口を見てわかるように、ムラサキ色をしているのは外側だけで中はグリーンとほぼ同じ。このムラサキは抗酸化作用のあるアントシアニンという成分によるもので、水溶性のため、茹でると色落ちして緑色になります。調理にひと工夫必要です。

緑、白、紫色の3色のアスパラ。すべて栽培してみたいものですね

紫アスパラの色落ちしない調理法

○レンジで軽く加熱する　　○グリルでこんがり焼く

クウシンサイ

[ヒルガオ科]

原 産 地…熱帯アジア

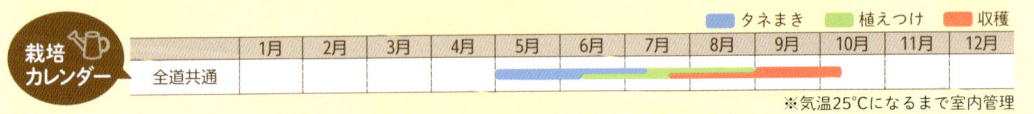

栽培カレンダー		1月	2月	3月	4月	5月	6月	7月	8月	9月	10月	11月	12月
	全道共通												

■ タネまき　■ 植えつけ　■ 収穫

※気温25℃になるまで室内管理

ニンニクと相性抜群！ エスニックな葉野菜

　クウシンサイは茎がストロー状に空洞になっている葉野菜です。芯が空洞なので「空芯菜」というわけ。エンサイとも呼ばれ中国野菜としても知られています。ニンニクで香りをつけたオイルで炒めるのが一般的で、暑い夏には最高の一品です。サツマイモの仲間なのでサツマイモ同様、放っておくと葉のつけ根から根が伸びて、葉の形もそっくりです。

栽培のコツ　タネはかたいのでタネまき前日にひと晩水につけておくと発根・発芽しやすい。寒さが苦手で地温がしっかり上がってから植えつけよう。栽培中は乾燥に注意して！

栽 培 基 本 デ ー タ

土壌酸度 … pH6.0〜6.5
生育適温 … 20〜30℃
発芽適温 … 25〜30℃
病 害 虫 … ハダニ類

畑の準備
植えつけの2週間前までに
化成肥料(8-8-8)175g/m²

ベッド（株間と条間）
高さ10cm、幅90cm
株間60cm、条間60cm
2条植え

  マルチ

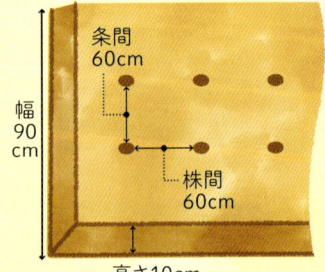

条間60cm
幅90cm
株間60cm
高さ10cm

追肥のポイント
植えつけ後、草丈が15cmを超えたら1回目、以降、2週間ごとに化成肥料(8-8-8)30g/m²を株間にまく

① 苗づくり

　クウシンサイは暑い地方の野菜。北海道ではタネをまくのではなく、先にポットで苗をつくり、地温が高くなってから畑に植えつけると収穫を長く楽しめます。

　9～12cmのビニールポットに培養土を入れ、ひと晩水につけておいたタネを1.5cmほどの深さに2～3粒まき軽く土をかぶせます。発芽するまで土が乾かないようにしましょう。

　本葉が2枚になるまでの間に1ポット1株に間引きします。

発芽するまで
土は乾かさない

② 植えつけ・追肥

植えつけ苗

　本葉が4～5枚になり、地温がしっかり上がってから（道央の場合は6月に入ってから）植えつけます。地温の確保のためと雑草対策で黒いマルチシートを張ると安心です。60cm間隔でポットと同程度の大きさの穴をあけ、根鉢をくずさないように植えつけます。その後は水をたっぷり与えましょう。草丈が15cm以上になったら1回目の追肥をし、以降、2週間おきに追肥をします。

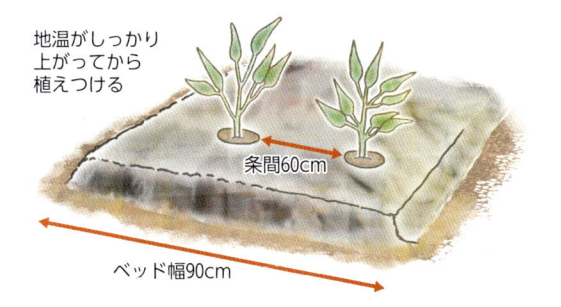

地温がしっかり
上がってから
植えつける

条間60cm

ベッド幅90cm

Point!

クウシンサイは水耕栽培ができるほど水が大好き。畑では管理のたびにたっぷりの水を与え、マルチシートや敷きわらを使うなど乾燥させない工夫をしよう

③ 収穫

　草丈が30cmくらいになったら収穫を始めましょう。抜き取り式ではなく、摘み取り式で収穫します。

　主枝の株元の葉を3～4枚残し、上をハサミで切って収穫します。

　残った葉のつけ根からわき芽がどんどん伸びるので、以降は芽先から20cmほどの長さで収穫を繰り返します。収穫時に葉を残しておくことで次のわき芽が伸び秋まで収穫を楽しめます。

葉を3～4枚残して
収穫

残した葉のつけ根から
わき芽が伸びて何回も
収穫できる

クウシンサイ

庭先で宿根するハーブ

あるとうれしいリーフ類
育てやすさは折り紙つき

育てやすさ

★ ★ ★ ★ ☆

アサツキ

［ユリ科／ネギ科・APG iii 分類］

栽培カレンダー

■ 球根の植えつけ　■ 収穫　＊タネ球は7月下旬に収穫

	1月	2月	3月	4月	5月	6月	7月	8月	9月	10月	11月	12月
全道共通				■				■				

※収穫は翌年

毎年春一番に新芽を伸ばして収穫できるユリ科の葉野菜。春の畑の最初のお手入れのころには収穫が始まり、菜園シーズンの幕開けを告げてくれます。

栽培基本データ

畑の準備

植えつけの2週間前までに
化成肥料（8-8-8）120g/m²

① 植えつけ

8月下旬ごろ、ホームセンターや種苗店でタネ球が販売されるので購入しましょう。株間を15cm確保して2球ずつ植えつけます。

発芽後、そのまま冬をむかえて越冬させます。

冬に収穫したい場合は、8月下旬にコンテナにタネ球を植えつけ、屋外で育てます。雪が降ったら室内に入れ、新芽を育てて収穫します。

② 収穫・タネ球取り

翌春、芽生えたら株ごと掘りおこし収穫します。このとき、翌年用のタネ球にする分を収穫せずに育てます。残した株は初夏に花芽が伸びて紫色の花を咲かせます。株分けをする場合は7月下旬に掘りあげ、1カ月ほど乾燥させたら翌年用として再び植えつけましょう。

Point!

○アサツキは宿根するが、植えたままだとどんどん株が細くなるので、7月下旬まで畑で育てて一度掘りあげる。ひと月乾燥させて8月下旬に再び植えつけると、しっかりした葉茎になる。

○タイミングはニンニクと同じなので、ニンニクの管理作業のときに一緒に行うのがおすすめ

収穫する株
草丈が20cmを超えたら、食べる分だけ収穫。球根ごと掘りあげる

タネ球用の株
翌年のタネ球にする分は掘りあげずに花を咲かせ、7月下旬ごろに球根ごと掘りあげる

育てやすさ ★★★★☆

ミョウガ [ショウガ科]

栽培カレンダー		1月	2月	3月	4月	5月	6月	7月	8月	9月	10月	11月	12月
	全道共通												

■ 植えつけ　■ 収穫

※収穫は翌年

ショウガ科で東アジア原産のミョウガ。一度宿根すると、盛夏を過ぎたころから株元から次々とつぼみ（花ミョウガ）を収穫することができるので庭先におすすめです。薬味や酢漬けにして楽しみましょう。

栽 培 基 本 デ ー タ

畑の準備

植えつけの2週間前までに
化成肥料(8-8-8)60g/m²

① 植えつけ（根株）

春に苗（根株）が販売されるので購入しましょう。地温が15℃を超えるようになってから（道央の場合は5月下旬以降）植えつけます。40cm間隔で深さ10cmほど土を掘り、3本ずつ植えます。

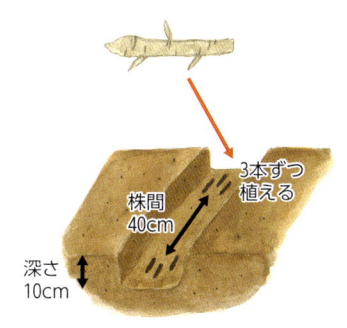

株間40cm

3本ずつ植える

深さ10cm

芽が出た地下茎（根株）を40cm間隔に植える

② 間引き➡植えつけ・追肥

芽が出て、本葉が7〜8枚になり、混みあっているようなら間引きをして株間15cm間隔にします。

追肥は7月にします。春に施した野菜用の肥料の半量（30g/m²）を株間にばらまきます。

間引いた株を植える場合

株間15cm

株間15cmに植える

③ 収穫・その後の管理

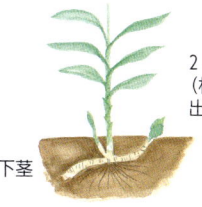

2年目以降、伸びた地下茎（根株）のつぼみが株元に顔を出す。つぼみのうちに収穫

地下茎

1年目はそのまま越冬させ、2年目以降は春に本葉が2〜3枚になったときに野菜用の肥料60g/m²と、7月にその半量を株間にまきます。

葉が13枚ほどになる8月下旬ごろ、株元に頭を出すつぼみが食用になります。指先で株（つぼみ）まわりの土をほじり、細くなっている根元をポキッと折って収穫します。

Point!

食用にする花ミョウガ（つぼみ）は、株元の土を分けて薄い紅色の頭が少しずつ出てくる。見逃して開花してしまわないように、しっかり観察しよう

庭先で宿根するハーブ

ミツバ [セリ科]

栽培カレンダー		1月	2月	3月	4月	5月	6月	7月	8月	9月	10月	11月	12月
	全道共通						タネまき		収穫				

■ タネまき　■ 収穫

セリ科のミツバは北海道でも自生する山菜の一つ。日陰で湿った環境でも育つので、庭先の日のあたらないスペースや家屋の北側の空きスペースなどで育てるのがおすすめです。

栽培基本データ

畑の準備

植えつけの 2 週間前までに
化成肥料(8-8-8)180g/m^2

① 植えつけ

6 月に入り、地温、気温ともに安定してからタネをまきます。高さ 5cm ほどのベッドをつくり、15cm 間隔で深さ 1cm の溝をつくります。タネをスジまきし薄く土をかぶせ、手のひらで軽くおさえます。発芽が確認できるまで土を乾燥させないように注意しましょう。

畝幅15cm

板などで溝をつくりスジまきする。発芽まで乾燥を防ぐ敷きわらなどで覆うと安心

② 間引き・追肥

葉が開き始めたら株間 3cm に間引きます。その後、本葉が 4〜5 枚になったら、春に施した肥料の半量（90g/m^2）を株間にまきましょう。

③ 収穫・その後の管理

草丈が 15〜20cm まで伸びたら、地際 3cm ほどを残して刈り取ります。収穫のあとに追肥をするとまた生長し、収穫できます。

北海道でも宿根しますが、株が弱くなったり病気にかかっているようなら、根ごと抜いて処分し、翌年は場所を変えてタネまきからやり直しましょう。

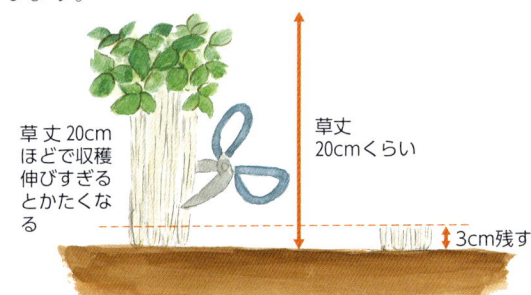

草丈 20cm
ほどで収穫
伸びすぎる
とかたくな
る

草丈
20cmくらい

3cm残す

Point!

冬の間も収穫したい場合は収穫後の株を秋に根ごと掘りあげ、肥料入りの培養土を入れたコンテナ（植木鉢など）に植え替えて室内管理をしよう

おかしなカタチはこうしてできる
野菜の変形果〜原因と対策

どうしてこうなったの⁉ という変形果をたびたび見かけます。お店ではまず見ることのない野菜たちの不思議な姿におどろく菜園ビギナーも多いはず。天候などの自然環境や病気が影響している場合もありますが、ひと手間かけることで防げる場合もあるのです。諦める前にまずは試してみてください。もちろん、形が悪くても愛情を注いで育てた野菜は、愛おしくておいしいのは言うまでもありません。

■トマトの尻腐れ果

ヘタの反対側のお尻に茶色く斑点のようなあざができたり、ひどくなると腐ったようになってしまうことがあります。これをトマトの「尻腐れ」と呼んでいます。

原因と対策

過度な乾燥や肥料成分のバランスが悪いためにおこるカルシウム不足が原因。カルシウムを含んだ肥料を与えましょう。茶色くても腐っていないものは食べられます。このような実は、水分の吸収が少ない分、高糖度になっている場合が多いです。

■トマトの窓あき果（穴あき）

表面に窓のようなくぼみができたり、虫食いとは異なる穴があいてしまうことがあります。

原因と対策

この症状は、苗がまだ小さく花芽が分化するときの生育障害が考えられます。主に育苗中に低温（約10℃以下）にあたるとなりやすいといわれています。特に北海道では、まだ寒い時期に苗づくりをするので、タネから苗を育てる際には、温度管理をしっかりすることで防げます。

■トマトやナスの乱形果（双子）

一つのヘタから複数の実が育つことがあります。また、大きくなっているトマトの中に異なる実がついていたり、ピーマンの中に小さなピーマンが育っていることもあります。

原因と対策

トマトの双子

花芽が分化するときに受ける何らかのストレスによる場合が多いようです。主に育苗中に低温や高温にあたるとなりやすいといわれています。ほかにトマトトーンなどのホルモン剤の使い方を間違えるとこのようになることも。使用方法や使用上の注意をよく読んで使いましょう。

■根菜類の二股

ダイコンやニンジンを掘りあげたとき「あらら！二股になっちゃったー」ということもありがちです。

原因と対策

根菜類の二股は、生長過程で土の中に石ころなどの障害物

二股ニンジン

があることが主な原因です。障害物にあたるとそれをさけて生長するため先が分かれてしまいます。障害物になりそうな異物をできるだけ取り除くように耕しましょう。

■ズッキーニの先細り

ヘタと逆のお尻の部分が極端に細くなる変形果のことです。主に収穫が始まる春先によく見られます。

原因と対策

これは受粉不良が主な原因です。春先にまだハチなどの昆虫が少ないため、受粉ができなかったり、苗が若いうちだと雄花の数が少なく受粉が不十分だったり、長雨で花粉がうまく取れない場合などにも起こります。可能なら自分で雄花を摘んで雌花に受粉させる人工授粉をしてあげましょう。
☞ P87

■ナスやキュウリの曲がり果

まっすぐに伸びずに曲がってしまうことがよくあります。露地栽培の家庭菜園では、逆にまっすぐ素直に育つ方が少ないかもしれません。

ナスの曲がり果　　　　　キュウリの曲がり果

原因と対策

雨が降らずに晴天が続いているようなときは、水不足が原因かもしれません。特にキュウリは約96％が水分といわれるほど水が大好き。根の先端部分が一番水分を吸収しやすいので、根が張った外まわり付近に水をたっぷり与えましょう。そのほか、日照不足、実のつけすぎ、株の老化なども曲がりの原因です。

■天狗ナス

ナスの表面に天狗の鼻のような突起物がついているのを見たことはありませんか？

原因と対策

花芽分化時の生育障害が原因となるケースがほとんどです。ナスは特に寒さに弱い作物なので、まだしっかりと地温が確保されていない時期に植えつけるのはさけましょう。購入した苗も植えつけるまで寒さにあてないように注意が必要です。

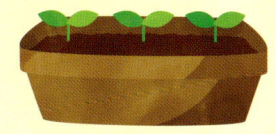

畑がなくても野菜は育つ！
コンテナ栽培に挑戦してみよう

庭や畑がなくても、ベランダや玄関先の省スペースでも野菜づくりは可能です。
コンテナ（植木鉢など）やプランターなどを利用して、苗を植えてみませんか？
毎日少しずつ生長していく姿を見ていると、我が子のように愛おしくなります。
リーフ類やミニトマトなどから始めてみるのがおすすめです。

コンテナ栽培の準備と基本の植え方

　ここではコンテナ栽培をするための基本を紹介します。コンテナでも畑でも野菜が育つ過程は同じです。水と栄養分、太陽の光（温度）など必要な要素が揃えば、しっかり生長します。

●コンテナ栽培で注意すること

　1株あたりの土の量と根を張るスペースが限られるため、水分や養分が不足しがちです。畑では、水分や養分を植物自らが根を伸ばして吸収できますが、コンテナでは限りがあるので、しっかりコントロールをする必要があります。

　水は毎日欠かさず、朝か夕方にコンテナの底から流れ出てくるまで与えましょう。

●コンテナ栽培のメリット

　自由に移動できるため、寒いときや大雨、強風などのときは安全な場所に移したり、一時的にビニールをかけるなどして守ってあげることが容易です。また、自宅のベランダや玄関先だと一日に何度も観察できるので、収穫もれがなく、病害虫の早期発見も可能です。

用意するもの

コンテナ

　栽培する野菜に合わせた大きさのコンテナを用意しましょう。リーフ類以外はある程度の深さが必要です。品目ごとの詳細は次ページ以降を参照してください。

肥料入り培養土

　植物に合わせて土に必要な養分などが混合され、そのまま使える培養土。根腐れをおこさないよう赤玉土などが入っているものがおすすめです。入ってなければ、別途購入し混ぜましょう。肥料の原料や成分量の明記があると安心。

鉢底石（はちぞこいし）

　コンテナの底に敷きつめるゴロ石。

支柱

　コンテナ栽培の場合、根を張るスペースが限られるため大きくなると自分の体を支えられなくなります。支柱を立てたり、天井からひもで誘引するなど、倒れないようにしましょう。

液体肥料（液肥）

　品目にもよりますが、肥料切れをおこしやすいので、実のなるものについては花が咲き始めたら週一回、液体肥料を加えた水を与えましょう。

基本の植え方

①コンテナを用意したら、底に石を敷きつめます。その際、タマネギネットなどに入れると管理が楽です。また、石の代わりに発泡スチロールの容器を握りこぶしよりも2回りほど小さなかたまりに砕いて使うと軽くて持ち運びが楽になります。

②コンテナの上部から5cm程度下までくるように培養土を入れます。植えつけ後に水をやりますが、土の高さがある程度下がるので、最初の水やりのあとに追加する土も必要です。

③苗を植えつけます。植えつけ方は畑と同様です。ビニールポットの分の土をよけ、ポットをはずした苗をそっと穴に置き、土を戻して株元をしっかり手でおさえます。

仮の支柱を立ててヒモなどで結びましょう。最初は苗が小さくスペースが目立ち、多めに植えつけたくなりますが、すぐに大きくなるので心配いりません。

④アブラムシが飛んでくる場合は、フォークなどで穴をあけたアルミホイルで土を覆うと効果的です。また、春先などまだ寒さが心配な季節で屋内に避難させられない場合は、米袋などをかぶせて風よけや霜よけをすると安心です。

防虫ネットやトンネル資材、支柱などがセットになった野菜栽培用のコンテナも販売されているので利用するといいでしょう。

また、コンクリートの照り返しによる過熱を防ぐため、すのこを敷くなど真夏の熱対策もしましょう。

真夏の強い日差しの照り返しを防ぐためスノコを使う

ミニトマト

はじめてコンテナ栽培に挑戦する人にはミニトマトがおすすめ。まずは、下から6段くらいまでの花房（実がなる房）がおいしく収穫できれば大成功です！

●プランターの大きさ

直径30cm、深さ30cm ほどのコンテナに1株が適当。横長のプランターなら、長さ80cm、幅30cm の大きさに2株が目安

●支柱を用意する

プランターに入れた土の高さから150cm くらいの高さになるような支柱を3本準備する。または、バラ栽培などで利用するオベリスクも有効

☞ 基本的な栽培方法は 60 ページへ

┃コンテナ栽培の Point

❶実が色づき始めたら、週一回、液肥を与える
❷茎が支柱の先端まで届き、8月に入ってから咲いた花（最後の実）の上の葉を2枚残してその先を摘み取る
❸わき芽かきを忘れずに！ 畑と比べて肥料分が不足しがちになるので、放っておくと養分がさらに不足 順調に育たなくなる
❹赤くなった実はつけたままにせず、すぐに収穫を。次の実に養分を回すことができる

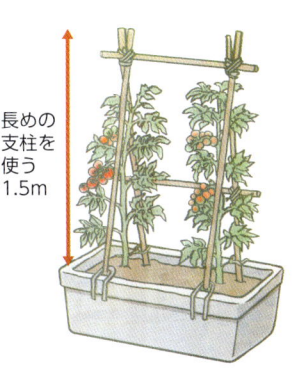

長めの支柱を使う
1.5m

丸いコンテナに1株植えにした様子

 # ナス

キレイな紫色の花が咲くナス。水を切らさずにみずみずしい実を収穫しましょう。「1株から15本」などの収穫目標を定めて挑戦すると楽しく栽培できます。

●プランターの大きさ

直径30cm、深さ30cm ほどの大きさのコンテナに1株が適当。横長のプランターなら、長さ80cm、幅30cm の大きさに2株が目安

●支柱を用意する

支柱は育てる3本の枝にそれぞれ結ぶ。支柱を一カ所でしばり強度を保つ。コンテナの場合は可能なら支柱2本よりも支柱3本の方が安定する。支柱の長さは土の高さから100cm あれば十分

☞ 基本的な栽培方法は 68 ページへ

┃コンテナ栽培の Point

❶伸ばす枝を3本決め、3本仕立てにすると管理がしやすい
❷一番花は開花後、実が大きくなる前に摘果する
❸水を好むので、毎日水をあげる（乾燥している日は1日2回でもOK）。実がつき始めたら週に1回、液肥を与える
❹アブラムシがつきやすいので、水の通る穴をあけたアルミホイルで土の表面を覆ったり、キラキラ光るテープなどを周囲に張って予防しよう

3本仕立てが管理しやすい

コンテナ栽培でも立派な実がなったナス

 # ピーマン

うまくいけばコンテナ栽培でも1株から数十個のピーマンを収穫できます。開花から収穫までの期間が短く、株が大きくなりすぎないシシトウも初心者におすすめです。

 ●プランターの大きさ
直径30cm、深さ30cmほどの大きさのコンテナに1株が適当。横長のコンテナなら、長さ80cm、幅30cmの大きさに2株が目安
●支柱を用意する
土の高さから80cmほどの高さになるような長さの支柱を1株につき1本準備し、主枝に結ぶ

☞ 基本的な栽培方法は72ページへ

コンテナ栽培の Point

❶畑での栽培と違いそれほど大きくならないので、支柱は主枝を支えるための1本で十分。枝が折れそうな場合は、支柱の高めの位置にひもで結び、枝を吊るすように支える
❷水と肥料が好きなので水は毎日、液肥は収穫が始まってから週に1回程度与える
❸アブラムシがつきやすいのでアルミホイルなどを土の表面に敷きつめたり、まわりにCDのようなキラキラ光るものをぶら下げるなどして予防しよう

下の葉が混んできたら刈り取って風通しをよくする

1株植えはひもで吊るして枝を支える

 # インゲン

インゲンというとつるがどんどん伸びて花が咲き実になるというイメージですが、つるの伸びないインゲンもあります。コンテナ栽培では「つるなし」インゲンがおすすめです。

 ●プランターの大きさ
直径20cm、深さ20cmほどの大きさのコンテナに1株が適当。横長のコンテナなら、長さ80cm、幅30cmの大きさに2～3株が目安
●支柱を用意する
基本的に支柱は不要。ただし、強風が頻繁に吹く場所では、アサガオ用の支柱など利用して株を囲い、風で倒れないようにすると安心。つるありのインゲンを育てる場合は、大きいコンテナに4カ所植え、イラストを参考に細く曲がるタイプの支柱をアーチ状に組んで仕立ててもよい

☞ 基本的な栽培方法は90ページへ

コンテナ栽培の Point

❶タネを2～3粒まき、最終的に元気のいい苗を2本残す
❷タネまきの前日に、タネを水に浸しておくと発芽しやすくなる
❸葉が混んできたら下の葉を切り、風通しをよくする

トンネル用の曲がる支柱が扱いやすい

花が終わりサヤになる部分がふくらみ始める

 # ズッキーニ

　ズッキーニは1株がとても大きくなりますが、コンテナ栽培は畑で育てたものと比べるとこぢんまりとまとまります。収量も少ないのですが家庭で使う分には十分です。

●プランターの大きさ
直径30cm、深さ30cm以上ある丸形または正四角形に近い大きなコンテナを用意する

●支柱を用意する
土の高さから80cmほどの太めの支柱を1本準備する。生長し倒れそうになったら主枝に結ぶ

 基本的な栽培方法は86ページへ

コンテナ栽培のPoint

❶ 高層階のベランダなど、虫による受粉が期待できない場所では、雌花が咲き始めたら人工授粉をする
❷ 人工授粉には、雌花が開いていることが条件。開花は朝の時間帯だけなので注意して！少ない雌花を確実に授粉させて結実させよう

開花し始めのズッキーニ

❸ 栄養不足になると雌花がつかなかったり、ウドンコ病になりやすいので、植えつけ後3週間ほど経ったら週に1回、液肥を与える

ズッキーニの人工授粉

①雄花を摘み取り花びらを取る

②①の雄しべの先についている花粉を、雌花の中心部につけて授粉させる

 # オクラ

　ハイビスカスと同じアオイ科のオクラは、花がとてもきれいです。ベランダでは観賞用としてもおすすめです。

●プランターの大きさ
直径20〜30cm、深さ30cmほどの大きさのコンテナに苗2〜3本1株として1株分が適当。横長のコンテナなら、長さ80cm、幅30cmほどの大きさに2株分が目安

●支柱を用意する
土の高さから100cmほどの支柱を1株につき1本準備し、それぞれの主枝を結ぶ

 基本的な栽培方法は88ページへ

コンテナ栽培のPoint

❶ 苗はポットの状態で2〜3本育っているものが一般的。ポットをはずし、根鉢のまま（苗をばらさない）植えつける
❷ 寒さに弱いので、気温がしっかり上がる（道央なら）6月に入ってから植えつける。屋外での早植えは禁物！
❸ 花が落ちるとすぐに結実し、2〜3日で収穫サイズになる。収穫が遅れると実がかたくなるのでタイミングを逃さないように！

コンテナへの植えつけは6月中旬以降

花が終わるとすぐに結実

コンテナ栽培

メロン

　プリンスメロンなど小型品種はコンテナでも栽培できます。管理には少々根気が必要ですが、雌花が結実し少しずつ大きくなる姿を観察するのは楽しく、収穫が待ち遠しくなります。

●プランターの大きさ
直径30cm、深さ30cm以上の丸形、または正四角形に近い大きなコンテナを用意する

●支柱を用意する
アサガオなどの栽培に使う、3本の支柱と円形の仕切りがついた通称「行灯支柱」を用意する

コンテナ栽培のPoint

❶ 親づるを摘心後に伸ばす2本の側枝を、行灯支柱を利用してらせん状に誘引しながら育てる。ところどころ支柱に結び暴れないようにしよう。生長すると手が届かなくなるので、イラストのようにできるだけコンパクトに仕立てるのがコツ

❷ 虫による受粉が難しい場所では、ズッキーニを参考に人工授粉をする。花のつけ根がふくらんでいるのが雌花、ふくらみがないのが雄花

❸ 品種にもよるが、支柱が結実したメロンの重さに耐えられるよう、「1株から3玉」のような目標を決め、4玉以降は早いうちに摘果する。タネ袋にある受粉から収穫までの日数を確認して収穫する

Point!

○ 過湿の状態が続くと病気になりやすいので、水の与えすぎに注意。ベランダの場合は雨があたらない軒下などに置く

○ 追肥は植えつけから2〜3週間後に液肥を与え始める。その後は1週間おきに与える。葉が黄色くならないように注意しよう

○ 人工授粉（着果）日は忘れないようにメモしよう

①メロンの花。人工授粉するときは日付を忘れないようにタグなどにメモしておくと安心

②着果したメロンの実。毎日大きくなるので、観察が楽しくなる

③収穫サイズ（手のひらにおさまる大きさ）まで育ったらひび割れが始まりネットが現れる

④色づき始めた収穫直前のメロン。ヘタのつけ根にひびができたら収穫適期

つるが隣の株とからむため一つのコンテナに1株にするほうが育てやすい

つるがどんどん伸びるので、アサガオなどで使用する行灯支柱を利用し、くるくるとらせんを描くように伸ばしていくとコンパクトに仕立てられる

その他のウリ科

キュウリやゴーヤーなどのウリ科植物は、どんどんと伸びていくのでグリーンカーテンとしてもおすすめです。

●プランターの大きさ
直径30cm、深さ30cmほどの丸形に1株、または長さ80cm、幅30cmほどのコンテナに2株が目安
●支柱を用意する
土の高さから150cmほどの支柱を準備。アサガオの栽培に使う「行灯支柱」も可

👉 基本的な栽培方法は 64 ページへ

コンテナ栽培の Point

❶キュウリ用のネットを張ったり、天井からひもを下げたり、テラスなどのフェンスを利用するなどしてつるを誘引する。何もない場合は支柱と支柱を麻などのひもで約10cm間隔に結び、ひげがからむ場所をつくると大きく育つ
❷水やりは毎日、特に天気のいい日は1日2回。収穫が始まったら週に1回、液肥を与える
❸食用にはむかないが、かわいい実をたくさんつける「琉球おもちゃウリ（スズメウリ）」などを観賞用として育てるのもおすすめ

約1.5mの支柱にネットを張る

ゴーヤーと琉球おもちゃウリ、フウセンカズラを混植

 ## リーフ類

リーフレタスやチャイブ、シソの葉、バジルなどもコンテナ栽培が容易です。よく使う品目を一つのコンテナに植えつけるリーフの寄せ植えも素敵です。

●プランターの大きさ
15cmほどの深さがあるコンテナを用意する。どんな形でも可
●支柱は不要

コンテナ栽培の Point

❶植えつけ後、すぐに大きく生長するので、寄せ植えをする場合は、スペースに余裕をもって植えつける
❷毎日こまめに収穫する。リーフレタスは株の中心にある生長点を傷つけないように外側の葉から収穫する
❸葉のつけ根からわき芽が伸びるシソやバジルは、30cmまで育ったら下の方のわき芽を残して摘心するとこんもりと大きくなる
❹寄せ植えの場合、コンパニオンプランツとしてお互いに生長を助け合う品目もあれば、一方だけしか元気に育たない組み合わせもあるので、気になる場合は1品目ずつ単体で育てよう
❺プランター栽培は、土の量が少ないほど乾きやすくなるので、夏の暑い時期は1日2回、水やりをしてもよい

シソ、レタス、ローズマリーの寄せ植え。ローズマリーはシーズン終了後に植え替えて室内で越冬させる

パセリ、チャイブ、ミントの寄せ植え。チャイブとミントは屋外で越冬できるので収穫が終わったら株を庭に植える

コンテナ栽培

まずは水耕栽培から！
キッチンガーデンに
チャレンジ

畑やベランダの野菜づくりはちょっと自信がない、冬も野菜を育てたいという人は、キッチンやリビングでもできるリーフ類の栽培はいかがですか。特にスプラウトの水耕栽培は収穫も早く失敗が少ないのでビギナーにもおすすめです。

用意するもの

タネ、容器、キッチンペーパー（または、スポンジ）

収穫したスプラウトはサラダやスープのトッピングや料理の彩りに。発芽したての新芽はとてもパワフルで体調を整える働きもあります。慣れたら、リーフレタスなどにも挑戦してみて！ 水耕栽培や冬場の日の短い時期の結球レタス栽培は難しいですが、リーフレタスなら可能。はじめは収穫までの日数が短めのベビーリーフなどから挑戦してみるといいでしょう。

① 水分を十分に含ませたキッチンペーパーを容器の底に合わせて折りたたんで敷く。

敷き詰めたペーパーの表面はできるだけ平らにする

② 隙間なくタネを敷き詰めて、霧吹きで水をかける。

タネが重ならないように

③ 発芽するまで20℃以上の暗い場所で管理をし、乾いているなら霧吹きをかける。

アルミホイルや新聞紙をかぶせる、箱に入れるなど日中でも暗い場所に置く

④ 2〜3日して発芽が揃ったら、フタをはずして窓辺に置く。常にペーパーがぬれている状態を保ち、水は毎日取り換え容器もきれいに洗う。

水を満たしすぎると根腐れをおこす（写真はかいわれダイコン・ルビー）

⑤ 品種によるが、発芽から1週間〜10日で収穫。繰り返し栽培する場合は容器をきれいに消毒し、ペーパーを取り替える。

収穫！ 引き抜いて根を切るか、根を残して茎をハサミで切ってもOK

山口先生に聞いてみよう！
いまさら聞けない 家庭菜園の素朴な疑問

野菜は生き物なので、自然環境やつくり手のケアの仕方によって生長に大きな差が出ます。「こんなはずではなかった…」と悩んでしまうこともしばしばで、なかなか思うようにはいかないものです。そこで、特に家庭菜園を始めたばかりという方が持つ疑問の数々を野菜づくりのプロ・八紘学園の野菜科主任、山口猛彦先生に聞いてみました。

植えつけ前（畑の土・肥料について）の疑問

Q. 空き地を畑にしたいのですが、まずは何をしたらいいですか？

A. 今まで畑として使用されていなかった場所であれば、まずは石ころなどの障害物になりそうな物を除去することや雑草の根などを丁寧に取り除き、堆肥などの有機物を入れて畑の土づくりから始めなければなりません。そして、野菜づくりに適した畑土壌になっているのかどうかを調べるため、せめて土壌酸度(pH)は測りましょう。また、有機物をたくさん一度に入れればいいというものではなく、毎年、少しずつ改良し年月をかけて行うものですから、気長に楽しみながらやりましょう。

Q. 土づくりのためにホームセンターに土を買いに行きましたが、種類が多くていつも迷います。「○○堆肥」とか「培養土」と書いているものは高いので、最も安価な「黒土」を買おうと思いますが、それだけで土づくりはできますか？

A. 野菜づくりをする畑の土として、保肥力と保水力がある「黒土」は適しています。しかし、あくまでもこれは畑のベースになる土です。さらに腐葉土や牛ふん堆肥などの有機物や土壌改良材(石灰やリン酸など)を混ぜて、微生物が育ち養分を蓄えられる土をつくっていく必要があります。また、プランターの場合は「黒土」だけでは排水性が悪いので、赤玉土や腐葉土など通気性のある用土を混ぜて使用しましょう。

Q. ひどい粘土質で、土がかたく耕すのも大変です。なにかよい対処法はありませんか？

A. 粘土質の程度によりますが、堆肥などの有機物を毎年定期的に畑に入れることで、土壌改良が進みます。かなりひどい粘土質であれば、よその土地の土を運んできて畑に入れる「客土」という方法もありますが、広さによっては経済的な負担が大きく、あまり現実的ではありません。

土づくりは、長い年月をかけて行うものです。毎年しっかりと有機物をすき込み、野菜をつくっては耕すを繰り返し、土を動かし続けることで少しずつ地力のある豊かな土になります。

また、注意してほしいことは、雨が降り土壌の水分が多いときに畑に入って作業をすると、土を練ることになり、さらにかたくなってしまいます。畑にはできるだけ土が乾いた状態のときに入るようにしましょう。

Q. 堆肥にはどんな種類がありますか？

A. 原料となる有機質資材の種類から、牛ふん堆肥、鶏ふん堆肥、バーク（樹皮）堆肥、都市ごみ堆肥（コンポスト）などに分かれます。

牛ふん堆肥は、窒素成分が低めで分解速度が遅く、肥料の効き方に持続性があります。畑の地力維持のためには毎年 $1m^2$ あたり 2〜4kg を入れましょう。ただし、入れすぎるとカリウム過剰になるので適正量を守るようにしてください。

鶏ふん堆肥は、速効性の窒素成分が多めに含まれているので、追肥などで使用するとよいでしょう。購入時に、しっかりと腐熟し分解された「発酵鶏ふん」と書かれているものを選んでください。

バーク堆肥は、広葉樹や針葉樹の樹皮に鶏ふんなどを混ぜて堆肥にしたものです。木の種類や木片の大きさ、添加した肥料の種類などにより品質が異なります。同様に、**都市ごみ堆肥**も原料のごみの内容によって成分が大きく異なるので使用するときはよく確認しましょう。

連作障害・輪作についての疑問

Q. 「連作障害」という言葉をよく聞きます。同じ野菜を毎年同じ場所で育ててはいけないのですか？

A. 連作障害とは、同じ品目の野菜や同じ科の野菜を続けて栽培したときにおこる生育障害の現象です。土から吸収しなければならない養分は作物ごとに異なり、1カ所で同じものをつくり続けると養分がかたよったり、ある特定の病原菌の密度が高くなったり、土壌線虫が多くなるなどして生育が悪くなります。

同じ品目でなければいいというわけではなく、例えばアブラナ科のキャベツやブロッコリーに共通した病害、ナス科のトマト、ナス、ピーマン類、ジャガイモなどにも共通した病害があります。品目ではなく「科」で考えるとよいでしょう。同じ科の野菜を連続して作付けしないように、ということです。なかには、ウリ科のキュウリやカボチャのように連作に強いとされている野菜もありますが、やはり新しい場所で栽培した方が生育はよくなります。同じ種類、同じ仲間を連続して栽培するのはできるだけさけた方が無難です。連作障害を回避するための作付け計画として、23 ページの菜園レイアウトを参考にしてみてください。

連作障害を回避するための作付け間隔（目安）

アブラナ科 キャベツ、ブロッコリー、ダイコンなど	3〜4 年
イネ科 スイートコーンなど	3〜4 年
ウリ科 キュウリ、スイカ、ズッキーニなど	2〜3 年
ナス科 トマト、ナス、ピーマン、ジャガイモなど	3〜4 年
マメ科 エンドウ、ソラマメなど	4〜5 年

Q. 連作障害にならないよう、毎年品目ごとに場所をかえて植えています。何年たったら再び同じ場所に植えられますか？

A. マメ科のエンドウやソラマメは連作に極度に弱い作物とされており、一度作付けしたら4〜5年は同じ場所で育てない方がいいでしょう。メロンやスイカも連作に弱いですが、接ぎ木をしたものであれば問題ない場合もあります。また、カボチャは比較的連作に強いのですが、やはり1年はあけた方がよいでしょう。

連作障害を回避しつつ、どうしても同じ場所で同じものを作付けしたいという場合は、部分的にスコップで土を入れ替えることで回避できることもあります。大がかりにはなりますが、余裕があれば試してみてもよいのではないでしょうか。

タネまきの疑問

Q. タネまきの前、タネを水に浸しておいたり、かたいタネは少し傷つけるといいと聞きましたが本当ですか？

A. はい、本当です。そのような前処理を行なった方が発芽がよくなる作物はありますが、すべての野菜のタネで必要かというとそうではありません。ホウレンソウでは、タネを事前に水にひと晩つけておき、その後タネから白い根の先が見え始めてからまくと発芽が揃います。また、タネの外皮がかたいゴーヤーはタネの吸水をよくするために、タネの先端部分の外皮を少し削ってからまきます。

Q. 一つの場所にタネを2〜3粒まくと書いてありますが、最終的に間引きして1本にするなら、もったいないので最初から1粒でもいいと思うのですが、なぜ複数のタネをまかなければならないのですか？

A. まいたタネすべてが順調に発芽して健全に育ってくれればいいのですが、実際はそうではありません。発芽しないタネもありますし、発芽はしたもののその後の生育が悪くなる場合もあります。また、効率的に受粉や整枝などの管理作業を行うには作物の生育を揃える必要があります。そのため予定よりも少し多めにタネをまき、そのなかから生育の揃っている株を残して間引きをします。まいたタネがすべて発芽すると、間引きのときにはもったいないと思うかもしれませんが、タネはケチらずに少し多めにまくことが成功する秘訣です。

Q. とてもおいしいスイートコーンが収穫できたので、1本食べずに乾かし、来年のタネにしようと思うのですが、同じものをつくることはできますか？

A. 結論から言うと同じものはとれません。現在主流になっているスイートコーンの

品種は一代雑種（F1）というその代限りの品質を保証するもので、それから得られた種子をまいても品質が大きくばらつき、今年と同じものを収穫することは難しいのです。これは、雑種一代目の形質がそれぞれの両親よりも優れる「雑種強勢」という性質を利用しているから。種子は毎年購入した方がいいです。

北海道在来の八列トウモロコシはF1種子ではないので、形質のよいものを翌年の種子として利用しますが、それにはほかの品種の花粉が受粉しないようにしなければならないなど、コツと操作が必要になります。

病気・害虫の疑問

Q. トマトとナスを毎年育てていますが、隣の畑と比べると実の数が少ないような気がします。何がいけないのでしょうか？

A. 少し難しいですが、果菜類（実のなる野菜）は生育期間中、葉や茎が育つ「栄養成長」と、花や実が育つ「生殖成長」の二つの生育相が同時に進行します。どちらか一方の生育相にかたむくと、反対の生育相が弱くなり生育に悪影響が出るので、生育期間中はこの二つがバランスよく進むように栽培管理をすることが重要です。

家庭菜園では、肥料の与えすぎが原因で栄養成長に生育相がかたむき、実のつき方が悪くなっているケースが多くみられます。例えば、葉が大きく茎が異常に太くなり、トマトなどでは葉が巻き込んでいる状態。ウリ科のキュウリやカボチャなどは、栄養過剰で葉や茎が必要以上に多く茂る「過繁茂」になったり、雌花がつきにくくなる状態です。肥料を必要以上に与えすぎないように、正しい施肥量を守ることが大事です。

Q. キュウリやズッキーニなどウリ科の野菜を毎年育てていますが、いつもウドンコ病にかかります。できれば農薬は使いたくありません。どうすればいいですか？

A. ウドンコ病は、気温が高く湿度の低い条件で多く発生します。葉の表面に白いうどんの粉のような菌がつくと、光合成がうまくいかなくなり、果実の品質低下や生育不良につながります。農薬などに頼らない家庭菜園では、まず肥料切れをおこさないように正しく追肥をすること。キュウリは収穫が始まると着果負担が多くなるので、まずは収穫開始のときに1回目の追肥をし、その後は2週間ごとを目安に定期的に与えます。また、枝の整理をして風通しをよくすることも重要です。ウドンコ病がひろがった葉はすべて切り落とし、新しい葉に更新するのも一つの手です。

キュウリやズッキーニは必ずといっていいほどウドンコ病におかされてしまいます。農薬に頼らずに防ぐのは難しいでしょう。ただ、ウドンコ病になった株から収穫した実を食べても人体には影響がないのでご安心を。

キュウリのウドンコ病

Q. 無農薬で野菜を育てたいのですが、毎年ブロッコリーにつく虫の多さに参っています。何かよい対策はありませんか？

A. ブロッコリーに被害をもたらす害虫にはコナガやヨトウムシ、アオムシなど様々なものがあります。コナガは北海道では越冬できないので、春の風に乗って本州や大陸から北海道に渡ってきます。ヨトウムシは、北海道では7月と9月に多く発生することが確認されています。特にヨトウムシはブロッコリーの花蕾の中にもぐり込むので対策は大変です。

　まずは、防虫ネットを使ってみてはどうでしょうか。小さい害虫も防げる網の目が1mm以下のネットを使ってみましょう。また、年によって被害状況は前後しますが、7月中に収穫できるように栽培すれば、害虫被害がおさえられる確率は高くなるはずです。どちらにしても、見つけたら一匹ずつ捕殺し続けるのも無農薬の基本なので、よく観察して早めに対処しましょう。

コンテナ栽培での疑問

Q. コンテナで野菜をつくる場合と畑で栽培する場合では栽培方法は異なりますか？

A. 基本的には同じです。ただし、畑と違って限られた狭いスペースなので、支柱の組み方や摘心の時期などで工夫しましょう。ベランダなどで育てる場合は日あたりが悪い場所にも注意してください。

　コンテナ栽培で最も気をつけたいのは、肥料切れをおこしやすいこと。追肥の回数を増やしましょう。また土が乾きやすいので要注意です。特に水分を比較的多く必要とするナスやピーマンは、雨の日以外は1日2回、気温の高すぎない朝と夕方に水やりをします。一方トマトは、水を制限して栽培すると糖度が上がり食味がよくなります。それなりに経験と技術は必要ですが、高糖度トマトをつくれるかもしれません。また、ラディッシュやベビーリーフなど栽培期間の短いものは入門編におすすめです。コンテナ栽培については169ページを参考にしてください。

Q. ゴーヤーでグリーンカーテンを育てたいのですが、暑くなっても背丈が足りずカーテンにはほど遠いです。なぜでしょうか？早く生長させる方法はありますか？

A. 近年、北海道でも人気のゴーヤー（ニガウリ）は熱帯地方が原産です。栽培適地ではタネまきから90〜100日で収穫に至りますが、もともと暑い地方の野菜ですから涼しい北海道ではもう少し時間がかかると思います。ビニールハウスではなく露地栽培ならなおのこと。夏の暑い時期が本州よりも短い北海道では、露地でふさふさのグリーンカーテンをつくるのは難しいかもしれません。

　いっそのこと、北海道でぐんぐんとよく育つカボチャをはわせて緑のカーテンをつくってみてはどうでしょう。果実が小さい「坊ちゃん」などのミニカボチャやハロウィーン用のおもちゃカボチャならうまくいくかもしれません。ただし、ゴーヤーよりは頑丈な支柱が必要です。

畑直送！ 自家製野菜を おいしく食べきるレシピ

収穫したての新鮮野菜を存分に味わえるのが家庭菜園の醍醐味です。余計な味つけをせずにシンプルに味わうのが究極のぜいたくですが、最盛期をむかえると食べきれないほど収穫できる日が続きます。そんなときはオーブンで焼いたり、漬物などの保存食にしてみましょう。

＊砂糖はてんさい糖を使用しています。ほかの調味料は一般的なものです。

recipe1 夏野菜のオーブン焼き

　ナスやピーマン、トマトなど夏野菜は色鮮やか。新鮮な旬の野菜はシンプルにオーブンで焼くだけで立派なごちそうに。白カブなどの根菜も加熱してオリーブオイルと塩コショウで味つけすると和テイストから洋テイストにがらりと変わります。

【材料】（つくりやすい量）

夏野菜 ……………………… 適量
ハーブソルト ……………… 適量
オリーブオイル …………… 適量
※粉チーズ（お好みで）… 適量（焼くときにふりかける）

【つくり方】

① 材料をよく洗い、ひと口大にカットする。ブロッコリーやカリフラワーなど火の通りにくいものはレンジで1〜2分加熱しておく。ジャガイモは1個3分を目安に加熱する。
② 耐熱容器に①の野菜を適当に並べる。ハーブソルトを全体にふりかけ、オリーブオイルをたっぷりまわしかけて200℃に熱したオーブンで15分加熱する。

recipe2 夏野菜のチャツネ

チャツネとはフルーツや野菜に糖分と酢を加えて煮込んだもの。パンにぬってスライスチーズなどと合わせてサンドイッチにしたり、カレーやハンバーグなどの隠し味に最適です。完成したものをフードプロセッサーでペースト状にすると調味料として使い道がひろがります。

すべて刻んで煮こむので、変形したり傷がついてしまった野菜を使い切れるレシピです。

【材料】（つくりやすい量）

トマト ………………… 2玉
タマネギ ……………… 1玉
ピーマン ……………… 5個
パプリカ ……………… 1個
リンゴ（小）……… 1玉
砂糖 …………………… 30g
酢 …………………… 3/4カップ
はちみつ　　　　大さじ1
※トマトやフルーツなど糖度の高い食材がない
　場合は砂糖を多めに

畑でたくさんとれた野菜を中心に

【つくり方】

①野菜をすべて粗めのみじん切りにする。フードプロセッサーを使用してもOK。
②切った野菜をすべて鍋に入れ、中火にかける。焦がさないように時々かき混ぜる。
③水分が出てきたら、砂糖と酢を加えて15〜20分ほど弱火で煮込む。
④③が煮つまってきたら、はちみつを加えて完成。
⑤煮沸消毒したビンにつめる。

完成したチャツネ

左をフードプロセッサーでペースト状にしたもの

5ミリ角くらいで大きさを揃えるとよい

てんさい糖を使用していますが白砂糖でもOK

糖分があるので焦げつきに注意

2/3ほどに煮つまったらできあがり

recipe3 みかん生酢

シーズンラストに生長点をカットし土つきのまま保存をしておいた根菜類は、お正月まで日持ちします。おせち料理にも自家製野菜を使いましょう。枝豆は軽く茹でてサヤごと冷凍しておくと重宝します。

【材料】（つくりやすい量）

ダイコン …… 10cm
ニンジン …… 10cm の縦半分（ダイコンの半量が目安）
茹でた枝豆
　…… 40 粒くらい
柚子 …… 1/2 玉
　（なくても可）
塩 …… 適量（塩もみ用）
上白糖 …… 大さじ 2
酢 …… 60cc
みかん（SS サイズ）
　…… 4 ～ 5 玉

【つくり方】

①ダイコン、ニンジンは千切りにしてボウルに入れ、塩を振って水出しする。
②①の水気をしっかりしぼり、枝豆と一緒に密閉袋に入れる。
③酢と上白糖を耐熱容器に入れてレンジで加熱し甘酢をつくる。
④②の密閉袋に、千切りにした柚子の皮としぼった果汁、人肌以下にさめた③の甘酢を加えてひと晩以上冷蔵庫に置く。
⑤みかんの上部 1/4 をカットして中身をくり抜き、④をつめてできあがり。

recipe4 カブとキュウリのからし漬け

甘辛い味つけはビールのお供はもちろん、白いごはんにもよく合います。からしの量を調整すれば子どもでも食べやすくなります。ダイコンやナスでも応用できますよ。

【材料】（つくりやすい量）

カブ、キュウリ …… 合わせて 1kg
A ┌ 砂糖 …… 150g
　├ 塩 …… 30g
　└ 粉からし …… 10g
焼酎 …… 1/4 カップ
※調味料は食材 1kg に対して用意する分量

【つくり方】

①野菜をよく洗い、キュウリはヘタと花落ち（お尻の部分）を切り落とす。カブは皮をつけたまま適当な大きさにくし形切りにし、キュウリと一緒に密閉袋に入れる。

②A をボウルに入れよく混ぜ合わせ、焼酎を少しずつ加えてそぼろ状にする。①の密閉袋に加えて全体になじむように軽くもむ。

③1 時間ほどで野菜から水分が出る。漬け汁に野菜が漬かっているのを確認しながら冬場なら常温で 2 日、夏場なら冷蔵庫の野菜室で 1 日でできあがり。冷蔵庫で保存。

ピクルス

総菜としてだけではなく、おつまみやお弁当の彩り、添え野菜、サラダなど使い道の多いピクルス（野菜の甘酢漬け）。そのうえ保存性も高いので、とれすぎた野菜でつくるのがおすすめです。このレシピは保存性を考えてかなり濃い目の味つけにしています。これを基本に、お好みの味でつくってみてみるといいでしょう。

基本のピクルス液のつくり方

【材料】（つくりやすい量）

酢	2 カップ
水	1.5 カップ
上白糖	80 〜 100g（保存性を高めるには 100g）
塩	大さじ 1
鷹の爪	1 〜 2 本
ローリエ	1 〜 2 枚
香辛料＊（粒状のもの）	適量

＊ブラックペッパー、ピンクペッパー、クローブなど

【つくり方】

①保存ビンを煮沸消毒しておく。
②野菜をよく洗って切り揃え、沸騰したお湯にくぐらせて、ビンの中に並べる。
③基本のピクルス液の材料をすべて鍋に入れ、沸騰したら火を止める。粗熱が取れたら②の野菜が液にひたひたになるように注ぐ。
④常温にひと晩置いたらできあがり。冷蔵庫で保存。

基本のピクルス液

●ミニトマト

トマトはヘタをとり湯通しします。ビンに詰めるときに爪ようじで数カ所、穴をあけると短時間で中までしっかり味がしみておいしくなります。

皮が気になる人は湯むきをしましょう。この場合、トマトがつぶれてピクルス液がにごる場合があります。液ごとミキサーにかけて鍋で煮るとトマトソースとしても使えますよ。

●パプリカ

赤や黄色、オレンジなど見た目も美しく仕上がるパプリカ。色落ちせず、肉厚の実は酢が甘みを際立たせ、味わい深くなります。秋になり色がつかなくなった緑色のものでも大丈夫。パプリカが足りないときはタマネギも一緒に漬けるといいでしょう。酢豚やラタトゥイユ（野菜のトマトソース煮込み）などをつくるときにそのまま使えて時短になります。

●カリフラワー

ポリポリッとした食感がくせになるカリフラワーのピクルス。よく洗い食べやすい大きさにカットして湯通しして使いましょう。ロマネスコ種やオレンジなどは湯通しすると色が鮮やかになります。

●ミニキュウリ＆ニンジン

ミニキュウリはヘタと花落ち（先端部）を少しカットすると味がしみやすくなります。ニンジンはきれいに洗えれば皮つきのままでも大丈夫です。紫色のニンジンは色素が水に溶けピクルス液に色が移ってしまう場合があります。

ピクルスの長期保存のコツ	その 1. 酢と砂糖を多めに入れる
	その 2. ビンをしっかり煮沸消毒する
	その 3. 野菜を湯通しして雑菌を流す
	その 4. 食材が空気に触れないようにしっかりとピクルス液に漬ける

※フタを密閉状態にして、開封しなければ常温で長期保存が可能。ただしフタを開けたあとは冷蔵庫で保存し、4 〜 5 日をめどに食べきる。

知っておきたい
野菜づくりの基本用語

---------- あ行 ----------

赤玉土(あかだまつち)
乾燥した赤土。水はけ、保水性ともによく、通気性もいいのでコンテナ栽培などの敷石代わりにも使える。

行灯支柱(あんどんしちゅう)
アサガオ栽培で使用する数本の支柱に2〜3段の輪を固定したもの。野菜栽培ではキュウリやメロンなどつる性の野菜に利用できる。

育苗(いくびょう)
畑の土に直接タネをまき育てるのではなく、畑に植えつける状態になるまでポットなどで管理し丈夫な株に育てること。

移植(いしょく)
植物を根(または球根など)ごと別の場所に移し替えること。発芽した野菜の苗をビニールポットに植え替えたり、ポットで育苗した苗を畑に植えること。

一番花(いちばんか)
株で一番最初に咲く花、花房。開花後に一番最初についた実を「一番果(いちばんか)」という。

1本立ち(いっぽんだち)
複数育っている苗を間引いて1本だけ残し育てること。

植えつけ(うえつけ)
ポットで育苗した苗や購入したポット苗を最終的に育てる場所(畑やコンテナなど)に植え替えること。「定植(ていしょく)」ともいう。

畝(うね)
タネをまいたり、苗を植えつけて

野菜を育てるためのスペース。本書では盛り土をして高さをつけた畝を「ベッド」と記載している。

畝立て(うねたて)
タネをまいたり、苗を植えつける畝をつくること。排水に問題のない場合は高さの低い「平畝(ひらうね)」に、排水が悪い場合は土を盛って高さをつける「高畝(たかうね)」にする。

畝幅(うねはば)
同じ品目の野菜を複数の畝で栽培する場合の、隣の畝との距離。畝の中心線から隣の畝の中心線までの距離のこと。「ベッド幅」ともいう。

液肥(えきひ)
液体肥料のこと。原液を薄めたり、粉末を水に溶いて使うものやそのまま使うものがある。速効性があるので追肥むき。

N−P−K(エヌ・ピー・ケイ)
野菜が生長するために必要な三要素。窒素(N)、リン酸(P)、カリウム(K)のこと。肥料袋に記載されている3つ並んだ数字は、この三要素(N・P・Kの順)の含有量を示す。例えば「8-10-8」なら、肥料100g中にN=8g、P=10g、K=8gが含まれているということ。

雄しべ(おしべ)
細長い糸状の花糸と、その先端にある葯(やく)からなり、葯の中に花粉が入っている。

親づる(おやづる)
つるを伸ばして生長する植物で、最初に伸びるつるのこと。その株の主となる茎の部分で「主枝(しゅし)」ともいう。親づるにつ

いた葉のつけ根から伸びたつるを「子づる(こづる)」、子づるから伸びたつるを「孫づる(まごづる)」という。

---------- か行 ----------

花茎(かけい)
花を咲かせるために伸びる、葉をつけない茎のこと。

果菜(かさい)
トマトやナスなど実を食用部分とする野菜の総称。

化成肥料(かせいひりょう)
肥料の三要素(窒素=N、リン酸=P、カリウム=K)のうち、2種類以上を混合して粒状化した化学肥料のこと。

株(かぶ)
一つの植物体。または植物体を数える単位。

株間(かぶま)
株の中心から隣の株の中心までの距離。植物によって異なる。

株元(かぶもと)
植物が地面に触れている根元の部分。

株分け(かぶわけ)
繁殖法の一つで、掘りおこした株を地下茎ごと分割し翌シーズンの苗として栽培すること。

花房(かぼう)
1本の花茎に複数の花がつく場合、そのかたまりをさす。

花蕾(からい)
つぼみ。ブロッコリーやカリフラ

ワーは花蕾が食用部分になる。

カリウム ［K］
肥料の三要素の一つ。主に根の生育を促し植物が丈夫に育つような働きをするので「根肥（ねごえ）」ともいう。

仮支柱（かりしちゅう）
苗を植えつけたときに、まだ幼い苗を守るために仮に立てる支柱のこと。株が根づいたら本支柱を立てる。

緩効性肥料（かんこうせいひりょう）
施してから効果が表れるまで時間を要する肥料のこと。主に有機質が原料の肥料。

間土（かんど）
タネと肥料（堆肥）が直接触れないように間に入れる土。

寒冷紗（かんれいしゃ）
網目状になった布で、遮光目的のほか霜などの寒さから植物を守るために利用する。虫や鳥の害の予防にも利用できる。

基肥（きひ・もとごえ）
→「元肥」参照。

キュアリング
カボチャやサツマイモなど、収穫時の切り口や傷などをすみやかに乾かして修復する方法

苦土石灰（くどせっかい）
園芸用の石灰（カルシウム）で、苦土（マグネシウム）を含むもの。畑の土の酸度矯正をしながら肥料としての働きも期待できる。

クラウン
イチゴなどにみられる、地際にある肥大した茎の一部。

結球（けっきゅう）
キャベツやレタスなど内側の葉が重なり合い全体が球状になること。

子づる（こづる）
→「親づる」参照

根菜（こんさい）
肥大した根の部分を食用とする野菜の総称。ニンジンやダイコン、イモ類など。

コンテナ
植物を植える容器の総称。土を焼成した鉢、プラスチック製のプランター、木製の樽など。材質や大きさ、形などは問わない。

―――― さ行 ――――

直まき（じかまき）
畑の畝やコンテナなどに直接タネをまくこと。

敷きわら（しきわら）
マルチングの一種で株のまわりなどにわらを敷くこと。雨などによる泥はねから身を守るだけではなく、乾燥防止や保温効果もある。

自根苗（じこんなえ）
接ぎ木をせずにタネから育てた苗のこと。

支柱（しちゅう）
草丈の高い植物を管理したり、「幼苗（ようびょう）」の保護、つる性の植物が生長しやすいようにすることを目的として立てる棒などの支え。

遮光（しゃこう）
寒冷紗などを使って光を遮ること。

収量（しゅうりょう）
収穫量のこと。

主枝（しゅし）
双葉の間から伸びた最初の枝で、その株の中心となる太い茎や枝のこと。主枝と、主枝についた葉のつけ根から伸びた枝や茎を「側枝（そくし）」という。わき芽が伸びると「側枝」になる。

子葉（しよう）
最初につくられる葉のこと。ほとんどの植物は、発芽後しばらくするとなくなる。

条間（じょうま）
タネや苗を植えた列と列の距離

人工授粉（じんこうじゅふん）
人の手によって雌しべに雄しべの花粉をつけること。自然界では昆虫などが媒介するが、虫が飛来しないような高層のベランダや、低温・強風などの環境下でも確実に受粉させることができる。

スジまき
タネのまき方の一つで、スジ状にまくこと。まっすぐな溝をつくりタネを落としていく方法。

スプラウト
カイワレダイコンや豆苗など、発芽して間もない野菜の芽を利用する場合の総称。

整枝（せいし）
「摘心」や「わき芽かき」などをして生長をコントロールすること。風通しをよくしたり管理しやすくするために行う枝の整理。

節間（せっかん）
葉と葉の間隔のこと。

施肥（せひ）
肥料を与えること。

速効性肥料（そっこうせいひりょう）
施すとすぐに植物に吸収されて効果が表れる肥料。追肥向き。

―――― た行 ――――

耐寒性（たいかんせい）
寒さに耐える性質のこと。寒さに強い植物や品種のことを「耐寒性がある」という。また暑さに強い場合は「耐暑性（たいしょせい）」、ある特定の病気にかかりにくい場合は「耐病性（たいびょう

せい)」という。

堆肥(たいひ)
落ち葉や家畜のふん尿など有機物を堆積して発酵・分解させたもの。土壌改良剤として土づくりに使われる。

単肥(たんぴ)
肥料三要素のうち、1種類の肥料成分しか含まない肥料のこと。

地際(ちぎわ)
株の地上部のうち、地面に接している部分のこと。

窒素(ちっそ)[N]
肥料の三要素の一つで、葉や茎を育てるために必要な要素。「葉肥(はごえ)」ともいわれる。

千鳥植え(ちどりうえ)
ベッドに2条以上の苗を植えつけるとき、隣の条(列)と重ならないように互い違いに苗を植えつけること。

着果(ちゃっか)
植物が受精して果実となり発育を始めること。

中耕(ちゅうこう)
栽培中、株と株の間を浅く耕し、排水性や通気性をよくし、表土がかたくならないようにすること。雑草の繁茂もある程度おさえられる。土寄せ作業時に行うといい。

直根性(ちょっこんせい)
ダイコンやニンジンのように根が地中深く伸びる性質のこと。

地力(ちりょく)
土地(畑)が作物を育てる能力のこと。

追熟(ついじゅく)
収穫後、果実などを一定期間寝かせて甘くしたり食感がよくなるようにすること。

追肥(ついひ)
生長段階に応じて、施す肥料のこと。一方でタネまきや植えつけ前に施す肥料を「元肥(もとごえ)」という。

通気性(つうきせい)
空気を通す性質のこと。

接ぎ木苗(つぎきなえ)
病気に強い品種の苗を台木にし、育てたい品種の苗を接ぎ合わせた苗のこと。

つるぼけ
茎や葉ばかりが茂り、花や実がつきにくい状態のこと。主に窒素肥料分が多すぎるのが原因。

定植(ていしょく)
→「植えつけ」参照

摘果(てきか)
果実がまだ小さいうちに取り除くこと。摘果する(果実の数を制限する)ことによって残りの果実に栄養分が行き渡り、大きさや品質がよくなるとともに、株を疲れさせずに栽培できる。

摘心(てきしん)
枝の先端を摘み取って、その枝の生長を止める作業のこと。摘心をすることでわき芽が伸びるので側枝の数を増やすことができる。

点まき(てんまき)
タネのまき方の一つ。一定の間隔(必要な株間に合わせて)で、一カ所に1粒または2～3粒ずつタネをまくこと。

とう、とう立ち(とうだち)
気温や日の長さなどある一定の条件になると、植物が花を咲かせようとして花茎「とう」を伸ばし始めることを「とう立ち」という。花が咲くと勢いがなくなるため、早めに摘み取る。

倒伏(とうふく)
強風などで茎や葉が倒れること。

土壌改良材(どじょうかいりょうざい)
植物の生育に最適な土壌にするため土に混ぜ込む資材のこと。堆肥や腐葉土が一般的。

土壌酸度(どじょうさんど)
土の酸度。pH(ペーハー)で表わされる。pH7が中性、それよりも小さい場合は酸性、大きい場合はアルカリ性を示す。

徒長(とちょう)
茎や枝がひょろひょろと細長く伸びて生育が弱々しくなった状態。

トンネル
畝(ベッド)にわん曲する支柱でつくった半円状の骨組みのこと。ビニールや寒冷紗をかけて苗を守る。

--- な行 ---

軟白(なんぱく)
土寄せなどで遮光し茎葉の一部をやわらかく白く仕立てること。

根腐れ(ねぐされ)
水のやりすぎや水はけの悪さが原因で根が腐って衰弱すること。

根鉢(ねばち)
ビニールポットなどから苗を抜いたときに根と根のまわりについている土の塊。

根張り(ねばり)
野菜の根が張ること。

--- は行 ---

ハーブ
花、茎、葉がなんらかの薬効があると認められた植物の総称。

培養土(ばいようど)
数種類の土や堆肥、肥料などを混ぜ合わせたもので育苗やコンテナ栽培などで利用する。

鉢上げ（はちあげ）
ビニールポットや畑などで育てていた植物を鉢に植えなおすこと。

鉢底石（はちぞこいし）
コンテナ栽培で水はけや通気性をよくするために鉢（コンテナ）の底に入れる石のこと。「ゴロ土」ともいう。

ばらまき
タネのまき方の一つ。全面に重ならないようにパラパラとまく方法。

ハンギングバスケット
吊り鉢に植物を植えて空中に吊るしたり、壁に掛けるなどして栽培する園芸方法の一つ。ベランダや玄関先など空間を利用して植物を立体的に飾って楽しめる。

半日陰（はんひかげ）
1日3〜4時間、日があたる場所。

pH（ペーハー、ピーエッチ）
土壌酸度の数値を示す単位。

肥料の三要素（ひりょうのさんようそ）
植物が特に必要な「窒素（N）」「リン酸（P）」「カリウム（K）」の三つの栄養素。

覆土（ふくど）
タネまき後に土をかけること。

不織布（ふしょくふ）
繊維を織らずに紙のようにからませた布のこと。光や空気、水も通す。薄くて軽いのでべたがけに利用することが多い。

双葉（ふたば）
タネまき後、はじめて出てくる葉のこと。「子葉」ともいう。

腐葉土（ふようど）
落ち葉を堆積して腐らせたもの。植物の根張りをよくする。

べたがけ
タネまき後や育苗中に寒冷紗や不織布などを全体にかけること。寒さ対策や防虫などに効果がある。

ポット苗（ぽっとなえ）
ポリ製の鉢に植えられた苗のこと。

本葉（ほんよう）
子葉のあとに出てくる葉のこと。

--- ま行 ---

孫づる（まごづる）
→「親づる」参照

間引き（まびき）
タネをまいて発芽したあと、密植にならないように余分な苗を抜き、数を減らしていく作業のこと。

マルチング
敷きわらやビニール製のマルチシートなどで植物の株元やベッド全体を覆うこと。

水切れ（みずぎれ）
栽培中の植物の水分が不足している状態。

水やり（みずやり）
植物に水を与えること。「潅水（かんすい）」ともいう。

密植（みっしょく）
間隔を取らずに苗を植えること。

無機質肥料（むきしつひりょう）
化学的に製造された肥料。

芽かき（めかき）
不必要なわき芽を摘み取る作業のこと。

芽出し（めだし）
発芽が揃うように、または発芽の時期を早めるために人為的にタネやタネ球を一定の管理下において発芽させること。

元肥（もとごえ）
植えつけや植え替え、タネまきの前にあらかじめ土に混ぜておく肥料。基肥。

--- や・ら・わ行 ---

誘引（ゆういん）
植物を支えるため、ひもなどを使って支柱に結びつける作業。

有機質肥料（ゆうきしつひりょう）
油かす、牛ふん、鶏ふんなど。緩効性で土質の改良にもなる。

葉菜（ようさい）
主に葉を食用とする野菜の総称。キャベツやレタスなど。

葉柄（ようへい）
葉と枝や茎の間の部分のこと。

葉脈（ようみゃく）
養分や水分の通路となる、葉に分布している細かい筋のこと。

寄せ植え（よせうえ）
異なる品目の複数の苗を一つのコンテナなどに植えること。

輪作（りんさく）
一定のサイクルで、何種類かの野菜を畑のスペースを回しながら繰り返しつくること。

リン酸（りんさん）[P]
肥料の三要素の一つ。花や実の形成に係ることから「実肥（みごえ）」ともいう。

連作障害（れんさくしょうがい）
同じ場所で同じ種類の野菜を繰り返し作付けすることを「連作」といい、これを続けることによって野菜の品目特有の病害虫におかされてしまうこと。

露地栽培（ろじさいばい）
完全な戸外で植物を育てること。

わき芽（わきめ）
葉のつけ根から出る芽のこと。

本書に出てくる園芸用語に関する索引

※主な掲載ページ

本書に出てくる **園芸用語に関する索引**

参考文献／参考 URL

「よくわかる北海道の家庭菜園」　大宮あゆみ　北海道新聞社
「ステップアップ　北の家庭菜園」　有村利治　北海道新聞社
「北海道の野菜づくり 49 種」　北海道農業改良普及協会
「野菜園芸学の基礎」　篠原温　農山漁村文化協会
「野菜づくりの基礎知識」　井上昌夫著　西東社
「藤田智の野菜づくり大全」　藤田智監修　NHK 出版編　NHK 出版
「北海道の野菜づくり」　ニューカントリー編集部　北海道協同組合通信社
「北海道　楽しい家庭菜園」　八鍬利郎　北海道新聞社
「花図鑑　野菜＋果物」　監修／芦澤正和・内田正宏・小崎格　草土出版
「新版　原色野菜の病害虫診断」　農山漁村文化協会
「野菜の生理・生態　発育の基本と環境・肥培管理による影響」　斎藤隆　農山漁村文化協会
「北海道野菜地図その 39」　北海道農業協同組合中央会　ホクレン農業協同組合連合会編
「北海道の野菜栽培技術　果菜・根菜・葉茎菜編」　農業技術普及協会編　農業技術普及協会
「すくすくみどり」　財団法人札幌市公園緑化協会編／発行
「日本花名鑑」 1 ～ 4　長岡求、安藤敏夫、小笠原亮監修　日本花名鑑刊行会
「花新聞ほっかいどう」　北海道新聞情報サービス
サカタのタネ株式会社　http://www.sakataseed.co.jp/

著者／大宮あゆみ

フリーライター
1966 年、釧路市生まれ。出版社を経てフリーランスに。野菜ソムリエプロ、北海道フードマイスター等の資格を持ち北海道産の野菜や果物の魅力を発信。現在は執筆業の傍ら食関連の講座や、札幌市食の安全推進委員、中小企業支援アドバイザーなども。2006 ～ 08 年朝日新聞北海道版で「菜果物語」「大宮あゆみの口福物語」、'09 年 3 月～ 15 年 2 月まで花新聞「はなしん　野菜クラブ」連載。

監修／山口猛彦

学校法人　八紘学園　北海道農業専門学校　農場部野菜科主任
1974 年東京都生まれ。高校卒業後、北海道で農業の道へ。2001 年から 2 年間、青年海外協力隊に参加し南米・パラグアイで農業指導にあたる。帰国後は現職。夏季は、おみこし担ぎと畑仕事に忙しい 2 児の父。

イラスト　　いたば ゆき

ブックデザイン・DTP　　　㈱アイワード DTP グループ

協　　力　　政田自然農園株式会社、サカタのタネ、三船環、安達英人、八紘学園北海道農業専門学校
写真提供　　農研機構北海道農業研究センター、一般社団法人 北海道植物防疫協会（北植防）

はじめての北の家庭菜園

2017 年 3 月 17 日　初版第 1 刷発行
2023 年 4 月 10 日　初版第 3 刷発行

著　者　大宮あゆみ
発行者　近藤　浩
発行所　北海道新聞社
　　　　〒 060-8711 札幌市中央区大通西 3 丁目 6
　　　　出版センター（編集）TEL 011-210-5742
　　　　　　　　　　　　（営業）TEL 011-210-5744
　　　　http://shop.hokkaido-np.co.jp/book/
印刷・製本　㈱アイワード
ISBN978-4-89453-860-3
落丁・乱丁本は出版センター（営業）にご連絡下さい。お取り替えいたします。

©Ohmiya Ayumi 2017 Printed in Japan